凉山热土

——彝乡变迁纪实

麻世强◎著

四川文艺出版社

图书在版编目（CIP）数据

凉山热土：彝乡变迁纪实 / 麻世强著 . — 成都：
四川文艺出版社，2021.7
ISBN 978-7-5411-6079-0

Ⅰ . ①凉… Ⅱ . ①麻… Ⅲ . ①扶贫—概况—凉山州彝
族自治州 Ⅳ . ① F127.712

中国版本图书馆 CIP 数据核字（2021）第 134106 号

LIANGSHAN RETU

凉山热土
——彝乡变迁纪实

麻世强 著

出 品 人	张庆宁
策　 划	谢 东
责任编辑	朱 兰　蔡 曦
封面设计	严春艳
封面题字	张幼矩
内文设计	王 平
责任校对	段 敏
责任印制	崔 娜

出版发行　四川文艺出版社（成都市槐树街 2 号）
网　　址　www.scwys.com
电　　话　028-86259287（发行部）　028-86259303（编辑部）
传　　真　028-86259306

邮购地址　成都市槐树街 2 号四川文艺出版社邮购部　610031
排　　版　成都木之雨文化传播有限公司
印　　刷　四川华龙印务有限公司
成品尺寸　145mm×210mm　　开　本　32 开
印　　张　11.75　　　　　　　字　数　250 千
版　　次　2021 年 7 月第一版　印　次　2021 年 7 月第一次印刷
书　　号　ISBN 978-7-5411-6079-0
定　　价　46.00 元

枝叶总关情

什么是为民？

习近平总书记用典说："衙斋卧听萧萧竹，疑是民间疾苦声。些小吾曹州县吏，一枝一叶总关情。"①

自 2013 年习近平总书记在湖南十八洞村首次提出"精准扶贫"后，脱贫攻坚的全面战役在全国打响。在党的十九大报告中，"人民"的概念出现 203 次，是对"人民就是江山，江山就是人民"理念的生动诠释。改革开放 40 多年来，我们国家累计减贫 7.4 亿人；党的十八大以来，全国农村贫困人口从 2012 年末的 9899 万人减少至 2019 年底的 660 万人，累计减少 9000 万人以上。联合国秘书长古特雷斯深情地说："过去 10 年，中国是为全球减贫做出最大贡献的国家。"

2015 年底，按照四川省委、省政府的统一安排，四川省烟草专卖局（公司）开始定点帮扶普格县。于是，在我工作的最后五年，我与扶贫结下了深深的缘分。

在推进减贫事业的伟大斗争中，作为一名老党员、老

① 语出《平"语"近人——习近平总书记用典》（第一集），清朝郑板桥诗《潍县署中画竹呈年伯包大中丞括》。

同志，我很庆幸能参与其中。五年来，我几乎跑遍了全省烟草专卖局帮扶的贫困村，特别是凉山这片扶贫的热土，以及普格县的山山水水、村村寨寨。深深眷恋着与老乡们在一起的难忘岁月。我一次次往返于成都与贫困村，我的精神世界频繁地在彩色与黑白、繁华与荒凉中来来回回，我越发地觉得自己就像一个时间穿越者，一趟又一趟地进行着千年穿越。

眼见于贫困对群众的折磨，我们真诚地希望为他们做一点力所能及的小事、真事和实事。怜悯与同情，改变与奋发，输血与造血，这些想法像种子一样，在我的心里生根、破土、发芽、疯长。诗人艾青说："为什么我的眼里常含泪水？因为我对这土地爱得深沉。"作为烟草行业扶贫工作的见证者和践行者，我也深爱着凉山这片热土。于是，我萌生了记录这段历程的想法，记录扶贫过程中的点点滴滴，记录着这些年来我们烟草人扶贫的历程，记录那些不平凡的岁月、那些可爱的人、那些难忘的事儿，以铭记烟草扶贫人，铭记这段历史，同时也算对自己五年扶贫的一个交代。

凉山之凉——凉山的贫困面最大、贫困程度最深

凉山，川之西南，北起雅甘，南接渡口，东连昭宜，西通滇藏。这里，是一片片的大山，宁静、豪迈、苍凉。凉山是全国最大的彝族聚居区，全州户籍人口约 515 万，其中彝族人口占 52.5%。彝族，原称"夷族"，其名源于汉史记载中的"西南夷"（西南少数民族的统称）。根据《彝族源流》《西南彝志》等书记载，彝族自称"尼"，古代汉语"尼"发音为"夷"，故汉文记载多称"夷"。1956 年，

在破除旧社会的民族歧视称谓期间，中华人民共和国主席毛泽东建议将"夷"改为"彝"，意为房子（亼）下面有"米"有"丝"、有吃有穿，象征兴旺发达。此后，"夷族"改为"彝族"。

然而，凉山之凉，在于这里是全国"三区三州"①最深度贫困地区之一，是四川脱贫攻坚的"主战场"。

一直以来，贫困是我们对凉山彝族自治州最深刻最主要的认知。全州17个县市，其中11个县均为国家扶贫开发工作重点县，有建档立卡贫困人口97万，2013年底贫困发生率是19.8%，集中连片贫困地区占全州面积的68.9%，区域性、整体性贫困问题突出。他们大多居住在海拔2000—3000米的二半高山区，终年只有靠种植有限的土豆、玉米、苦荞，换取微薄的收入。他们饮食起居都以"三锅庄"为中心，日为炊饮之所，夜为卧睡之地，室内除设粮屯外，别无他物。他们的住房大多数不配院坝，不配厕所，不配畜圈，人要进屋必须从粪堆上踩过。

原始的生活生产方式让他们长期精神压抑，萎靡不振，形成苦熬不苦干的消极思想。1999年，四川省委的一位领导同志谢书记，春节前到凉山州昭觉县的彝族村寨慰问。当时他走进一个低矮黑暗的房子里，好不容易看到一个裹着"察尔瓦"的人蹲坐在三锅庄边，但火塘里没有火。谢书记问："大冬天的，我看你穿得少，冷不冷啊？""冷。""既然冷，为什么不烧火来烤啊？""没有柴。""没有柴，你

---

① "三区"是指西藏自治区和青海、四川、甘肃、云南四省藏区及新疆南部的和田地区、阿克苏地区、喀什地区、克孜勒苏柯尔克孜自治州；"三州"是指四川凉山州、云南怒江州、甘肃临夏州。

自序

3

年纪不大，又有力气，为什么不去砍啊？""砍柴的地方远。"

凉山之凉，还在于凉山存在一个特殊的社会问题：凉山在中华人民共和国成立前曾是毒品的原植地。凉山一度成为境外毒品经滇入川的重要通道和集散地之一，毒品、艾滋病问题是当地部分群众致贫返贫的重要根源，也是困扰当地发展的"拦路虎"。

因此，我们对凉山州的扶贫，是要在低层次的基础上，实施以"两不愁三保障"为基础，配套完善基础设施短板等一系列保障性工程，同时需要在思想认知、习惯养成、风气形成上进行精神扶贫。

凉山不凉——凉山是一片热土

然而，凉山也是一片热土，因为贫困，四面八方的热心人聚集在这里，脱贫攻坚的主战场在这里，全国十几亿人的灼热目光聚焦在这里，先富带后富、共奔富裕路的灼热感情凝聚在这里。

凉山，是一片红色的土壤，这里有红色的火把、红色的血液、红色的道路，这里生长了民族团结的精神，彝族同胞对中国革命做出过重要贡献。在这片土地上，当年红军先遣队司令员刘伯承与彝族首领小叶丹在彝海边以水代酒，歃血结盟，留下民族和睦团结的动人故事；在这片土地上，红军当年种下的"红军树"至今还在去往普格的道路两边，讲诉着激情燃烧的岁月。不仅是冕宁、普格，红军长征在凉山州境内足迹还踏遍会理、宁南、德昌、喜德、越西、甘洛和西昌，总行程达 800 余公里，相当于红军 25000 里长征总行程的 6.8%，是全国红军长征行程最长的市州。

中华人民共和国成立以来，党中央一直都高度关注凉山州经济发展、扶贫减贫，并给予了充分的政策支持。党的十八大以来，习近平总书记深深惦记这片红土地，从为悬崖村揪心，到2018年春节前夕赴凉山考察脱贫攻坚，再到2019年新年贺词中专门提到凉山州三河村，他对大凉山这片土地和这片土地上的贫困老百姓一直情意切切。所以凉山不缺温度，它是一片热土。

2016年初，我们谋划实施了"581扶贫惠民工程"，计划用5年时间，筹措投入资金8亿元，参与帮扶全省100多个幸福美丽新村建设，重点是定点帮扶普格县特补乃乌村、甲甲沟村，从此我的人生与两个村结下了不解之缘！

2016年1月，助推幸福美丽新村建设领导小组成立，成为"四川烟草"精准扶贫工作的领导机构。同一时间，扶贫帮困办公室成立，成为精准扶贫工作的专门性机构。

时间回拨到2016年初，那年的腊月二十八，特补乡的会议室，一纸庄严承诺，吹响了脱贫攻坚、"四好①新村创建"的号角。我清晰记得，昏暗的会议室内，窗外是破败的房屋，群众呆滞的眼神，特补乃乌村在黑夜中似乎沉睡千年。

我还清晰记得，2018年的4月3日，当我第一次来到甲甲沟这个小山村的时候，天那么蓝，山那么绿，水那么清，却房屋破败，产业凋零，道路泥泞……

冰冷的心、沉重的脚步，既给人以沉重的打击，也在艰难困苦、玉汝于成中迸发出前所未有的力量。

自
序

5

---

① "四好"：是指住上好房子、过上好日子、养成好习惯、形成好风气。

我们锁定一个目标，打造"两个标杆村"，集中"四川烟草"力量，努力把特补乃乌村、甲甲沟村打造成为精准扶贫"标杆村""双子星"。

我们按照"整村布局、多级联动、梯次推进、综合配套"的帮扶思路，把两村各领域、多方面统筹纳入综合考虑，集中投入 5800 余万元，协调推进产业扶持、新居建设、基础设施、综合工程四个类别 40 余个重点项目，兼顾了现实的需要与长远的发展，考虑了物质文明与精神文明的协同并进。

我们致力于两村烟草产业扶贫，高质量打造特补乃乌村 650 多亩、甲甲沟村 300 亩烟叶产业示范园区，大力改善烤烟生产设施和综合配套条件，种烟贫困户当年种烟当年脱贫，成效显著，以产业之花浇灌贫困、耕耘幸福。我们致力于基础设施扶贫，以安全住房建设为重点，投入 1600 余万元，分别为特补乃乌村 186 户、甲甲沟村 167 户新建住房，配齐厨卫、家具；狠抓道路、电力、饮水等民生工程，开展两村太阳能路灯"亮化工程"，有力补齐了两村基础设施短板。我们致力于绿色生态扶贫，推进两村三期地下排污工程，系统性解决污水排放、生活生产废水处理等问题，实施两村河道整治工程，栽种绿植推动绿化美化，让绿水青山就是金山银山的理念深入人心。我们致力于文化教育扶贫，引导扶贫与扶智相结合，修建两村幼教点，开展"微心愿""志愿者帮扶""结对帮扶"等活动，用教育阻断贫困的"代际传递"，让文化的精神、文明的新风滋养生长。

我们还设计了扶贫纪实"3+1+1"宣传思路——《追

梦幸福》《遥望幸福》《圆梦幸福》三部纪录片，以及特补乃乌村画册《幸福家园》、报告文学《蝶变》，让扶贫的故事被记录、被想起、被传承，用音画文字触摸扶贫的历史脉搏。

展望凉山——小康路上一个都不能少

凉山地区流传着一句谚语："老鹰再白三天白，雁儿再黑三天黑。"意思是老鹰和大雁再白再黑都不过三天，比喻世事无常。大凉山的贫困问题，在全党全国扶贫事业的推动下，也将发生翻天覆地的变化，翻开历史新的一页。

回望历史，丰衣足食一直是中国人民最朴素的愿望。从孔子的富民思想、屈原的"美政"理念，到朱熹的"足食为先"、康有为的大同之道，历代先贤对百姓富裕的追求从未停止。无论是"民亦劳止，汔可小康"的美好憧憬，还是"五谷丰登，物阜民康"的热切企望，无数先民对殷实生活的呼唤响彻历史的天空。

习近平总书记说："贫穷不是社会主义。如果贫困地区长期贫困，面貌长期得不到改变，群众生活长期得不到明显提高，那就没有体现我国社会主义制度的优越性，那也不是社会主义"。①

习近平总书记明确指出，全面建成小康社会，一个民族、一个家庭、一个人都不能少！

2020年11月17日，四川省政府发布《关于批准普格县等7个县退出贫困县的通知》，批准了凉山州普格县、

---

① 2021年2月25日《习近平在全国脱贫攻坚总结表彰大会上的讲话》。

昭觉县、美姑县等7个县退出贫困县序列。至此，被称为"中国最贫困角落"之一的四川大凉山整体摆脱贫困，四川省88个贫困县全部摘帽。

2020年11月23日，贵州省宣布最后9个深度贫困县退出贫困县序列。这不仅标志着贵州省66个贫困县实现整体脱贫，也标志着国务院扶贫办确定的全国832个贫困县全部脱贫摘帽，全国脱贫攻坚目标任务已经完成。全部消除绝对贫困，这在我们国家几千年的历史上是首次。这是历史性的伟大成就，具有里程碑的重大意义。历史正在创造，历史已经铸就，历史将铭记我们这一代人的奋斗与坚毅。

千年追寻，今朝圆梦；接力奔跑，仍需冲刺。在后脱贫攻坚时代，如何巩固拓展脱贫攻坚成果同乡村振兴有效衔接，重塑乡村治理格局，提高乡土中国的内生活力和治理能力，依然任重道远。

2020年是脱贫攻坚的收官之年。这一年我卸任退休，虽不再直接参与其中，但心之所向，扶贫的事业已经注入灵魂。我想我可以把这几年扶贫的事写下来，整理好，也是向历史，向老百姓，向普格县，向特补乃乌村、甲甲沟村交一份满意的答卷。我祝愿我们两个"四好新村"越来越好，这既是我扶贫伊始的初衷，也算是我当前和未来的期望吧！

最后，此书在2021年建党100周年之际出版，谨以此向中国共产党成立100周年献礼，并献给所有参与扶贫工作的朋友。匆忙之际，笔力有限，感谢读者朋友们的支持，也欢迎提出宝贵意见。

辛丑牛年季春记于蓉

第一章

渴望的眼神，遥望着幸福的远方

第二章

这片热土，我们都是幸福的追梦人

第三章

人间连着天堂，幸福生活是奋斗出来的

第四章

有一群人，在这片热土上用汗水浇灌着幸福的梦想

第五章

图腾的火把，映照了幸福的大凉山

第一章 >>>

渴望的眼神，遥望着幸福的远方

　　山很高，水很长，路很远，千百年来的贫困似乎总是如影随形，走不到头，遥望幸福而不可即。但我们始终相信，遥望也是一种希望。

　　这里，曾经是被上天遗忘的地方，即使有强烈的阳光炙烤，也无法化解这片土地的"冰凉"。

老乡看见了希望

黑夜无论怎样悠长，白昼总会到来。

——莎士比亚

阳春布德泽，万物生光辉。3月，是春天殷勤的信使，是万物芳华的序章。最是一年春好处，马蹄催人紧，不负好时光。

车窗外，春色还有些含蓄。西昌到普格的公路已经再熟悉不过了，但沿途的风景总还是觉得陌生：因为只要一段时间不来，再来时就能发现好多地方又悄悄地立起了新房，或者路边的哪一个旧院子，又换上了新装。

我的内心澎湃着、忐忑着：3月的甲甲沟是否也是春暖花开，它是一副什么模样呢？我悄悄地打开手机导航，甲甲沟村，你还有多远？

赶到乡政府的时候，天已经快黑了。第二天一大早，

我和扶贫办的同志就到了村上，一同来的还有县上的补书记、乡上的此哈书记。到的时候太阳还没从山的那头彻底升起，虽然已经立春，树枝上正在吐露绿绿的嫩芽，但高原上的天气好似还在冬天一样，冷风刺脸，寒气袭人，远眺山顶上白雪皑皑，没有一点融化的迹象。

　　我们一行爬到半山腰，站在狭窄的山边小道上俯瞰全村。它和我想象中的一样，凄凉而颓废：破败低矮的泥巴房子，长着乱草的泥巴院墙，湿漉漉的院子凌乱不堪，狭窄弯曲的土路坑坑洼洼。虽然也能看到零星的砖房，但在这片荒凉之中显得突兀另类，丝毫不能掩盖这个村子的贫困潦倒。

　　寒风从身后刮了过来，我站在这里久久凝视着，村庄为什么如此沉默？它有着怎样的过去和故事？这里的人们

甲甲沟村旧房

为什么一辈接着一辈人地在贫困的泥潭里挣扎，他们又有什么样的心境呀？我脑海里再次浮现出了三年前第一次到特补乃乌村的情形，不由轻轻叹了一口气，真是闻名不如一见。穷得"鬼"都没有。

我们一行人快步沿着山路向村里走去。补书记和此哈书记一路给我介绍着村里的情况，我则默默无言。扶贫是一次灵魂和身体的考验，因为我们一旦和某个环境某群人建立起了情感上的联系，他们习以为常的苦难就会变成我们的苦难，就会从此与之休戚与共，牵挂一生。

进了村，我们随便来到一户彝族老大娘家里，老人家皮肤黝黑，一脸沟壑，看着我们的到来还是有点没精打采的，只是她的眼睛看上去还不算浑浊。

我们给老大娘打了招呼，我问她多大岁数了，老人家浓浓的彝腔让我听得迷迷糊糊，同行人给我说："她说今年80岁了。"

屋子里很昏暗，几乎没有什么家具，除了几张歪歪扭扭的小板凳和一个倾斜的破沙发外，最抢眼的就是三支锅了。在大多贫穷的彝族人家里，三支锅就是最拿得出手的摆设。柴火灰烬里还有几个吃剩下的土豆。墙角杂乱地堆放着土豆、玉米棒子和玉米芯。斑驳的墙上有三张保险公司、农资公司的宣传日历。

在另一个起居室，里面有一张低矮的小四方桌，靠墙有一个缺了一扇门的衣柜，里面塞着陈旧的衣服。床上很凌乱，皱成一团的床单下面是发黑的棉絮。空气中混杂着发霉的味道和浓烈的猪屎味，显然隔墙的另一间屋子就是他们养猪的地方了。我们转出来走到另一间屋子里，除了

一张微微还有点新的三人沙发外，还有个冰箱。我拉开冰箱门，里面什么都没有，很干燥，像是好久都没有用了。这个时候老人家和此哈书记走了进来，此哈给我说，这是她儿子和媳妇的房间，冰箱坏了几年了，也一直没钱换。问她家里共几口人，随行人翻译道，她说六口人，儿子与儿媳都外出打工，她与老头子在家照顾两个上学的孙子，儿子和媳妇一直在北方打零工，也不好找钱，想回来种农活，但觉得那样养活不了全家。

这个时候太阳升得很高了，天气变得暖和。我们站在院子里，感受着太阳带来的温暖。看着补书记和此哈书记他们和老人用彝语交谈着，我眼前浮现着走过的一个又一个贫困村，浮现着当年特补乃乌村一双又一双凄凉无助的眼睛。和眼前的极贫之地相比，繁华都市的钢筋丛林就像天空之城。在大凉山，就算太阳每天都能温暖这里的每一寸土地，但却不能暖照这里的人和心。

看着眼前这位80岁的老人平静地和书记们交谈，似乎一点都不觉得命运不公平。改革开放40多年了，他们应该和我们一样享受改革发展的红利，但这位迟暮的老人，一生也没过上过真正的幸福生活。

我告诉老人家，很快就要给他们盖新房子了，她看着我，没有说话，只是淡淡地笑了笑，看得出来，那只是一个礼貌性的回应。随行的此哈书记用彝语说："这是真的！咱们乡的特补乃乌村在他们的帮助下都脱贫了，建成了'四好新村'。"

老人的眼神显然比先前明亮了，叽里呱啦说了一大堆话，虽然我听不懂，但我从她的语速和表情能看到她的激动。此哈书记笑着翻译说，老太太都知道特补乃乌村的事情，她问咱们什么时候给她家修房子，还说她的儿子和媳妇这下可以回家种烟叶了。

我们又随便走了几户家庭，不管是建卡户与非建卡户，他们的住房条件、环境卫生、生活条件、经济状况都比我想象的要糟糕很多。很难想象，如果没有党中央、国务院的精准扶贫战略，没有2020年实现全面脱贫的目标，甲甲沟村如何能够靠自己的能力终结贫困。

我们在村子里碰到七八个聚在一起晒太阳的老人，他们蹲着和坐着的姿势轻松又娴熟，那是漫长的贫穷在他们

甲甲沟村群众倚靠在旧房边

身上留下的痕迹，因为这个景象和三年前的特补乃乌村无比相似，贫穷的煎熬培养出他们听天由命的"乐观"情绪。我让此哈书记当翻译，讲扶贫政策、怎么打算把村子建设好，也问他们有什么建议。他们起初只是笑着不说话，你看我，我看你，好像事不关己的样子。也许他们根本就没有听我在说什么，也许常年的自我封闭，让他们的精神早就干涸。

看着眼前这群不停咳嗽的老人，我内心复杂。特补乃乌村在我们的帮扶下已经实现了一步千年的跨越，那里已经没有躺着蹲着的人，从清晨到日暮，四处都是奔忙的人，幸福的人。而山水相连的甲甲沟，我们连一张笑脸都没有看见。

离开村里，再回头看看，我心里开始盘算着甲甲沟了。它的未来，一定会是一个山水如画的美丽新村。

松树生长的地方

希望是贫者的面包。

——赫尔巴特

特补乃乌村是普格县特补乡一个深度贫困村，它与甲甲沟村地理上相邻，情感上相牵，两个村人口接近，贫困状态不相上下，县上一直把这两个村比喻为"姐妹花""双子星"。特补乃乌村是我们 2016 年初开始的帮扶村，这个村有 307 户 1122 人，贫困户有 63 户 216 人，长期以来，吃水难、上学难、行路难、住房难、看病难、致富难，这"六难"就像锁链紧紧锁着这个村。

我是 2015 年冬天去的，那是第一次与特补乃乌村接触。那个时候我嘴里一直在念叨特补乃乌村这个奇怪的村名，一会儿记住了，一会儿又说得不太完整。不光如此，这里的人名也很难记，比如老鬼日吃，都是彝族名字，翻译成

汉语意思很难懂。有时作为谈笑讲一讲，也品味这名字的味道，但它总有自己的内涵和传说，或者说其特有的故事和意义吧。

我查了一些资料，也请教了当地有学问之人，其实这村名也有它本身的含义。原来"特补"，彝语是"松树生长的地方"，"乃乌"就是"半山坡上"，特补乃乌就是"半山坡上生长松树的地方"。

普格县特补乃乌村海拔 2000 多米，从乡里向山上延伸大约 5 公里左右，海拔也就 2300 多米以上，这个应该生长松树的地方，却很少看到郁郁葱葱的松树，半山上零零星星虽有几棵，也少得可怜。想着十几公里外美丽的螺髻山以及邛海，觉得上天真是偏心，一边是美景一边却是荒凉。

在这个被上天遗忘，连松树都不再眷恋的地方，到处都是裸露的石头，只有杂草和难看的歪脖子小树。山村小路已经被洪水冲得凹凸不平，小路两旁全是乱石，早已不成路了。沿村的河道，老乡们用几根木头当作桥，水冲垮了又再搭。土坯的矮房、矮墙，到处是牛羊猪的粪便。螺髻山镇富裕热闹，但丝毫无法激励这里的人想办法驱赶贫穷拥抱幸福。

我第一次去特补乃乌村，一个"穷"字就是我的唯一感受。整个村都处在"六难"的状态之中。这里的大多数家庭似乎是习惯了等和靠，总之他们年复一年地围着这块贫瘠的土地打转，满足每年土豆和玉米的收成。所以绝大多数家庭的日子都过得紧巴巴的。

这里的人看上去一个比一个揪心，脸是黑的，衣服是脏的，头发是乱的，鞋子是破的，有的小孩手上胳膊上到

处是伤口疤痕；有的人得了肺结核病，没钱治病只能硬扛；一般家庭生三四个孩子，多的五六个。我有时真感叹他们不惧饥饿不惧病痛不惧寒冷的强大"意志"，感叹他们随遇而安的"乐天"精神，他们可以承受，但却不愿去主动对抗困境，打破禁锢千年的贫穷牢笼，他们倔强而固执，不接受思想上精神上的任何转变和妥协。

当时觉得要拔掉这里的穷根，搬掉这里的贫困，实在太难了。积攒多年的贫困根深蒂固，几户脱贫容易，要整村脱贫，并且要全村一个都不能少，真是一场硬仗啊，那个时候我真的很忐忑，没有把握。

如今"半山坡生长松树的地方"真的发生了颠覆和蜕变，不仅是一步跨千年，而且是一步登上天。这个国家级的贫困村，如今已经是全省"四好新村"的典范村。其"蜕

第一章

渴望的眼神，遥望着幸福的远方

变"的历程曲折艰辛。在"六难"面前,我们是一个一个关口过,一座山一座山地搬,动了真感情,出了真力量,想了真办法。我们除了财力物力的投入,还投入了相当多的人力,除了人居环境的改善,还建立了卫生、教育、产业帮扶相结合的一整套政策。

记得二十年前读过一本书叫《遥远的救世主》,后来被改编成一部至今都堪称经典的电视剧《天道》。剧中讲道:输血式扶贫的结果是越扶越贫,不从根本上解决贫困根源,扶贫就是一个伪命题。书中丁元英杀富济贫式的化缘,实现了短暂的商业奇迹,但他自己很清楚,那种绝非长久之计,不解决造血机能的问题,不解决根儿上的问题,再怎么折腾都是没用的,最后的出路还是要从贫困村的村民自身去解决,才能找到自救的方式。

所以,在中央明确要求完成扶贫减贫的任务面前,我们不光从面上改变了特补乃乌村的贫困,实现了村民从贫穷到富裕,从困苦到幸福,还努力在精神内核蜕变上发力,让村民在好习惯、好风气的形成中,实现人生的自救和幸福生活的可持续发展。

如果再到特补乃乌村,一定会让你觉得不可思议。有人说一年胜千年,有人说这简直就是一个奇迹,但说"恍如隔世"可能更贴切。一两年的光景,特补乃乌村实现了建档立卡户全部脱贫,全面建成了"户村相融,生态良好,乡风文明,和谐安居"的彝家幸福美丽新村。特补乃乌村成功获得"滕王阁"杯第一届全国烟草行业"最美烟草帮扶村""四川慈善奖——最具影响力慈善项目"和省级"四好新村"创建典范称号。

特补乃乌村一片又一片树林开始茁壮成长，而更疯涨的是从没有过的幸福指数。安居乐业后的特补乃乌村的老百姓，每天自信满满地奔忙在青山绿水之中，他们用笑声装点着金黄色的烟叶辉映着的十里山沟、幸福家园。

特补乃乌村旧貌

"甲"非天下

> 全面小康路上不能忘记每一个民族、每一个家庭。①
>
> ——习近平

甲甲沟村，从资料介绍，或者是我的感觉，这个村名寓意，是祖先要它在所有大山的村子里排第一、争第一，是一个上好的地名。正因是"上好的地方"，因而得名为甲甲沟村。

甲甲沟村的脱贫任务，是在特补乃乌村幸福新村建设的尾声之时，落到了我们烟草人的肩膀上，而且还要求我们用一年时间必须拿下，确保党中央向全国人民做出的"2020年必须全面脱贫"的承诺严格兑现。那现实中的甲

① 2018年，习近平总书记春节前夕赴四川看望各族干部群众时的讲话。

甲沟村又是一个什么样的情况呢？

2018年3月7日，我与相关人员走进这个冰冷而毫无生气的村庄，通过一个多月的调研，我们形成了甲甲沟村农户基本情况摸底的初步方案。

以下数字是枯燥的，但它是具体的，也是真实的现状。战术上有句话："知己知彼，知今日，方能百战百胜。"打好脱贫攻坚战，也同样如此。不这样具体又怎么去攻坚克难？怎么去有的放矢地搬掉穷山？

——甲甲沟村的方位在哪里？

甲甲沟村位于248国道旁，距离国道主干道约2公里，平均海拔2200米，面积9.6平方公里，全村5个村民小组，常住户310户，人口1134人，彝族979人，占常居人口的98.79%，汉族12人，占常居人口的1.21%，其中男性523人，占户籍人口的52.77%，女性468人，占户籍人口的47.23%，是一个以彝族人口为主的村子。这个村有山有水，大部分使用土地较平整，自然禀赋比较优质。

——甲甲沟村老百姓的素质如何？

我们看看他们的年龄结构吧：1~6岁婴幼儿155人，6~12岁儿童145人，12~18岁青少年87人，18~40岁中青年322人，40~65岁中年人226人，65岁以上老年人53人。

他们的文化水平实在太低了：全村人口中在校就读学生295人，低龄学前儿童147人，成年人601人，成年人中有42人在校，另559人为社会人士。社会人口中大专以上文化17人，中专文化3人，高中文化4人，初中文化50人，小学文化250人，文盲或半文盲235人。

他们的生活来源主要靠外出打工，全村劳动力463人，在外打工 189 人，经商 4 人，驾驶员 3 人，老师 4 人，服兵役 1 人，劳教 3 人。

这个村的贫困面也很大，全村建档立卡困难户 120 户，其中 1 组 17 户，人口 67 人；2 组 25 户，人口 114 人；3、4、5 组共 78 户，人口 324 人。外来人口在本村常住无户籍 32 户，人口 143 人，全都是彝族家庭。

——甲甲沟村生活条件如何呢？

交通情况不太良好：全村 5 个村民小组，仅 1、2 组路面说得过去，但路面较窄，大部分路面损坏严重，其他 3、4 组只有 3 米宽的土路，路面凹凸不平，雨天车辆无法通行，5 组暂时不通公路，人员出行及物资运输极为不便。

水源情况很不乐观：一是人畜饮水方面，虽然全部安上水管，表面上有自来水，其实形同虚设，绝大部分农户人畜饮水不能形成安全保障；二是生产用水，除了水田 330 亩有水源外，其他 1685 亩坡地完全是利用雨水，靠天

吃饭。

安全住房十分落后：全村有房农户 248 户，其他 26 户为无房户，大部分家庭里一家几代同室居住。住房中土坯房 146 户，空心砖房 96 户，混凝土砖房 6 户，D 级危房占有比例达 97.55%。

环境及卫生普遍脏、乱、差：地域环境方面，1、2 组居住条件和卫生条件稍好一些，但河道及山洪沟交汇处，汛期面临水灾和泥石流隐患，3、4、5 组综合环境卫生条件相当差。

文化娱乐十分匮乏：全村均没有电信光纤，部分农户是用广电局下发的小型卫星接收器收看电视，频道少，信号差，老百姓始终不能看到清清楚楚、频道众多的电视节目，本村当前没有娱乐场所及设施设备。

——甲甲沟村幼儿教育如何呢？

甲甲沟村靠村口有一个破旧幼儿园，房子是土坯房，且只有靠东边的一排矮房子，约百十个平方米，适龄儿童只有四五十个，幼教老师两名，房子雨天漏雨，冬天漏风，夏天热得发闷，到了下大雪的冬天，小朋友只有放假回家躲避严寒。教室只有一个大间，厕所是旱厕，特别是到了夏天，臭气熏天，离得很远都熏得人刺鼻，小朋友就在这种环境下度过他们的童年。

甲甲沟村从字面上理解，它的内涵其实是赋予了美好的意思，这个村的周边所有的村庄它是"第一沟的村"，是"上好的村"，是"甲天下之村"。愿望美好，村名也寓意深刻。但甲甲沟村真是夹皮沟：有山有水的村，却并不美好；1000 多人的村，大专文化以上 17 人，文盲或半文盲，到

了今天还有 235 人。看到这个数字，忍不住会一声叹息。5 组到现在还不通公路；人畜混合居住，厕所猪圈都在一起，D 级危房占比达到 97.55%。老百姓就是在危房中生活，想一想，这是一个什么样的生存环境呀？

九层之台，起于垒土。有了这一堆枯燥的数字，对于我们拿下甲甲沟村这个堡垒，就有了一手的资料。要知道，特补乃乌村是用了近三年鏖战，才实现了跨越，完成了蜕变，真切圆了老百姓祖祖辈辈的梦想。而与之相邻十来公里的甲甲沟村，是一个与之前的特补乃乌村一样深陷贫困旋涡多年，贫困程度有过之而无不及的贫困村，要在一年时间实现同样的目标，难度可想而知，压力可想之大。

任务就是军令，虽然时间紧，任务重，矛盾多，协调的事具体，但前期调研让我们对工作任务做到了心里有底，做到了有的放矢。再加上特补乃乌村的脱贫经历，我们与地方政府反复研究，座谈讨论，一个一个项目议定，一个一个问题进行分析，时间与节点如何把握也初步进行确立，整个村脱贫的目标，打造一个什么样的村都勾勒出一幅又一幅草图。规划是行动的灵魂，谋定而后动，有了这些规划，就能够有目标地凝聚各方面力量，让人财物精准组织和运转，那么一年后的甲甲沟就一定会在我们手上变成"上好村"，变成远近闻名的"甲天下的幸福新村"。

合抱之木，生于毫末。甲甲沟村的脱贫攻坚的第一枪就这样悄悄打响了……

阳光照进穷山沟

每朵乌云背后都有阳光。

——吉伯特

  2015 年的冬季时节，当时省上的张作哈资政，带领我们去普格县特补乃乌村调研。那是我第一次踏上特补乃乌村的扶贫路。那天早上虽然艳阳高照，但可能是下了霜的原因，感觉天寒地冻。拐进山沟后好长时间也看不到一辆车一个人，可能贫穷的山沟还在沉睡。车在"跳跃"的路面上颠簸，把车里的人甩来甩去，让我有些昏昏欲睡。司机突然小声说："我们快到了。"

  远处是一个被群山包围的山凹，通往山凹的路越来越狭窄，路上也看不到车轮碾压出来的凹陷痕迹，很明显进来的车很少。我看到山凹的尽头稀稀疏疏的立着几个房子。"村子就在里面么？"特补乃乌村就只有这几户人？

"村子还在上面呢。"

据说凉山州彝族是彝族伟大的阿普笃慕的长子慕雅热的后代。当年洪水泛滥毁坏了彝族人的家园，阿普笃慕便分配他的六个儿子向六个方向迁徙开疆拓土，慕雅热就到了凉山并开枝散叶，居住在 2000 至 3000 米的半山腰上，但特补乃乌村的老百姓却居住在自然形成的河道两旁。

我往山上望去，山不高，才初冬，但一片片落叶飘落在这贫瘠的山梁上。这怎么住人啊，连块像样的耕地都找不到，我心里咯噔了一下。进村的最后这一段路特别难走，全部是 30 度左右的陡坡，而且窄得只能过一辆车。路基塌陷很明显，而且到处都是大坑小坑。司机尽量躲避着路面的乱石和坑洼。十几公里的路硬是花了一个小时才走完。真是不敢想象，如果村里有人突发个疾病怎么来得及？

走到村口，看见几个老乡披着察尔瓦蜷缩着蹲在地上。这才早上 9 点多，太阳的温度还不高，山谷里的冷风嗖嗖地吹在身上。这个时候本该是辛苦劳作的时候，却成了他们一天生活的前奏。这个季节虽然已经没有农作物可以下地了，但为什么他们都不愿意出去务几天短工补贴家用呢？他们看着我们一行人下了车，都眯着眼睛呆呆地看着我们。我们给老乡们挥了挥手表示招呼，他们也许提前知道我们今天要到村上慰问，有个年轻一点的小伙子大方地喊着"各位领导好"。

因为时间宝贵，此行的目的是要对特补乃乌村的贫困情况进行摸底。所以张作哈资政带领我们马上钻进一个又一个低矮的门洞，走访慰问每一家每一户。我们还给十多个特困户带去米、面、油，另外还准备了 2000 元的慰问金。同行的同事和我一样，都是第一次走进这个极度贫困村，看着一间间茅草房、土坯房、胶布房，看着支锅石上的铁锅是分辨不出内容的浑浊汤食，看着墙上挂着一串串有些霉变的玉米棒，晒得有些蔫的元根菜摆满了窗台，看着院落里遍地的猪屎鸡粪，同事举着手机到处找寻信号，看到眼前老百姓的生活状态如此破败不堪，我们的心都很沉重……

特补乃乌村从村入口到第六组大部分住家都是沿河而上，因为流水冲刷自然形成的河沟成了老百姓祖祖辈辈的饮用水，也是老百姓洗菜、洗衣服的地方。天晴时，水还是比较清澈，一旦到了雨季，那完全就是浑浊的泥水，只能沉淀以后再用。

村里没有医疗室，看病要到乡卫生院去，但是因为收入来源太少，得了各种小病只是摇摇头就扛过去；遇上了慢性病，就只是忍着病痛熬下去；患上了不治之症，根本就不奢望去治疗，只能在痛苦的折磨中煎熬。

我们走进一个叫俄力莫有合的家，去的时候他正卧病在床，三间破损的房子，又矮又压抑，还有种说不出来的冰冷感觉，似乎从来没有太阳照到过，墙壁上长满了潮湿的霉斑。夫妻二人生育三个小孩，男主人患上了肺结核病，我们去的时候看见他正在咳嗽呕吐，床边的地上一摊污秽的呕吐物，好像是早上吃下的东西全部吐了出来，他尴尬地向我们笑了笑，眼眶里噙满了泪水。女主人的怀里还抱着个一岁多的孩子，黑黝黝的眼睛瞪着我们，大的孩子十七八岁，外出打工去了，一年多都没回来过；二女儿已上四年级，正在室外的板凳上写作业，她看了我们一眼，毫无表情地又自顾着写自己的作业。我还是忍不住问她："想上学吗？""想！""有什么需要么？""伯伯，我想要个新书包，那个旧的带子快断了。"

　　这里老百姓最苦的是口袋里没有钱，因为大部分都是山坡地，自然资源差，随便怎么垦，也翻不出几分适合栽种的土地，所以就算终年勤恳，种点土豆、玉米、苦荞，能够自己吃就不错了，根本换不回收入。仅靠着喂几只鸡、养几头猪和牛作为生活来源。有的家里也种点水果、蔬菜，一年到头也捡不了几个钱回来。这样的状况，哪来钱修缮房屋、上医院看病、送小孩上学。尽管每年政府也补给一些，但也是杯水车薪，个别彝族群众恶习难改，好不容易养了一头猪，卖来的钱不是用来贴补家里急需，而是去买酒喝，常常喝得大醉，酗酒成了他们的"命根子"，可见这里酗酒之风有多么严重。

　　特补乃乌村其实离县城不远，离乡镇更近，连这样的地方都贫困得令人窒息，那些大山深处的村里又会穷成什么样子呢？特补乃乌村的现状就已经超乎我的想象了，比这里还要难的贫穷样子想都想象不出来。

　　离开特补乃乌村往乡办公室走的路上，张作哈资政在说什么，我没听到，我有点走神，脑子里不断想象出未来这个村将建成什么样的新村。那每家每户破旧的房子在我脑海里反复呈现，老百姓那一张张绝望和希望交织的面孔让我又十分地感慨。扶贫，就是要举全国之力，尽快让这里的老百姓摘掉贫困的帽子，让温暖的阳光照进这穷山沟。

　　我们常常讲，老百姓是我们的衣食父母，老百姓过成这样的生活，难道都是他们造成的？原因多种多样，过去

的就让它过去吧，既然现在党中央和省上把凉山作为脱贫攻坚的主战场，我们烟草局作为一个有责任有担当的国有企业，就必须肩负起一份责任，好好地打一场漂亮仗。

而作为一名老共产党员，作为省局（公司）分管扶贫的副总，还兼任扶贫办主任，我必须尽快回到成都与扶贫办同志坐下来好好研究一下，制订出个初步方案，尔后给主要领导汇报一下，一定要在最短时间拿出一个特补乃乌村脱贫的具体实施方案来，让老百姓尽快住上好房子，过上好日子，让这个穷山沟变成真正的幸福村。

特补乃乌村旧貌

"581" 扶贫惠民工程

只要还有能力帮助别人，就没有权利袖手旁观。

——罗曼·罗兰

我对中国梦的理解，有两个基本内涵。中国共产党人的初心与使命，就是为中国人民谋幸福，为中华民族谋复兴。这两个"谋"，就成为新一代中国共产党人，在新的历史时期身上肩负的历史责任和时代使命。精准扶贫，精准脱贫，打赢脱贫攻坚战，就是真正地为人民谋幸福，并庄严承诺在 2020 年实现贫困地区全面脱贫，同步走入小康社会。

扶贫攻坚是系统作战、集团军作战，需要一个总的规划和布局。我们从实际出发，提出了"581"工程，这"581"工程，是我们参与决战决胜扶贫战役，在全省烟草行业层面上的一个战略布局。

何谓"581"工程？就是我们用 5 年的时间，投入 8 个

亿左右的资金，帮扶全省 100 个以上贫困村。这是用数字的表述，牵引着我们的工作一步一步向前走，不松懈。

这"581"工程三个字，绝对不仅仅是一个符号，而是具体实在可以量化的。"5"回答了一个时间概念，就是从 2016 年到 2020 年这 5 年时间的跨度，持续推进脱贫攻坚；"8"是我们要投入 8 个亿左右的真金白银；"1"就是 100 多个贫困村。

在扶贫攻坚过程中，习总书记、党中央、全国人民最牵挂的是"三区三州"地区。这"三区三州"是国家层面的深度贫困地区，是国家全面建成小康社会最难啃的"硬骨头"，凉山州就是其中之一，且贫困程度最深，贫困面最大，实现精准脱贫的任务最重，是脱贫的重点、难点，是扶贫的主战场。

很快我们接到了省上安排我们烟草局重点帮扶凉山普格县的通知，具体是普格县特补乡特补乃乌村和甲甲沟村。因此，我们在战略投向上，把凉山州特别是普格县，作为四川烟草助推打赢脱贫攻坚战的主战场和主攻方向。

凉山，有着历史的纵深度，是一片神奇的土地，是全国最大的彝族地区。奴隶社会整整跨度了一千多年，直到 1950 年凉山才解放，1952 年成立凉山彝族自治区，1955 年 4 月 15 日，根据宪法规定，凉山彝族自治区改为凉山彝族自治州。1956 年实行民主改革，成为凉山历史上划时代的社会变革，这就是从奴隶社会一步跨入社会主义社会的翻天覆地的巨变。

多少年走过来了，这片土地还很贫瘠，老百姓的生活也贫困，日子过得并不太好，贫困面很大，交通也闭塞，是全国深度贫困地区之一。举目都是走不尽的路，翻不尽的山，曾有媒体这样评价："如果将脱贫攻坚比作一个通关游戏，那么偏远的凉山州绝对是全S级难度的存在。"后来在2018年2月11日，农历腊月二十六，没有几天就要过年了，习总书记还时刻牵挂着遥远的大小凉山，他专门来到昭觉县，迎着寒风，冒着大雪，走进彝族群众家中，看实情，问冷暖，听心声，同当地干部群众共商精准脱贫之策，习总书记与村民的亲切握手，暖心的话语，释放出对老百姓的牵挂和扶贫情结。一个凉山彝族自治州，习总书记都时刻惦记在心里，挂在心上，足以说明，凉山州贫困的落后面，落后的程度，那是可以想象的。

贫有百样，困有千种。5年来，我们在扶贫的路上，按照"581"工程，一一落实，一一攻坚，把习总书记关心凉山、关心少数民族、关心贫困的一系列指示要求，通过一项一项工程变成了现实。最终让帮扶的特补乃乌村、甲甲沟村，成为全省乃至全国幸福新村的典范，全省各级定点帮扶的291个村也已全部脱贫。兑现承诺，收获喜悦，做出奉献，得到肯定，我们烟草人始终走在脱贫攻坚的前头，成为一个国有企业的典范和榜样。

众人拾柴火焰高

用众人之力，则无不胜也。

——《淮南子》

我们确立"581"工程这一战略目标后，为了圆满完成省政府下达的脱贫攻坚任务，准确落实目标行动，避免出现落不了实，到不了位的情况发生，我们决心在全省系统内抽调精兵强将，成立一个专门机构负责581工程的实施。于是，我们的扶贫办应运而生了。

我们的扶贫办全称叫扶贫帮困办公室。那是在2016年1月，省局（公司）党组主动靠前，省局（公司）领导，特别是李恩华局长亲自挂帅出征，与大家一道研究推进脱贫方案，亲自协调扶贫资金来源，研究需要解决存在的问题，成立了助推幸福美丽新村建设领导小组，实际上就是扶贫工作的领导机构，扶贫办就是设在这个领导机构之下的具体经办机构。

　　俗话讲，众人拾柴火焰高。扶贫办由 6 个人组成，我兼主任，配置一个常务副主任，两名副主任，还有两名具体经办的同志。大家都来自不同的地方，有省局机关本部的，还有达州、遂宁、凉山等基层的同志，从专业的角度讲，我们这个团队，有的是项目工程专家，有的专门负责文字工作，有的则综合协调居多，多兵种作战，相互搭配，经验、能力和专业技术做到有机互补。平常中，我和他们接触得最多，交流得最多，一起到扶贫一线最多。他们每一个人身上都有自己的特点，也有自己的亮光和自己独到的见解，每个人在扶贫过程中，知道角色在哪里，应该怎么干。

　　自从扶贫办组建后，全省扶贫的重任就由他们专门负责了。具体有哪些呢？首先是定点帮扶普格县，特补乃乌村和甲甲沟村是自家的"责任田"；烟草行业是省上牵头帮扶单位，负责协调 9 个厅级单位参与普格县的扶贫工作；并指导各市州、县、区的各级定点扶贫任务；编制每年的扶贫捐赠预算；加强扶贫人员日常管理和素质能力提升；另外，对全省行业扶贫资金监督管理、划拨使用等，不一而足。同时每一项工作的展开，又都会细分出很多项工作，所以这副担子实在不轻。

　　扶贫办的办公室在机关，其实"办公室"常设在一线。5 年来，不知他们到凉山跑了多少次，吃的苦、受的累，他们心里最清楚。他们的努力与付出，敢于打拼的良好形象，老百姓是满意的。他们一年中大约有一多半以上时间，都是在一线与村民同甘共苦，与乡上、村上干部协调各种事务与项目，现场进行具体督办，提高工作效率和质量。他

们是默默无闻的，说得少，做得多，他们的战场不在省城的高楼大厦里，而是在全省各个扶贫村、扶贫点和扶贫一线。去得最多的，是普格县的特补乃乌村、甲甲沟村。他们身上，不仅有各级政府和行业的嘱托，也承载着老百姓对摆脱贫困的殷殷期望。

他们与贫困群众一起，整天与尘土打交道，与烈日拼杀搏击，与风雪战斗，与矛盾问题博弈。没有这样的用劲、用力，哪有今天扶贫的成果。他们身上，凸显出一个真扶贫、扶真贫的钢铁形象。

走过了5年多的扶贫历程，看到烟草人取得一项项成果，我深有感触，如果没有一个强有力的扶贫办和这一群人，有些工作就落实不到位，扶贫过程中就会出现拖延，工作效果也体现得不充分。有这个组织机构，工作才能具体化，下沉到一线，盯着每一个项目，全过程把关监控，及时发现问题，现场解决问题，把握工作进度，实现每个项目保质保量完成。作为一个分管扶贫的省局领导，我从内心非常感谢他们，他们每一个人在扶贫中苦干实干的身影都留在我的心里。

常言道，众人拾柴火焰高。扶贫事业不是一个人的事业，仅靠一个人也干不好，事业是靠大家共同来干的。特补乃乌村、甲甲沟村如今旧貌换新颜，离不开扶贫办，离不开凉山州局扶贫办的同志，也离不开县里的同志，更离不开特补乡的书记镇长和驻村第一书记的无私付出和奉献。正是这一群人，汇聚成中国扶贫事业发生翻天覆地巨变的深远力量。

让资金在阳光下运行

天下之事，不难于立法，而难于法之必行。

——张居正

扶贫需要真金白银，但把钱用好、管好，用到刀刃上才是最关键的。在脱贫攻坚过程中，项目多、环节多，涉及每一个老百姓。钱不但要用得好，而且不能出任何问题，是一个非常具体、十分头痛难办的事儿。

基于社会外界对烟草公司的长期印象，大多数人都认为烟草公司钱很多，扶贫就是砸钱，没什么好说的。这样的认识是肤浅的、片面的、非理性的。客观地讲，烟草行业对于扶贫事业认真斗硬，所预算的资金也是多方筹措，来之不易，并非简简单单，没有技术含量，不需要智慧和方法。所谓"没有钱是不行的，但只有钱也是行不通的"。

我们的资金从何而来呢？从年收益的利润里去挤，每

年我们都有几千万的扶贫预算，专项用于扶贫事业；同时到其他烟草工业企业"化缘"，比如湖北中烟、重庆中烟等，也给我们支持了几千万元；也靠广大职工捐款，全员式进行扶贫，大家都很热心公益，特别是每年"国家扶贫日"，我们都会开展各类捐款活动。

这其中，每年扶贫预算做到常态化，坚持预算管理，既要安全，又要规范，还要讲效率，通过内部管理实现有效监督，每一分钱都要花到老百姓身上。

那么外部的监管哪里来呢？这也是一个新问题。新问题要有新办法，专业的事让专业的人来做，才能做得更好。四川省慈善总会是扶危济困、公益救助、助幼助残的专门性公益组织。为了更加严格规范，2015年年底，我们与省慈善总会加强合作，成立"诚至诚爱心基金会"，规范资金捐赠使用，所有资金拨付，均通过基金会进行，在严格审核资料的基础上专项专款进行划拨。

庞大的资金有了安全的"港湾"，算是我心中的一块石头落了地。从那个时候起，我们每个项目资金严格程序、严守规范、履行协约。比如工程进行到30%~40%，地方党委政府提交相应的资质、资料，由我们和慈善总会审核后，按协议拨付相应的金额；工程进展了一半的时候，再提交资料、再审核、再拨付……如此，每分钱都落实在具体项目，花得安心放心。

特别是住房，我们与每个老百姓建立资金往来明细表时，慈善总会的同志都要到现场，每家每户核对，做到烟草局与慈善总会双向认定后，再与每一个农户签字画押，既保证钱按时拨付，又保障资金高效运作。项目完成以后，慈善总会按照制度要求，及时对项目进行资金审计，看用得合理不合理，规范不规范，最后给出结论性意见。

这样我们的资金既用到刀刃上，又在阳光下运行。现在想起来，"诚至诚爱心基金会"这种管理方式在扶贫资金使用上是一种成功创举。几年下来，我认为这帮了我们大忙。好在哪里呢？好在对资金统一管理，年初扶贫资金统一划拨到爱心基金会，做到专款专用；好在制订了流程标准，有一整套管理程序和规章制度，确保程序化管控；好在所有资金安全规范，资金不中转、不经手、不截留，统一拨付到项目和人头上；好在"售后服务"，每一个项目有专人跟进，项目完成后进行责任审计。推进每一个项目的实际过程中，这种方法是高效、安全、阳光、顺畅，得到了地方政府和老百姓的认可，很多单位都借鉴了我们的经验和做法。

退休之前，我考虑到2020年是脱贫攻坚最后一年，几年来的资金、项目、资料要做到心中有数，需要有一个总结和梳理，进行全面的盘点。因此，从2019年开始，我就着手把这个工作安排下去。5年来，我们烟草扶贫资金投入接近4个亿，大大小小500多个项目，项目完工了多少，还有多少在建，资金拨付了多少，资料归档做得怎么样，这些在2020年要尽早清理，把工作往前赶。

2020上半年，扶贫办的同志与财务处、省慈善总会一道，对扶贫工作开展以来的所有项目、资金进行对账、核实，清理资金盘。经过前几年规范的运行，慈善总会帮我们把了关，规避了很多风险。2020年7月，我们的爱心基金接受了第三方审计，结果是意料之中的。个别扶贫项目

前后名称叫法不符，比如以前项目名称是"风貌打造"，后面改为"住房功能提升"，除此之外，在整个的资金运行上没有发现任何问题。我们这套办法是过得硬的，5年来，没有一笔款出差错，没有一笔款有问题，更没有一笔款被挪用到其他渠道，资金真正在阳光下规范运行。

回过头来，我很有感触。这其实是一个复杂的程序，每当一个新的项目启动，我们便会邀请省慈善总会的同志一道前往项目地，考察论证项目的可行性，并提前告知相应的程序。省慈善总会苟兴元会长、项目部张丽娟部长、财务部陈雄部长等，都是一线的常客，扶贫路上也留下了他们的足迹。

扶贫攻坚为民造福，但好心不能办坏事。规范资金运行，要让所有资金发挥最大效用，把每笔钱都用在刀刃上、关键处，让每一笔资金用得阳光、规范、顺畅和高效，让每一笔资金用得干干净净、清清白白，经得起历史的检验。

夜幕情怀

冗长的黑暗中，你是我唯一的光。

——东野圭吾

2016 年年初，按农历算还是头一年的腊月二十八。大家都思乡情切，忙碌着准备过年。这天上午，结束了在内江慰问困难职工的事，我马不停蹄赶回到机关办公室，因为在过年之前，还必须要赶到特补乃乌村处理一件大事。

在第一次去过特补乃乌村之后，我与扶贫办的同志便开始琢磨怎么帮扶的事儿，扶贫办的同志把特补乃乌村每户的情况都摸得十分清楚，人口、产业、经济来源、贫困程度、身体状况、婚姻情况、小孩人数等，造册登记，有的放矢。按照省委提出的"住上好房子，过上好日子，养成好习惯，形成好风气"的"四好"要求，来指导村里项目的推进。再结合乡里村里的实际需求，形成了一份双方都基本认可

的帮扶项目协议。

回到单位的时候，食堂已经没有吃的了。我只有在办公室随便找了点饼干垫了两口，就与扶贫办的同志匆匆忙忙赶往西昌。到了西昌已经是下午5点多了。跟着我们又换乘汽车，在斜阳的伴随下向普格挺进，路上凉山州局的同志提前准备了干粮，我们就在车上随便应付了一下。一个多小时的翻山路，颠颠簸簸弯弯绕绕，到特补乃乌村已经接近7点。夜色已经慢慢向这个山沟笼罩下来，时任县委书记刘长猛同志与相关部门人员，就已经在特补乡的会议室等着我们了。

之所以这么着急，是因为村里在外打工的青壮劳力这个时候都已经返乡，是村里人员最齐的时候，便于我们广泛宣传和思想发动，每一个老百姓都要清楚扶贫脱贫的具体政策，以及我们的产业规划。我们需要他们来年留在家里，共同建设自己的新家园。如果不赶在这两天过来，大家过了年又纷纷外出打工，那时候再想把大家聚起来可就不好办了。往往一件事，只有往前想才能往前赶，抓住了战机就等于抓住了胜利的开始。

会上，我们拿出帮扶的项目协议，开始相互交换意见，谈项目，谈预计完成进度，共同分析推进难度，构思建设蓝图，提出具体规划，大家你一言我一语，气氛十分热烈。因为怎么去干，干到什么程度，大家也不太清楚，第一次大面积一体性解决老百姓安全住房、村里道路、路灯、产业、幼儿园、村民活动中心等一揽子工程，肯定有很多困难，也没有成熟的经验，但通过讨论，集合大家的智慧，想法和共识逐步凝聚和形成了。

快 10 点了，夜逐渐深了，房间里面的温度也越来越低，凉山的早晚温差都很大，即使在盛夏，晚上都必须穿个外套才行，何况还是腊月间。这个时候大家才想起该搞个取暖器或者火盆啥的。而且一支接一支的香烟，熏得又不能关窗闭门，此哈书记开玩笑说："麻总不抽烟，只有你受点委屈了，我们不抽烟想不出好点子，工作进行不下去。"

其实我一点都不冷，一大群人挤在这个不大的会议室里，所有人的讨论热情又那么高。"没事，大家想抽就抽，不要管我。这样，给我也来一支，免得你们别扭。"就这样，我们一帮人在深冬的山沟里，用内心燃起的火焰来抵抗寒冷。

经过三个多小时座谈交流，尽管在一些细节上还有不同看法，但是大体的协议内容都基本敲定了，形成了扶贫推进的路线图，也明确了基本思路：第一步，思想发动，利用春节前后给老百姓讲清扶贫政策，而且要造成一定声势，形成一种氛围，尽量达到思想统一；第二步，摸清每一家情况，精确到建卡户与非建卡户，做到精准精确，心中有数；第三步，挨家挨户，上门了解他们的具体情况，务必精准到位；第四步，县上、乡上与我们烟草局形成协调推进机制，明确各自职责职能，确保责任落实；第五步，我们粗略估计，整体扶贫资金控制在 4000 万左右，力争资金保证。通过相互协商，大体对特补乃乌村有一个粗略的规划，在此基础上深入到每一个项目上了。

具体说来，我们要锁定"两不愁三保障"[1]这个阶段

---

① 两不愁三保障："两不愁"指不愁吃、不愁穿，"三保障"指义务教育、基本医疗、住房安全。

性目标，围绕突出"四好"这个理念，有效推进13个项目一一落地。第一，每家每户安全住房；第二，修路修桥；第三，太阳能路灯的建设；第四，地下管网，每家每户排出来的废水要进行污水处理；第五，每家每户洗澡间、太阳能热水器；第六，污水处理场建设，主要是为形成好风气，养成好习惯，奠定物质基础；第七，河道整治，这也是个难啃的硬骨头，河道大概有十几里，特别是雨季，需要依靠河道进行排洪；第八，乡村绿化。村路、河道两旁，村民每户家门口，种什么树？绿化的标准都在计划中；第九，村民活动中心。这是一个整体打造的项目，涉及农民夜校、幼儿园、医疗室、会议室、篮球场、老百姓活动场所、党员活动园地等；第十，公共厕所修建，解决老百姓在公共区域的如厕问题；第十一，产业扶贫，进行产业分类优化，烟叶生产、蔬菜种植、特色水果种植、鸡、牛等养殖产业等；第十二，解决饮水，建立干净的小水库。第十三，住房风貌打造，统一外墙颜色样式。

会议室烟雾缭绕，大家饿着肚子，但相互交流意犹未尽，在建设性的基础上形成了协议书，一式两份。在热烈的掌声和期盼中，我代表省烟草专卖局与县委刘书记在协议上签字，我们俩的双手紧紧地握在一起。这一份协议，标志着烟草局对特补乃乌村的扶贫帮困正式开始，也是烟草局对老百姓的庄严承诺，打响了烟草局帮扶凉山脱贫攻坚战第一枪。

那晚，我心里十分高兴和喜悦，年前的最后一件大事终于开了好局。我和扶贫办的同志们脸上都露出了满意的笑容，想着明天还要召集全村人开会和宣布我们的重要决定，我向所有的到场人员表示了感谢。然后我向同行的老崔借了一盒烟："来，大家再抽一支烟就散会。"我自己抽出一支烟后，把烟盒递给了旁边的老刘。这盒烟在会议室里传递着，传递着我对同志们的感激之情，也更向他们传递着我对他们的殷殷希望。

与刘书记他们一一道别后已 10 点半了，虽然外面寒风刺骨，但我们心是温暖的。我想，明天老百姓知道了今天的这份协议，他们的心会不会比我们更火热？千年风尘冰霜的特补乃乌村就要跟从前说再见了，迎接它的是一个"四好"未来！

2016 年 2 月 6 日，麻世强与时任普格县委书记刘长猛签订特补乃乌村帮扶协议。

你们像亲人一样

曾经拥有的东西被夺走，并不代表就会回到原来没有那种东西的时候。

——东野圭吾

通过一年多时间的大会战，特补乃乌村真是嬗变了，或者说是一步千年、一步登天，此时此刻，老百姓还沉浸在喜悦和幸福的美梦之中。

可惜的是，天有不测风云。

"特补乃乌村暴发山洪，受灾严重！" 2018 年 6 月 21 日早上 5 点多，普格县局驻村干部朱宗林急急忙忙拿出手机，发出了第一条受灾信息。当日凌晨，凉山州普格县特补乃乌村突发连续强降雨，引发山洪地质灾害，村内住房、道路、排洪河道受损严重。

接到受灾信息后，省烟草专卖局（公司）党组书记、局长、总经理李恩华第一时间作出指示,要求立即察看灾情,配合当地政府开展救援。省州县三级烟草公司组成救灾工作组第一时间奔赴现场。

多好的新村、多美的新村,就被一场暴雨无情地摧毁了不少。不少村民看到受灾的场景都流下泪来,他们刚刚才过上有希望的生活,他们刚刚觉得奔赴小康似乎不太遥远了,可是这场洪水又唤醒了他们千年的梦魇:他们的祖先因为洪水而离开故土迁徙,他们的祖祖辈辈为了躲避洪水不得不躲到山上,心甘情愿地接受贫穷束缚。党和国家好不容易帮他们建起新的家园,带来新的希望,这场灾难又会掏空他们刚刚攒起的那为数不多的积蓄。

和村民的手足无措不一样的是,村里干部、乡里书记、镇长已经带领大家第一时间投入抢险救灾中,泥水和汗水,催促和命令,设备的轰鸣声向洪水的咆哮发出挑战。

村民曲木友哈愁眉苦脸地看着自己家受损严重的房子,心里的滋味很复杂。“这个新房子才住了一年多就遭水了,运气孬。”曲木友哈狠狠地抽着烟,似乎想把所有的怨气都嚼碎。

“你是运气好,不是新房子的话,住以前的土坯房命都没了。你看看这房子地基都快空了,也没塌掉,是烟草公司修的质量好。”特补乡乡长拉莫宽慰他说。的确,他家的房子地基都被洪水掏空了,但居然屹立不倒。

此次山洪暴发,时间在凌晨 2 点,烟草局帮扶的安全住房、河道整治等项目,虽然有 37 户房屋受损严重,但没有 1 户垮塌,住房质量经受住了考验;河道多处被冲毁,但成为此次洪灾的“中流砥柱”,河道的分洪、泄洪能力充分发挥，起到了减灾作用，保障了群众的生命安全。据统计，特补乃乌村 132 人受灾，公路路基损毁 900 米，河堤损毁 1300 米，庆幸的是特大洪水没有一人死亡。

"现在第一要务是转移安置受灾的群众，同时调集挖掘机，打通交通线。"普格县委常委、宣传部部长郭吕刚身处现场进行指挥。

经过多方协调，10 台挖掘机及时进场，沿途展开作业，疏浚清理道路和河道。

对于群众的安置，一方面由政府提供安置点，作为临时应急供受灾群众使用。另一方面，烟草局救灾工作组提出，暂时清理腾出临近的螺髻山烟站，将其预备为临时灾害救助点，如有需要立即启用。

经过几天来的紧急救援，特补乃乌村受灾群众得到转移安置，灾情得到有效控制。

受灾当天晚上 9 点，我赶到了西昌，第二天一大早就实地查看受灾的情况，对受灾严重的村民进行了慰问。走进山坡上临时搭建的帐篷，看着受灾家庭一家老小挤在里面焦虑不安的样子，我几度哽咽，一路上想好的鼓励的话也不知道从哪里说起。看着眼前被冲毁的路，被洪水损毁的房屋，心痛万分，好好的村一下就被洪水侵害，多少人辛辛苦苦用 3 年时间支棱起来的幸福日子又被击垮了。

"老乡，天灾人祸不可怕，只要人在就能再建家园，你们也不要担心，一切都有政府，有我们烟草局。"在慰问重灾户噶布尔呷时，我拉着他的手说道，随即送上捐赠的慰问金和慰问物资。

"谢谢烟草公司，你们像亲人一样……"当他从我手

2018 年 6 月 22 日，麻世强（左）看望特补乃乌村受灾群众。

中接过油、米、面等生活日用品时，他的声音虚弱而哽咽，但他抓住我的手却紧紧不想松开。

　　而对此次受灾较重的 37 户临时安置户，我们烟草局向每户捐赠了受灾慰问金，并购买米、油、电热水壶、电饭煲等物资，帮助受灾群众解燃眉之急，解决眼下生活的过渡性问题。

　　金杯银杯，都不如老百姓的口碑。彝族群众不善言辞，但在走访的十余户受灾户中，每一户群众都滔滔不绝地描述洪水到来时的情景，他们都以为新建起来的家保不住了，没有想到房子都没垮，院子损毁也不太大，连牲畜都没有受到什么损失。听到老百姓的赞誉，我第一次觉得我们可以问心无愧地领受他们的赞美和感谢。对于施工设计外行的我们，我们的扶贫质量在这里算是经历了一次最严苛的检查。

　　受灾群众临时的生活好安排，但如何恢复重建是一件大事。重建任务艰巨：部分地下管网被冲毁，要恢复每家每户地下埋的管道，有些主管道也需要重建；有 10 户人家的房子要重建或是加固；村里道路两旁太阳能路灯冲毁了几十个，需要重新购买、修理、安装；部分冲毁的道路、桥梁要重建或加固；山洪把河道路基都冲空，河道大部分要进行重建。

我们迅速对每个重建项目确定了时间、标准、资金和责任人，有些项目还要重新招投标。我们心里很着急，因为甲甲沟新村建设已经箭在弦上：前期各方面准备工作已经在做着最后的准备，人员和设备都调配到甲甲沟村。而特补乃乌村这场意外的灾难，让我们不得不面对重新的选择。想着甲甲沟村那些迟暮的老人，想着那里脆弱的生存环境根本无法抵抗和这里同样的灾难，可临时帐篷里的群众也同样需要我们啊。

两边都急，两个任务都重。但再急的工程上也必须严格规范程序，绝对不能马马虎虎急功近利，特补乃乌村的恢复重建绝对不能敷衍了事。

如何"两线出击"，决战全胜，我们和县委、乡镇一起想办法，在组织上紧紧依靠县委的领导，重新进行了任务分工。在力量分配上，县委副书记日海补杰惹重点抓甲甲沟新村建设，县委常委、宣传部部长郭吕刚重点负责特补乃乌村恢复重建。乡上此哈书记重点抓甲甲沟建设，协调各方面的具体工作，拉莫乡长将力量重点投放在特补乃乌村恢复重建上。省烟草扶贫办常务副主任陈岩将主要精力放在甲甲沟新村建设上，扶贫办副主任刘建平把全部精力压在特补乃乌村的恢复重建工作中。以前的一套人马现在要一分为二，这意味着我们这群人身上的担子比原来的计划重了一倍。

我作为省局分管领导，兼顾两个村新建与重建工作。甲甲沟村前期准备工作不能放慢速度，特补乃乌村恢复重建也急需尽快上马，恢复重建务必在 2019 年 8 月份雨季来临前，把所有工程项目完成。

每一个都是硬骨头，要协调、要推进、要招标、要各方形成合力，难度极大。特别是河道整治这个最头痛的项目，因为原来的施工队伍已经离开，要重新物色施工单位，还要再次进行招标，一旦进入流程，最快也得两个多月。而且河道中，洪水冲下的几吨重的大石头要搬走，冲毁的桥梁要加固，河道两旁的底部已悬空，好几公里的河道要在很短时间内恢复，确实给这些"搬山头的人"出了一堆大难题。

面对难题、难关，我们别无选择。我们唯一能做的就是遇到难题解决难题，遇到难关翻越难关，我们唯一的武器就是攻坚必胜的信念决心。

办法总比困难多，计划投入设备不够就增加设备，施工条件不允许增加设备的就增加工作时间，挑灯夜战。招投标流程限制，就缩减规模走特殊采购，让独立团成混成旅。虽然施工队伍协作难度加大，我们现场组织协调工作量陡增，但我们每个人都没有权力说"不"。轻伤不下火线，小病不进医院。我们烟草人与其他部门一道苦战在一线，拼搏在工地，我们又陆续投入了 500 多万资金。通过近一年的鏖战，特补乃乌村灾后恢复重建如期实现，新村又是焕然一新。当我们重新与老百姓相见在村民活动中心广场时，再也看不到一张带着愁云的脸。

初议"蓝图"

　　一张好的蓝图，只要是科学的、切合实际的、
符合人民愿望的，大家就要一茬一茬接着干。①

　　　　　　　　　　　　　　　　——习近平

　　2018年5月的一天，我与扶贫办的同事一早就从西昌出发，我们要马上赶到特补乡，与乡上、村上商议甲甲沟村脱贫的相关事宜。

　　前面我们用了三年时间完成了特补乃乌幸福新村的建设，受到社会各界的高度评价。现在则要用一年时间让这个村旧貌变新颜；而且特补乃乌村的成绩摆在前面，新甲甲沟村必须有所超越。

　　一年时间能否摘掉穷帽子？又达到什么标准？时间进

---

① 近几年，习近平总书记在不同场合反复强调的话。

度如何把控？前期规划设计谁来承担？又有多少个项目？怎么组织推进？一连串问号都在心里打鼓。前期来了两趟，走了走，看了看，摸了摸情况，很多问题很多思路都还不明朗。这一趟来的目的，就要充分征求乡里、村里的书记、乡长、村长的意见，把大体规划敲定下来，为开工做好一切准备工作。

甲甲沟村也归特补乡管辖，与特补乃乌村相隔十几二十公里。甲甲沟村和特补乃乌村不一样，这里地势较低，也相对平缓。300多户人分成6个组，挤在这片并不开阔的河谷地带，其中有4个组聚在河边的坝子上，两个组分散在半山腰和地势更高的地方。夏天的甲甲沟山上绿树成荫，溪水穿村而过，村口河流一年都不断流。

人类自古以来就乐于择水而居、沿河湖而居的生存方式。水，不仅是我们的生活必需品，而且水源两边气候湿润，土壤相对肥沃。所以人类历史上最伟大的文明都和水有关：尼罗河文明、两河文明；长江黄河更是孕育了我们华夏文明。甲甲沟村河流穿村而过，且离国道近，交通便利，如此好的自然地理条件，为什么会世代与落后贫穷为伍呢？它未来的定位方向又该在哪里？

我们坐在乡政府的会议室，研究的主题是甲甲沟村整体规划，因为有特补乃乌村整村打造的经验，大家讨论起来，思路都比较清楚，心中也有一定的谱。

开工第一件事，就是加快推进老百姓每家每户的安全住房，这是大头，也是彝族群众最迫切、最关心的事。大体议定了两种建设方案：方案一是新建房屋，对群众住房易地搬迁，重新选址，集中安置，方法是统规自建，烟草

公司每户补助资金六七万元，根据家庭人口分为 75 平方米和 150 平方米两种户型，征地部分和超出部分由农户自筹解决；方案二，家里是土坯房和空心砖房等危房的，原址加固维修，烟草公司每户补助两三万元，超额部分由农户自行负担一些。以上两种方案，基本满足不同农户的基体情况和需求，在具体实施中采取分类指导的办法，这样就可以照顾到每个农户的具体情况，而不是一刀切。

修路也是一道难关，大家讨论中都有这种感觉。3、4组公路硬化约 8 公里，拟投资 800 万元；新建穿过 1 组 2 组村庄之间的主干道公路 3 公里，拟投资 200 万元；每家每户的联户路硬化改造也要投入约 200 万元，加起来也是一大笔资金。

甲甲沟村的风貌打造，大家讨论得很热烈。按照四好新村的标准打造，硬件上的配套可借鉴之前的成功经验。利用好甲甲沟优质的自然条件，在风貌打造下功夫，超越特补乃乌村就能起到四两拨千斤的作用。所以外墙颜色、彝族文化符号、每家每户房脊怎么造型、门窗什么色调，大家都谈得很投入，都有自己的合理化见解和认识，落实到风貌打造资金上也需要 300 万元。

村幼教点也是需要重建，目前教育十分简陋，功能设施也不配套，满足不了幼教的需求和老百姓的渴望。大家从房子如何重新建造、整个幼教怎么布局、配套设施如何满足等等，所需资金加起来又是 150 万左右。

为了彻底改变乡村环境卫生，借鉴特补乃乌村的经验，提出了排污系统工程的项目和预算。从每户的洗澡堂、厕所、污水排放等建设，再到污水处理场建设，所需资金

400 万元。

甲甲沟村和曾经的特补乃乌村一样，也是一个没有路灯的世界。村里人祖祖辈辈晚上都是摸黑走路，一到晚上，破落的村庄就像进入了沉睡状态。大家也提出了要像特补乃乌村那样，对整个村的太阳能设施进行规划，算下来安装太阳能路灯大约要投资 120 万元，彻底让老百姓告别黑暗。

座谈的讨论继续进行，又提出了村庄绿化和环境打造，拟投资 150 万元，安全饮水项目需要 29 万元资金，全村民风民俗文化广场建设与村民活动的附属设施需要 120 万元，烟叶生产烤房维修拟投资 50 万元，300 亩烟地整治共需资金 400 多万元，修桥需要资金 30 万元等，初步加起来有十多二十个项目。

大家边讨论，边思考，我也在心里掂量着，这些项目怎么确定、怎么核准？每一笔资金又该怎么合理使用？确定了每一个项目，又该如何去规范招标？所有项目都有个轻重缓急，又该怎么有序推进？特别是安全住房是头等大事，需求不一，情况复杂，环节太多，推进难度最大，又该如何体现现代和当地乡村特色？问号一个接一个，我脑海一直在思考着大家提出的初定项目。

大家集思广益，反复讨论，越讨论越清晰，思路也越清楚，经过筛选和论证，初步敲定了 14 个项目，明确了打造甲甲沟村的理念、目标和愿景。

这 14 个项目就是 14 个硬任务，14 个硬任务就是 14 个堡垒。这些项目都是一道又一道关口，每个项目需求背后都是一个系统工程，都需要真金白银的投入。这十几个项目一年时间能够拿下吗？需要调研论证，需要可行性的报告，需要具体方案，需要烟草人与地方各级的配合，形成合力让老百姓的需求——兑现。

一上午的座谈，初步的蓝图就这样确定了。我也长长地出了一口气，总算有个大体规划，回去后给党组和省上汇报，也有第一手资料。面对14个具体项目，我遥想起一年后的甲甲沟村，脑子里突然想起那句"神女应无恙，当惊世界殊"，不禁心潮澎湃。

一锤定音

　　再长的路，一步步也能走完，再短的路，不迈开双脚也无法到达。

——汪国真

　　"蓝图"初成，需要接受"检阅"。但在"检阅"之前，我们根据上次从村里带回来的初步方案，在面上整体考虑，在具体项目上精雕细刻，与更广泛的同志进行了座谈讨论、细化修改，前前后后又花了一个月时间，形成了更为成熟的方案。

　　2018 年 7 月 26 日，我和扶贫办的同志带着这个方案和厚厚的资料，来到省委大院，向省委常委曲木史哈报告甲甲沟村下一步工作的情况。

　　曲木史哈是甲甲沟村整村脱贫摘帽的省上联系领导，也是从凉山州走出来的一位彝族领导，对于这个村怎么建设、怎么帮扶，他十分关心。从2018年帮扶开始，他就多次叮嘱我，一定要做好甲甲沟村的脱贫规划，制订好脱贫的"时间表"。作为一名在大凉山工作过几十年的彝族领导，也许没有谁比他更清楚彝族地区的贫困现状了。

来到会议室，随行的同志分发着资料，我开始介绍整个规划情况。通过两个多月的前期调研，征求意见，反复修改设计，一个甲甲沟村未来的美景蓝图摆在了我们面前，这是一幅条理清晰景色如画的作战图。史哈常委拿起我们的资料，庄重地端详着，认认真真地审阅着，一行一行看着材料。

我一一向他介绍，在整体方案设计中，我们选择了同为定点帮扶普格的成员单位宜宾职业技术学院，让他们发挥自己的专业优势，设计规划整个甲甲沟村的帮扶全景，分为"山之形、水之韵、火之魂"三大板块，依托甲甲沟村山形地貌，打造甲甲沟村水韵律动之美，同时突出彝族火图腾的元素。具体再分10个版面和14个项目，全景式呈现总图、单图、分图，不同房屋户型，道路交通、地下排污、太阳能路灯、水渠、树木栽种等。

众所周知，扶贫是一项底线性工程，解决的是温饱问题。但我们希望对接未来的乡村振兴，实现一步跨越，两步实施，因此既有基础性、民生性的工程，也有接续乡村振兴发展的长远思考。比如，我们重点是以安全住房建设为主，仅这一项，我们就投入了1400万元，是重头戏。同时也配套了产业、排污工程等接续乡村振兴的项目，提前为下一步脱贫之后布局。我们把这个想法给史哈常委进行了汇报。

"很好！赞成你们提出的下步工作方案。请麻总牵头抓好落实！"史哈常委听了我们的汇报后，不假思索地给予了肯定。

　　省上领导的首肯，让我们如释重负。一时间，我的心情突然很复杂，感到既轻松又沉重。轻松的是，方案通过了，我们都很高兴，这代表了我们前期大量细致的工作没有白费，工作做到了点上，可以松一口气了。但沉重的是，甲甲沟村的工作翻开了新的篇章，后面的工作千头万绪，这才刚刚开了个头呢。这不是我有畏难情绪，只是来自一种焦虑和冷静，先给自己泼一盆冷水，让自己清醒清醒，等甲甲沟村变成一个真正的彝家新村再说吧。但转念一想，这终归是好事啊，甲甲沟村终于要开始改变了，阳光会很快普照到这里来。这个转念，又让我重回轻松。

　　离开省委大院，我心中展望的是一年以后甲甲沟村的美景。我们怀揣着真情，用自己的汗水与辛劳去温暖这片热土。

　　　　青海长云暗雪山，孤城遥望玉门关。

　　　　黄沙百战穿金甲，不破楼兰终不还。

甲甲沟村规划鸟瞰图

甲甲沟村开工仪式

迎接未来，未来是无限风光；展望未来，未来
是无限美好；畅想未来，未来就是无限阳光。

——佚名

2018年11月19号，这天的普格山川萧瑟，寒气逼人。
虽然第二天就是彝族新年了，但是骤降的气温还是让大地
有点冷清。但从天空俯瞰，甲甲沟村却丝毫没有清冷之气，
整个村人头攒动，像一片欢乐的海洋。这一天，甲甲沟村
举行扶贫开工仪式，正式拉开这个村脱贫攻坚的帷幕，村
民们翘首以盼的美丽新时代就要来临了。

彝历年，是彝族人民的传统节日，彝语叫"枯识"，
在农历十月，公历11月内举行。相传有两个原因，一是彝
族历史上有十个月为一年的历算，按这个算法，十月为岁
首，故习惯又称"过十月年"。二是因为这个时候，彝族

聚居区庄稼收割完了，五谷丰登，农事空闲，正宜过年。彝历年像汉族的春节一样，是一年中最喜气、最令人向往的节日。我们选在彝族新年前一天举行开工仪式，是要利用在外打工的老乡们纷纷回来过彝族年的这个特殊的时间，把大家聚集在一起，共同见证这个重要的时间节点，同时方便政策宣讲和项目后续推动。

仪式上，我们提出了"山水如画来，彝居美大地"的理念，明确了把甲甲沟村打造成为"组团化、小型化、田园化、生态化、产业化"幸福新村的具体目标。因为甲甲沟村有山有水有树，且有小溪从村中潺潺流过，这是自然禀赋，如果按照鸟瞰图来建设，一定是一个漂亮的、有特色的彝族新村。

当我宣布"甲甲沟村建设正式动工"的那一刻，我心中的激动难以名状，因为从这一天起，我们将让甲甲沟村百姓世世代代的噩梦终结，他们将从此走上有希望、有奔头、有欢乐、有温度、有幸福的生命旅途，而我们也会在一年之后，再次看到这片土地的嬗变。

普格县的沙英县长、宣传部郭吕刚部长，水利、交通、住建、财政等各部门负责人，以及宜宾职业技术学院的同志，大家无不兴奋。沙县长也代表地方政府讲了话，她的讲话真切感人鼓舞人心，而职业技术学院闫院长的讲话句句都是责任、是情感、是决心。那一刻，我觉得我们好像就是甲甲沟村的一分子，我们在为不堪的过去发出抗争的强音，在向贫困怒吼宣战，我也不知道我们所有的人从什么时候开始，已经骨肉相连在这块土地上了。

当推土机轰鸣着铲起第一斗土的时候，围观的老百姓里三层外三层，他们的表情说不出来是紧张还是兴奋，他们也许是想看看这块土地下埋的穷根到底长什么样子，抑或是想看看幸福之泉涌出是什么样子。

开工仪式尽管只有20多分钟，但结束后老百姓却久久都未离开此地，纷纷围在鸟瞰图前，指着一个一个崭新房子的展板凝视和欢笑，那一种欢颜，和我第一次走进甲甲沟看到的空洞的笑容完全不一样。

返程的路上，我看着划过的甲甲沟的山，甲甲沟的树，河里静静坐着的巨大河滩石，想到半年来，我走遍甲甲沟的山山水水，牵挂的是全村的父老乡亲，他们世代生活在此地，却走不上小康之路，摆脱不了贫困。梦想终于照进现实，特补乃乌村已经圆了老百姓的梦，甲甲沟村的老百姓也开始追梦的新征程。我相信，有这么多人的共同奋斗，有省上领导的指示，有县委县政府的指挥，有扶贫办现场抓落实，有乡党委书记、乡长带领大家战斗在一线，在不远的将来，又一颗耀眼的明珠将会镶嵌在普格这片大地上。

挂图作战

认真行动就是圆满地完成眼前一件件事，绝不浪费一分一秒，全力奋斗。

——池田大作

关山千里路，拔剑起长歌。蓝图已经绘就，艰辛的扶贫路要用脚步丈量。

开工仪式之后，扶贫办的同志立即按照甲甲沟村规划挂图作战，对十几个项目进行了具体的安排部署，并一头扎进了一线。

画在纸上相对容易一些，但要落在实处那绝不是轻而易举的事。按照计划，甲甲沟村将在 2020 年底整村脱贫摘帽，面对大大小小十多个项目，我们分批推进，首先从大家最为关心的安全住房入手，先把老百姓的房子盖起来，其他项目有序向前推进。

临行前，我还是放心不下，把扶贫办的同志叫来又详细地进行了交代：一定要把握关键的时间节点，比如遇到凉山的枯水期，河道整治的工作就要抓紧推进，过完元旦就是除夕新年，春天一过就到夏天雨季，如何确保河道工程在雨季来临之前完成，到村后一定要让村上拿出一个时间表来，对标对表推进，正排工序，倒排工期，尽最大的努力保证村民的生命和财产安全。

因为时间不等人，由于先期准备时间太长，花的功夫比较大，现在进入动工阶段，所以我最关心的也是最要强调的就是进度问题。我叮嘱扶贫办的同志一定要团结好老百姓和当地的干部，和地方政府一道，万众一心、开足马力，各司其职，形成合力。扶贫工作是大家的工作，烟草再勤奋、再努力，也比不过各方的合力，所以要注重力量的配备和协调。我们在基层一线搞帮扶工作，又在少数民族地区，当地群众对政府的信赖度是很高的，所以一定要依靠普格县委、县政府特别是特补乡党委、乡政府的力量。

在具体工作中，我要求大家一定要按照总体的设计方案推进，坚持挂图作战，方向不偏。整个鸟瞰图要挂在村口，让老百姓记在心里，带着美好的蓝图上路。潜移默化的精神影响，势必带出一种积极向上、共同创造幸福家园的精神动力。要点燃他们的内心，让他们每天都能看到美好的希望，让他们不能再蹲着躺着，只有让他们奔跑起来，才是实现了真正的脱贫。

另外，我想可以在推进工作中，找出几户老百姓作为推进项目建设中的典型，凝聚榜样的力量，形成奋勇争先的氛围。老百姓各家自行安排修房子，势必会有的快，有的慢，有的积极，有的拖沓，有的甚至懒惯了不想劳动。如果有几户群众作为先进代表，我们在现场进行宣传表扬，再单独给他们一点物质奖励，大家就都会向他们看齐。我的这个建议，立刻得到了扶贫办的同志的赞同。

最后一个问题，就是既要向前要进度，也要向后找问题。问题都是拖出来的、等出来的，要努力在每一个项目建设之中，把一些问题解决在萌芽状态，不能遇到问题不管不问，或者畏难，装作不知道，一个问题不解决或者拖下去，就有可能影响整体的进度和项目质量。我们的每一个参与这场战役的战士，都要有为民请命的情怀，要真心实意地爱这片山水，真正想拯救这片山水，真正懂得国家脱贫攻坚的真正意义。

铁衣戍边辛勤久，玉箸应啼别离后。看着扶贫办的同志离去，我真的很不舍，我的好同事好战友，又要奔赴新的战场，战斗在扶贫的第一线。但鼓声隆隆战意盛，作战图已出炉，扶贫办的所有人员就要勇于上阵，冲锋在第一线！

美丽的家园入画来

回忆这东西若是有气味的话，那就是樟脑的香，甜而稳妥。

——张爱玲

2019 年，按照省委宣传部的要求，四川省作家协会实施了 2019 年度四川省文学扶贫"万千百十"活动，我们的特补乃乌村，有幸成为选题之一。以特补乃乌村为创作对象的报告文学《蝶变》即将启动。

报告文学是散文的一种，介于新闻报导和小说之间，兼有新闻和文学的特点。《蝶变》的创作，省作协选定了杜先福老师来进行主创。

这位杜老师，与我经历很相似，也长时间在部队，一干就是二十几年。他思路开阔，知识面广，出版过许多作品。对于扶贫以及特补乃乌村，他接到任务后已到村上采访过两次，挺有感触，心中有千言万语，谈起来感慨万千，由他来执笔，我们很是放心。

这几年来，我们的扶贫宣传工作形成了立体化的"3+1+1"格局，即三部扶贫纪录片，一本扶贫画册，现在再加上报告文学《蝶变》，我们的宣传工作就更丰满、更系统。特补乃乌村和甲甲沟村的山山水水，除了镶嵌在凉山大地上，镶嵌在我们的记忆里，也通过这一系列的宣传作品让它们的嬗变跃然纸上，记入画中。通过这些记录形式，我们让这场克难攻坚的脱贫决战留在了烟草的发展史上，让我们的后来者在 10 年、20 年、30 年甚至更久以后，还能被这段烟草人在凉山这片热土上，为百姓谋幸福的故事所感动。

记得他在和我第一次交流的时候谈道："说实话，我进入特补乃乌村的第一感受，我不知道用什么语言来形容，想来想去只能用两个字来表达——颠覆！那么甲甲沟村今天的'蝶变'，你们又如何来建设呢？"

对此，我向他详细介绍了我们给甲甲沟设计的"山水

入画来"的定位。

特补乃乌村短短一年多实现了历史性巨变，成为全省的典范村。2018年年底我们又承接了甲甲沟村脱贫新任务，时间只有一年多，任务是整村脱贫，但又不拘泥于"两不愁三保障"等，而且要达到一流，让每一个老百姓都要满意，当时我们的压力还是蛮大的，为了能够把甲甲沟建成有亮点、有特色、有影响力的甲天下新村，大体考虑了五个步骤：

第一步确定理念。就叫作"山水入画来，彝乡美大地"。因为甲甲沟有山有水，但是水还不美，山是穷山。如何把新村建设成山水入画来、彝乡美大地？这个理念一提出来，我们脑海里面一直在设想新村建设未来的愿景。

第二步制订目标。理念决定目标，这个目标要符合甲甲沟村的实际和自然特点。这个目标就是"五化"，即：小型化、组团化、田园化、生态化、产业化。

"小型化"就是根据彝族群众现居住情况而定，做到因地制宜，10户在一起连片，5户在一起组团，有的四五户在山包包上，这个地方选择小型化，不贪大求远，一定要从实际出发。

"组团化"就是我们把群众分成几个团组，用组团化来解决问题，比如一个地方5户到6户人家为一组，房屋设计就要依据地理位置来打造，前后院子是自留地，可以种植蔬菜，都在设计中体现出来。既要顾到眼前，又要看到长远，达到人性化、科学化的要求。

"田园化"就是要围绕乡村振兴战略，把我们的理念真正转入其中，让甲甲沟村的山清水绿、有景有色，让脏水、臭水、垃圾、粪便得到有效的归置。

"生态化"就是要按照习总书记讲的"绿水青山就是金山银山"的要求，坚持保护与开发并重，生态化是一个高标准，我个人理解就是符合当地实际，符合当地地貌及自然禀赋，符合环境和人文情况，打造山、水、田、林、河、草的生态系统，这就是人类改造自然的能力，对人类活动中一个理性的把握。

　　"产业化"就是要有造血功能，发挥烟草产业的支撑作用，发展多元产业。

　　第三步项目清楚。项目是实现目标蓝图的关键。全村每一户的情况，我们要做到心中有数，因为甲甲沟每家每户的情况千差万别，我们必须把每一户的情况都摸排到位，比如对房屋大体分类：有的重建、有的加固，有的是父子、兄弟等联建，还有的是维修。同时，通过无人机、卫星照相等手段，把每户的现有房屋情况拍下来，符合房屋建筑布局。对房屋建造的大小分为三类，有75平方米、150平方米的、有一楼一底的，有三层楼的，这些差别主要是根据家庭人口和经济条件来划分出来的，这样工作起来快而不乱，有序向前推进。

　　第四步科学设计。我们专门邀请宜宾职业技术学院的设计老师，根据建设的目标，勾画出"山水入画来，彝乡美大地"的设计图。这些老师前后几次到甲甲沟村了解村里的历史、文化、社会结构、自然环境和民俗风情等，对每一户进行图形设计，满足差异化的要求。在此基础上，征求每一户的意见，细化到一户一方案，一户一策略。我们从实际出发，科学规划，合理布局，比如房屋里面的厕所在哪里？厨房在哪个位置？猪圈又放在何处？达到什么

样的标准？都要体现出设计的科学化、合理化，符合当地特色。方案出来后，再次征求每户的意见，直到满意为止。

第五步有序推进。确定的项目，一个一个地进行推进，一个单元一个单元进行作战。工作都是说起来容易，干起来难，最大的难点就是每家每户的安全住房户型不一、人数不一、要求不一。我们首先从安全住房上着手，找好突破口，再推进道路、排污、路灯、幼儿园等工程项目，把握每个项目推进的时间节点。俗话说"磨刀不误砍柴功"，前期基础扎实，尽管过程中遇到这样那样的问题，但总体上在有序中向前推进。

现在回过头来看，当时村里没有几间像样的房子，大部分的房子破败不堪，站在里面都提心吊胆，更别说长期住在里面了。因为村子土地稀缺，住房密集，家家户户都不宽敞，随便走在哪里都是扑鼻的粪便味，一到夏天，蚊子苍蝇猖獗，简直没法形容。院子和院子之间十分狭窄，到处都是生活垃圾。有次一个爱心公益组织过来了十一二个志愿者，其中有个二十几的小姑娘，我看着她一直都在擦眼泪，当时我都被她感动了。没想到城里来的小姑娘那么有同情心，那么有爱心，她伤心的是她从小到大没有看到过老百姓生活得如此凄凉。可是现在再看看，才短短一年时间，就变得山水如画了。

介绍完之后，我把我的一个工作日记本翻开，里面有一段随笔，我拍了张照发给杜老师，希望能作为他今后创作的素材。那是随手写的一段话，毫无修饰，就是真情流露和写照：

当我从环山公路下来，坐在车上远远眺望，天上的蓝

第一章

渴望的眼神，遥望着幸福的远方

天白云将整个新村衬托得宛若一幅山水画的美景。到了村里，一家一户的房子，颜色协调统一，呈现出一种艺术的美感；进到每一家，有一层的，也有两层、三层的楼房，院坝硬化得平平整整，河谷的风将地面的尘垢卷走了，还卷走了牲畜的味道。我拧开他们的水龙头，水终于清了。他们也学会了用颜色装点他们的世界，窗帘布上摇曳的花朵和展翅飞翔的小鸟，朱红色的沙发套给房间增添了一些温暖的感觉。液晶电视机和风扇，取代了他们传承千年的支锅石。这里已经变成了大城市近郊的农村。联户路联家门，通向邻里间的路不再崎岖泥泞，他们彼此之间再也不用封闭院门怕被谁打扰，或者被人家看到自家的凄凉。一条溪水从村中流过，二层楼的幼儿园特别漂亮，小朋友用灿烂的笑容回报老师倾情的演讲，盼着下了课可以去争抢各种活动器械……

那天杜老师与我整整座谈了6个小时，你一言我一语，他一问，我一答，我们没有让一分钟跑题，中间也没有觉得疲倦。也许是我们的故事有血有肉有灵魂太吸引人，也许是我太想证明甲甲沟的蝶变有多神奇，我怕我的记忆会随着时光的流逝淡去，作为一个参与者和亲历者，我必须代我的战友们让杜老师能够完整地记录下甲甲沟的前世今生。我想，这对他写报告文学是有益的帮助。

第二章 >>

这片热土，我们都是幸福的追梦人

阳光正在驱逐黑暗，梦想正在普照大地。多年的遥望期盼，终于迎来了全面小康的缕缕春风。千军万马都在撸起袖子加油干，热血在沸腾，力量在凝聚，火热的场面，到处都是脱贫攻坚的战役。

在魑魅魍魉面前，他们也无所畏惧，而是
寻找他们，向他们进攻，战胜他们。

——塞万提斯

四川省烟草专卖局（公司）扶贫办在普格现场讨论扶贫工作

广厦千万间

让困难的事情变得简单，让简单的事情变得有深度，让有深度的事情变得有趣。

——井上厦

　　宅者人之本，人因宅而立。住房是人安身立命之所、生存发展之基。对于贫困地区而言，更是老百姓祖祖辈辈的愿望和遐想。

　　特补乃乌村的保期色哈曾对我讲道："我们两三辈子人住在'土墙草顶'的土房子里，大人小孩睡一个铺，下雨天，要专门用个盆儿接雨水，冬天冷风从缝隙中钻进来，我们只有用装饲料和化肥的编织袋来遮挡。"但就是这样的房子对于他们来讲都弥足珍贵。因为积重的贫穷，他们根本就没有能力轻易去改变他们的居所。只能年复一年，一年推一年，从壮年推拖到老年，也没能等来一笔足够翻新或

者重建的收入。

让贫困地区脱贫，最直观显性的帮扶措施就是改善他们的住房，老百姓最为关心的是住房，盼望的也是住房，那是农民过上好日子的底线性工程。但他们要推倒祖祖辈辈的土坯房，谈何容易？

中国人历来讲安土重迁。《汉书·元帝纪》说，安土重迁，黎民之性，骨肉相附，人情所愿也。《哀郢》说，鸟飞反故乡兮，狐死必首丘。古人说狐死首丘，今人讲落叶归根。所以有些村民不想易地搬迁，觉得换个地方不习惯。而有的村民则一听搬迁就狮子大开口。但是扶贫易地搬迁不是征地拆迁，所以我们的政策宣传必须要到位。

村民的思想工作做通后，接着就要考虑钱从哪里来？又怎么去建？建的标准是什么？质量怎么把关？谁去组织？原材料到哪里去购买？村路怎么修建？每家每户的风格又怎么去统一？推进中出现反复又怎么办？时间进度、质量、现场谁去管控？每家每户的房子又按照什么顺序去建设？在建设过程中临时住房又怎么解决？每家每户卧室、厨房、卫生间怎么合理布局……这是一项很复杂的系统性工程，它不是一户，而是整个村呀。

开弓没有回头箭，扶贫任务不能打折扣。起初没有现成的经验，只能"摸着石头过河"，从实践中总结出办法。特补乃乌村老百姓的安全住房，从整体上大体分三类：一是原址建新房；二是加固维修；三是易地搬迁。我们针对这三类，对全村 308 户群众一一进行排查。

我们对特补乃乌村住房建设进行整体设计，并按照三类群体，根据每家的人口数、经济状况、地理位置，来确定每家每户房屋建设面积的大小。每个户型都有实体效果图，让老百姓看到自己未来的新房是什么样子。

盖新房要有资金才行，我们采取三个"一点"，针对建卡户、非建卡户，政府补贴一点，老百姓自筹一点，烟草公司出大头。为此，我们将住房建设列为重中之重，按照建卡贫困户每户 5 万元，非建卡户每户 3.5 万元的标准，投入 732 万元，为当地 186 户群众新建住房。

多少年来特补乃乌村的老百姓在年久失修的土坯房里过日子，外面夏日炎炎，屋内酷热不止，屋外寒风呼号，屋里冷如冰窖，外面下大雨，屋里下小雨，他们想改善住房，但苦于没有钱，没有收入。三个"一点"，为他们盖新房找到资金来源。老百姓逢人就讲：烟草公司说到做到，我们盖新房，房子建到哪一家，资金就及时打进哪一家的账户上。

当然，特补乃乌村的扶贫攻坚之所以能够顺利推进，除了我们多方合力精准施策外，更主要的原因是我们按照"统规自建"要求具体组织实施，帮助他们摒除"等、靠、要"的穷病思想，有效地调动起村民的积极性，让他们自发地拧成了一股绳。

何谓"统规自建"？就是我们统一规划，村民自行建设。我们一方面根据村民新房建设施工完成情况分节点向村民给予直接补贴，同时还鼓励村民通过自己投工投劳或者互帮互助获取施工建设报酬，那也是一笔不菲的收入。

贫穷是一剂毒药，贫穷和愚昧一直以来就是如影随形，邻里亲人之间，一寸院墙，一尺田埂，都可能反目成仇。但是，当大家发现统规自建是既利己又利人的时候，人性的狭隘

消失了。他们首创了一套帮扶的方法，就是家人帮家人，比如，老大盖新房，哥哥一家人暂住弟弟家，弟弟盖新房，弟弟一家人暂住哥哥家；同时兄弟帮大哥出力盖房子，大哥在弟弟盖房时全身心地投入。儿女盖新房，儿女住进父母家，父母盖新房，父母住进儿女家。朋友帮朋友、亲戚帮亲戚。特别困难户没有劳动力，大家一起帮，形成了团结一条心、共同建设新家园的和谐氛围。

有次我到村民有火家里的时候，正赶上他们新房封顶。有火说，建新房一直是他们的心愿，如今赶上了党的好政策，盖自家的新房，有啥理由不快一点呢！一家人各有分工，做饭的做饭，盖房的盖房，搬砖的搬砖，加班加点建新房。

现在想起来这种方法很好，不但有人情味，也自觉出全力，质量可以保证，推进的速度也十分快，避免了懒汉思想，释放出老百姓在盖新房中那一种自发的动力。

在总结特补乃乌村经验的基础上，我们烟草人以小型化、组团化的思维规划甲甲沟村老百姓的安全住房。因地制宜设计 75 平方米、150 平方米、一楼一底、两楼一底多种户型，以统规自建的方式，投入 1400 万元，高标准推进甲甲沟村安全住房建设。

"统规自建的方式，既让村民获得每户六七万元的'输血'，也充分依靠群众投工投劳、互帮互助'造血'。"我们扶贫办的同志讲道，"不仅如此，帮扶甲甲沟村是从新建住房开始，到配套附属设施，再到购买家具'一条龙'，形成系统推进的一整套方法。"

2020 年 5 月，我们烟草人发起"助力扶贫、奉献爱心"捐款活动倡议，在筹到的近 200 万元资金中，统筹 109 万元，专项用于甲甲沟村 160 户群众购买家具设施，圆了彝族群众新房、新家、新生活的美好愿望。

如今，当我们站在特补乃乌村最高处，映入眼帘的是一幅漂亮的新农村长卷。而一到晚上，亮起的太阳能路灯使十几里路像一条彩带，散落在山峦之中，美得让在外读书一两年的大学生回到村里，都有一种身在异乡的感觉。而甲甲沟呢，它正用浅黄色的肌肤，红黄黑三色的彝族元素向路人细腻地诉说着它的血脉。时光在特补乃乌村和甲甲沟村的怀里流淌，它们像两个洗去污垢换上新装的姐妹，一脸幸福地向大凉山外眺望。真的意想不到啊，我们这群烟草人也能成为画匠、整容师、造梦者。

正如甲甲沟村沙马尔呷所说："要不是烟草公司的捐助，做梦都不会想到一家人能住上崭新的楼房，能在有生之年过上幸福安康的生活。更是做梦都想不到，原来我们一直厌恶的这片土地居然也很漂亮。"

真是眼见高楼起，心中美梦圆！

两任书记

行之以躬，不言而信。

——欧阳修

2018年8月28日，四川省烟草局（公司）扶贫办副主任胡雁翼同志要到普格县走马上任了。

省委这次又选派了一批优秀干部去贫困县挂职，目的是为了加大扶贫的领导力量。我们按照省委要求是重点帮扶普格县。上次被选定的是雅安烟草局（公司）原党组书记谭新生，他成为第一任去普格县挂职县委副书记的同志，协助书记、县长专职抓好脱贫攻坚。县委副书记是县里的核心领导成员，角色很重要，担子也不轻。烟草局选去的挂职同志，主要作用是发挥烟草行业的优势，在牵头协调招商引资、烟叶产业、项目推进、集中资金、定点脱贫等方面，体现派驻干部的作用。

谭新生是 2016 年 5 月走马上任的，主要分工是扶贫帮困。刚开始，他面临着不小的压力，对项目建设虽有些经验，但扶贫工作是新领域，加上凉山烟草产业备受地方政府重视，政府对烟草的期待就聚焦为对他的期待。不仅如此，当时正值普格县干部换届，县委刘若尘书记只比谭书记早来半个月任职，同时本地的县委副书记空缺，只有谭书记一个挂职副书记，说是扶贫专职书记，其实他还要分管城建、旅游和烟叶生产，工作一肩挑。

　　初涉扶贫，凉山就给他留下了深刻记忆。2016 年 6 月，第一次到联系点马洪乡调研，那天正下着小雨，泥泞的道路格外湿滑，车辆不停地打滑，几十公里路战战兢兢走了几个小时，直到 12 点半才赶到。为了迎接新书记的第一次到来，乡里的干部还是精心做了准备：一盆坨坨肉、一盆米饭、一盆酸菜汤。这样的规格，在当地已经算是招待客人比较高的标准了。坐上桌后，谭书记发现面前既没有筷子也没有碗，汤盆里有一个木勺，正寻思碗筷是不是随后就会摆上来，却发现其他人都已经吃上了：他们用手抓起盆子里的坨坨肉就往嘴里送，不光如此，连吃米饭也是直接用手抓，想喝汤了也是轮流拿那个木勺盛起来就喝。眼前的吃饭方式让他有点不知所措。看着书记不动手，乡里的接待干部有些尴尬："书记，实在是对不住，接待不周啊，咱们这里只有这条件。也没给你单独准备碗筷，我们祖祖辈辈都这么吃的，一早还想找副碗筷，这一忙给忘了……"

　　看着接待干部黝黑的脸涨得发红，谭书记忙说："没事没事，入乡就要随俗。只是你该提前宣布开饭，要不我

还在等吃饭的家伙呢。"一句玩笑话巧妙化解了桌上尴尬的气氛，但却化解不了谭书记内心的震动：改变贫穷或许不难，但要改变他们这种落后的生活方式，让他们移风易俗、养成好习惯可能会是一条很长的路。

午饭后，在乡干部的陪同下，他走访了十多户贫困群众，但越走越沉重，越走越揪心，其中一个叫瓦渣次呷的家让他记忆最深刻：一走进院子，地面到处是鸡的粪便，农具倒在地上，坏了的土豆和烂菜叶到处都是，破衣服烂手套扔在屋檐下面，门帘用黑布遮掩，房内空气熏人，厨房到处是苍蝇，主人们脸上没有一点表情。无论怎么问他们，主人们也不说话，问多了，也只是脸上微微笑一下。

随行的乡干部告诉谭书记，这一户实在很穷，三个娃娃，老大上了几天学就辍学没去了，另外两个娃只有爱人来照顾，瓦渣次呷家就靠种着两亩荞麦、土豆养家糊口，一年的收入就几百块……

结束了对马洪乡的走访后，回程的路上谭书记心事重重。虽然中午的那顿饭让他觉得"震撼"，但最"震撼"他的是这里的老百姓的住房条件实在太差了，这里的贫穷程度像一根刺扎在他心里，痛得不可名状。他暗暗下了决心：一定要在脱贫攻坚中，让这个地方彻底改变落后面貌，让他们住上好房子，养成好习惯。

一转眼，谭书记到普格县任职快两个月了，因为家中有点急事，他在一个周五的晚上赶回了成都，并打算处理完家务事后，周一到省烟草局汇报一下近段工作情况。但州里刚开完一个脱贫攻坚的动员部署会，要求全县周日迅速传达到位。按要求，刘书记要作讲话，谭书记主持会议。

刘书记跟他通电话，说你回成都去了就让其他同志代为主持，不用赶回来了。可谭书记果断放弃了周末和家人团聚的机会，周六下午就赶回了普格，周日如期主持会议，协助刘书记抓好各项工作落实。

要打赢脱贫攻坚战，每一个领导都必须处处靠前，率先垂范。关于这一点，谭书记做到了。2016年11月初的一个晚上，县委刘书记电话里给他讲，特尔果乡古木洛村是上任副书记的联系点，这个村的易地扶贫搬迁工作是全县的重点难点，涉及70多户200多人，现在这项工作正处于攻坚阶段，遇到了很多矛盾，工期有点拖延，甚至发生了不愉快的事情，希望谭书记接过接力棒，按照原定时间任务，务必拿下。

这个村海拔2200米左右，交通十分不便，离县城也远，而且是省上领导的联系村，更不能有半点纰漏。与此同时，他还得到消息：过段时间，省委主要领导还要到村里调研。谭书记不假思索，马上答应了下来。为了尽快投入，他一边加班加点重新梳理每一个项目；一边迅速组织县上的相关人员到现场，对急需要解决的问题进行会诊，然后推进项目责任到人，用一套"组合拳"把前面耽误的时间补了回来。

然而，在具体实施过程中，之前没有充分估计到的很多困难又出现了。首当其冲就是群众关：有些老乡安土重迁的传统观念一时很难转变，不愿意搬；有的则漫天要价，土地流转费用要得高；有的群众担心搬到新的安置点后不适应，难融入，住不下去。面对这些问题，谭书记带着大家一户一户做思想沟通和政策宣传。为了抢时间，他们每

天都是带着干粮进村，但带着的干粮又大多给了老人和孩子，自己经常都是饿着肚子回到自己的住所。其次是道路关，临时进村路没有平整，所有的建房材料都运不进去。他找到交通局一起商议，要求相关部门与乡上加快协调平整道路，前后两个多月经常在现场蹲点督导，保证了道路硬化的完成，没有影响扶贫搬迁整体项目的进度。

他还突破重重困难，仅仅用了半个月时间，就完成了新安置点所需的所有土地流转。当年11月，搬迁工程基本完工，老乡都很满意，其他村还来到古木洛村学习易地扶贫搬迁经验。

两年后，干部轮换，谭书记回到省烟草机关工作。临行时，他很不舍，他说，突然要离开了，还多少有点舍不得，虽然这两年很艰辛，但看着这里的变化，还是有点成就感。

亨利·路易斯·门肯，美国著名报人和语言学家，他的《美国语言》一书曾经影响了整整一代美国作家。他曾经说，人一旦受到责任感的驱使，就能创造出奇迹来。

这次我们派去了第二任书记胡雁翼。他本身是扶贫办的副主任，熟悉扶贫工作，加之他是从凉山州走出来的，现在要回到自己熟悉的这片热土上，与老百姓一道去建设自己的家乡，内心自然充满了火热的激情。

我曾调侃着给他说，脸不晒黑，就不能回来；心不贴近，就不算真扶贫；普格的山山水水没走遍，就不称职。不到两个月，我再次见到他时，外表就像一个彝族干部。原本白净的脸已经变成了古铜色，手臂红里透黑，还能看到一条刚脱了痂的疤痕，拿着烟的手掌看上去也变得很粗糙。看到他略显疲惫的神情，我心里有些酸楚。这些痕迹都是那片热土赐予的荣光，是他不畏一线的炙晒和考验的最好佐证！

在陪我调研的过程中，他告诉我，2018年9月初，在他刚刚上任不久，就接到一项棘手的任务：当时州里的督导暗访组查到普格公路沿线存在乱搭乱建、脏乱差等不良现象，县里收到反馈后，立即召开全县干部大会，涉及的局长、乡长都在会上做了检讨，大家的压力很大，县上的刘书记点名让他带头，解决五道箐乡的整治问题，并要起到典型示范作用。

五道箐乡是普格县的门户，是西昌到普格县的第一站。全县进行沿线整改，五道箐乡首当其冲。作为该乡的联系县领导，胡雁翼与乡党委、乡政府的同志一道，研究商量工作推进的具体方案。与此同时，对乱搭乱建严重的地方进行一一排查，找到原因。

经排查，老百姓是为了解决一些自家的生活便利，临时搭建起一些生活设施。现在要求整改，但大家都不愿意拆除，思想也不通，而强制拆除又没有相应的配套补偿政策。怎么办？阻力再大，困难再多，都必须按照规定解决。整整十多天，他带领相关人员开始一家一户做思想工作，给老百姓耐心解释，每天回到住处，嗓子好似冒烟，筋疲力尽。尽管这样，他还是耐心解释，使这些群众打开了心结，得到了理解。

为了加快落实整改任务，还一个整洁、统一、美观的新村，他成立了群众工作组、拆迁组、医疗卫生组等各个小组，同乡上的基层工作人员一道，对占道、乱搭乱建、脏乱差等实行精准施策，分类整改。胡雁翼还找到凉山烟

草局，协调到 100 万元的资金，完善了对群众的补偿政策，对拆除后的墙院进行统一的规范打造。短短十来天时间，这个乡的沿线村庄一下子焕然一新。

干部要有干部的样子，领导要有领导的形象。这句话，胡雁翼来到县里任职，不管走到哪里，一直装在心上。在普格县抓扶贫帮困，一连几个月都没有回成都，这期间他父亲接连几次生病住院，他都只能电话上问候几句，让爱人多在医院里陪同。在县里，上面领导和部门来督导检查，绝大多数都是胡雁翼去陪同，一有空，就到自己的联系点，到特补乃乌村和甲甲沟村督导检查工作，协调解决问题，没有节假日，几个月下来，身体消瘦了不少。

胡雁翼同志真是把自己全身心投进普格扶贫战场上，在调研时，我笑着说，他现在与刘书记、补书记站在一起，肤色已经是一样的了，是一个名副其实的普格人。

大海的本色在浩瀚，天空的本色在辽阔，生命的本色在进取。而我们的两任书记的本色呢？我想还是继续留给时间去给出答案，我只是相信他们都是有责任、有担当的汉子，是孟子所说的那种"摩顶放踵利天下"的人！

一茬接着一茬干

但得众生皆得饱，不辞羸病卧残阳。

——李纲

2018 年 9 月 27 日是一个难忘的日子，扶贫办常务副主任陈岩同志因患癌症退休了，我是怀着难舍的心情与他话别。扶贫办要组建新的团队，由烟科所屈建康同志续任。我招集新上任的屈主任及扶贫办的同志开了一个小会，让大家见个面，相互都熟悉熟悉。

扶贫干部是很辛苦的，甚至要付出难以想象的牺牲与代价。陈岩同志是我亲密的扶贫战友，他的特点是工作标准高，要求严，专业素质好，作风过硬，敢打硬仗，在烟草行业大家都把他称为"黑脸包公"。回忆起他从事扶贫工作近两年时间里，他内心把扶贫帮困当作一项崇高的事业，他认为干扶贫就是做善事、积功德、造福老百姓的大好事。

　　他把凉山当战场，视扶贫村为阵地，称彝族老乡为亲人，把身与心扎根在凉山这块热土里。按照项目推进的任务、期限和时间节点，不管是烈日炎炎的夏天，还是天寒地冻的冬天，他的身影总是出现在现场，面对急难险重的任务，他总是奋战在第一线，工程进展速度与质量，他操的心最多，施工中出现的问题难逃他的双眼，每一环节严格把关，出现的问题在现场立马解决，并督促立行立改，确保项目有序向前推进。

　　在一线扶贫，常常不能正点儿吃饭，有时下午三四点才吃午饭，晚上八九点解决晚饭那是常事。有时工地上忙起来也长时间喝不到水，这对他的身体在一定程度上造成影响，解大便时发现出血，他认为是痔疮，用点药，也没引起重视，仍然战斗在一线。

　　当一个一个项目向前推进，一个又一个项目接近完成，特补乃乌村老百姓的安全住房一栋一栋立起来，陈主任的内心比谁都喜悦，因为他的艰辛付出得到了回报，好似农民种的果树终于开了花、结了果。可喜悦的同时，却是身体一天天地消瘦，大便时流血不但频繁，且越来越多。在扶贫办同志的多次劝说下，他才挤出时间到华西医院进行检查，检查结果确诊为直肠癌。当知道这个结果的时候，接连几天我都有点情绪低落。在当地扶贫的其他同志也打来电话关心慰问，说真是苍天无眼。

　　因为这个原因，陈主任不得不离开了普格的扶贫战场，住进了医院，进行治疗，手术之后退休回家养病。在出院之前，我们虽然内心对他无比牵挂，但都尽量少打扰他，怕他听到我们这些曾经在一个战壕里战斗过的战友的声音，会牵动他对那片凉山热土的牵挂，因为我们都知道他对那里的不舍之情，知道他一定会对没有完成的工作念念不忘。

现在特补乃乌村和甲甲沟村的扶贫攻坚已经圆满完成，他可以不用牵挂，安心修养身体。如今，我也卸任退休，但还时常想起他的为人，他的性格，他的所有闪光之处：海纳百川的谦虚，一丝不苟坚持原则的工作作风，苦干实干从无怨言的坚韧性格。这就是我们的扶贫主任陈岩同志，一个在任何时候任何地方都勇于担当、敢于较真、严谨无私的好同志。从他的身上可以印证，一个人要想成就一件事，除了要有信念，还要有绝不动摇的责任感。这份责任，就是无论结果如何，但求无愧于心！

而接替陈主任岗位的屈建康同志，原来是行业的烟叶生产专家，现在从烟科所副所长位置上调任扶贫办任常务副主任。虽然他年纪超过55岁，却是扶贫战线的一名新兵，党组的意图，也是希望发挥他烟叶产业专业的优势，帮助老百姓以烟叶生产为突破口增加收入。

屈主任浓眉大眼，国字脸，一身虎气，给人的印象朴实勤劳、沉稳低调。在见面会上，屈主任首先表了态，语言不多，但很有力量。他说："接好接力棒，一茬接着一茬干，一张蓝图绘到底，把两个新村建设成为全省典范村。"

在上任之初的那段日子里，屈主任几乎是争分夺秒在熟悉扶贫帮困工作面上的情况。办公桌上，摆放的全是各种资料、书籍，各类数据表格，从中了解掌握这几年扶贫帮困的路是怎么走过来的，今后又如何向更好的方向发展。

随后，他又利用一个多月的时间，下基层，到一线，进村里，走农户，实地进行工作调研，获取更真实可靠的第一手资料，一口气跑了全省21个市州100多个帮扶村，摸清扶贫的底数，理清了思路和办法。他告诉我，刚接手的时候心里一片茫然，底气也不足，通过理论知识加实地考察，慢慢对扶贫工作有了具体的认知。下一步，慢慢由外行变成内行，这样工作起来，就更有针对性和指导性。看到这位烟草老兵这么快就进入新的岗位角色，我很是欣慰，他一定又是一个热爱这份事业、甘愿付出自我成就他人的圆梦者，他一定能带领扶贫办的同志，肩负起全省烟草行业帮助老百姓实现小康梦的重担。

屈主任到了扶贫办，摆在他面前的是一个又一个的关口，是甲甲沟村整村脱贫的新任务。在我们的交流中，他思路清晰，重点突出，方法得当，他提出要做好眼前两件事：一是甲甲沟村要有一个基本完整的设计方案，挂图作战；二是探索适宜种烟区域，做一个50亩的试验田，待成功后，逐步推广，这样老百姓手中就有"粮"了，可以真正依靠产业脱贫。

屈主任两个方面的建议很到位，也思考得当。功夫不负有心人，三个月后，甲甲沟村"山水入画来，彝居美大地"的鸟瞰图摆在老百姓的面前，烟草试验田土地得到整治，4月底就进行了播种，绿油油的烟叶苗在阳光的照耀下苗壮成长。

浩荡离愁白日斜，吟鞭东指即天涯。

落花不是无情物，化作春泥更护花。

这就是他们人格最好的写照！

踏进泥土

若什么都不舍弃，便什么都不能获取。

——村上春树

"想"和"说"都容易，但要真的驱步上路，艰难跋涉，那需要一种勇气、坚持，以及不懈的信心。

经过前期几个月的准备，甲甲沟村的工作终于启动了。为了让村里的工作更好地推进，我寻思着还要派一位得力的同志专门到乡里参与面上的工作，重点是甲甲沟整村脱贫。我想到了扶贫办的小冯。

冯乐同志是川大毕业的研究生，30出头的小伙子，正是朝气蓬勃、干劲十足的年纪。他毕业后考入烟草局，被分配在遥远的盐源县烟草专卖局梅雨烟站做烟技员，是最基层的岗位。听他说，起初的时候他也有一些落差感，做的工作和专业不太对口，但很快自己的思想认知转变了，

把在最基层的站点工作，视为了解烟草、学习烟叶业务知识的难得机会。思想通，一切都通，他主动向基层的老同志请教，自己上手学习烟叶的分拣等烟叶生产技术，在实践中写了不少文章，有些还发表在报纸刊物上，水平确实提高了不少。这几年的时间，他做的都是三农工作，积累了一些实践经验。因为表现好，选调到省局扶贫办，在扶贫办的工作期间，老陈、老屈和处室的同志都对他评价不错，说他踏实、能吃苦、能力水平也过硬，让他到乡上任职，我们放心。

我把这个想法给恩华局长进行了汇报，他也认为可行。这有利于烟草局和地方在具体工作上的衔接，及时掌握情况信息。同时，省慈善总会、乡里及普格县与省上的 9 个帮扶单位之间，也都需要大量的协调工作，他身兼扶贫办、特补乡两种身份，会对工作更加便利一些。于是，我和普格县的刘书记进行了商议，县里常委会通过后决定，让小冯担任特补乡的副乡长，实现两兼顾。

这样一来，一方面就有专人来督促甲甲沟村和特补乃乌村各个项目推进工作，同时也给年轻人一个平台，让他继续锻炼成长。临行前，我再一次嘱咐他一定要沉下心去抓工作，一定要到一线去了解群众、关心群众、帮助群众，做到心相近、情相投，那样才能干出实绩和成效。

小冯到乡开展工作之后，迅速就沉到一线，融入特补乡和甲甲沟村的脱贫攻坚工作之中。他经常在村里走访群众，了解老乡的基本情况，没过多久，就对村里情况如数家珍。他主要负责的工作是协助推进烟草局在甲甲沟村的帮扶项目，与当地的干部一起到现场去协调和解决各种问题。他要几头兼顾，要充分发挥桥梁与纽带的作用，面对每一个项目的推进，他要在烟草局、乡里、村里、慈善总会中穿针引线：项目进展情况要及时向省局汇报；项目到了需要资金拨付的节点，要及时到省慈善总会去提报资料，协调督促扶贫款项迅速到位。这些具体事要干好、都满意，真是要花很多精力。

半年之后，我又一次来到村里调研，我向此哈书记问道："小冯来了这么长时间，怎么样呢？"此哈书记对我讲："小冯不错，工作很有责任心，能吃苦，也务实，每个项目的事儿，在协调县里、慈善总会的各个方面都处理得很好。"

期间，此哈书记还给我讲了一件事：普格县有一次被抽中要代表四川，接受国家扶贫考核组的检查，冯乐这时接到家里的电话，刚出生 1 个月的女儿因为新生儿肺炎和支气管炎住院。因为感染比较严重，情况有些突然，爱人手足无措，爷爷奶奶也慌得六神无主，家里人轮番打电话希望他能够回去一趟，毕竟他是家里的主心骨。此哈书记都劝他赶紧回去一趟，但他却坚持留在一线，说这个关键时候绝对不能离开，必须坚守。他在电话里嘱托在医院工作的好友协助家人给女儿抓紧治疗，安顿好后又一头扎进了甲甲沟的扶贫战场。我从乡上了解到，那期间家里打视频电话让他看看孩子，他只跟视频那头交代了几句话就匆匆挂掉，眼睛有些发红，真不知这小伙子是心肠硬还是心肠软。

听闻这些，我真的很感动，当初把这个 30 出头的年轻人放在一线，我犹豫过，不舍过，也担心他承载不了这个岗位、这份工作。但是没有想到，他远比我想象的强大

坚韧。

是啊！脚下沾有多少泥土，心中就沉淀着多少感情。小冯只是我们烟草扶贫人的一个缩影，无论是在扶贫工作的哪个岗位上，只要他们是真扶贫、扶真贫，在脱贫攻坚的战场挥洒过、奋斗过，都是可敬的。大家为了扶贫事业，为了老百姓真正过上好日子，多少第一书记、扶贫干部把自己深深地扎进泥土里。在脱贫攻坚的声声战鼓中，逢山开路、遇水架桥、披荆斩棘、踏浪前行，不因苦累而抱怨、不因困难而退缩、不因亲情而撤兵，每一个扶贫干部都是了不起的！

在扶贫攻坚的决战里，挑得起崇高的责任，必然是崇高的生命。只有信念和责任相互催化，才谱写得出凉山热土这样美丽的脱贫战歌。

火热的土地

人啊！还是靠自己的力量吧。

——贝多芬

2018 年的最后一夜，习总书记饱含深情的新年贺词，响彻祖国大江南北："我时常牵挂着奋战在脱贫一线的同志们，280 多万驻村干部、第一书记，工作很投入、很给力，一定要保重身体！"

总书记满满的关心与祝福，让我们战斗在一线的扶贫工作人员不再感到疲惫。"醉里挑灯看剑，梦回吹角连营。"大家开始蓄积着新年继续奋斗的力量，憧憬起和村民一边哼唱一边建房的激情场面。

2019 年的元旦刚过，扶贫办同志带着满满的热情和关怀，来到甲甲沟村，正式开始分期分批的住房修建专项培训。

上次开工仪式过后，很多有建房经验的家庭就已经开

工了，都想着抓紧时间把房子建起来，能够早一点过上好日子。看着人家的新房子一天一天的"长高长大"，人家的笑容一天一天的越来越多，但是还有一部分村民却建设得很慢。

甲甲沟村的安全住房修建，是按照"统规自建"的原则进行的。当初我们决定统规自建方案的时候，是希望通过村民自建，一来可以减轻他们的经济压力，二来还可以让他们摒弃"等、靠、要"的懒惰思想。同时通过这次自建，掌握一定的修建技能，增加就业打工机会，真是一举多得。但是，村里的老乡，有些在外打工，或者在建筑工地干过，这部分人有一定见识，自行修建多少有些基础。可大部分人从来就没走出去过，建房没有经验，因此培训就显得很有必要。

我们的专项培训，选在了甲甲沟村老幼儿园进行。扶贫办的团队里，张泉作为工程师，在这方面是行家里手，培训的任务自然落在他的身上。村上早就把乡上不太懂建房的一些老百姓组织起来了，还有一些凑热闹的村民也来了。现场提前布置好了砖头、混泥土、沙石等材料，张泉工程师对着一小堵墙开始认真地讲解，从沙石的比例是多少、如何混合，砖与砖之间如何错位排列，如何保持墙面的稳定性，整体结构怎么搭建，大梁怎么固定……张泉一边扯着嗓子大声说，一边尽量放慢着语速，生怕下面的村民听不见听不懂，他说上几句就会问"大家理解了没有"，而且说一大段之后，又回过头把刚才的重点要点再讲解一遍。奇怪的是，今天抽烟的人数和频次出奇地少，场面也很安静，一改以前开会时那种懒散打闹的样子。也许他们知道，眼前的这堂课就是一趟通往幸福的列车，如果一不留神就会挤不上去。

张泉一边介绍一边演示，好多急性子的村民迫不及待开始依样画葫芦。有些人因为在外地打工，有点基础，通过张泉的现场指导，很快就上手了。那些没有一点基础的人就有一定难度，笨手笨脚引来大家的哈哈大笑。场地中间很快就围成了几个小圈子，大家都跃跃欲试，现场气氛火热而和谐。

培训的效果相当好。本来以为他们还需要点时间消化理解，也需要培养点自信心起来才敢开工。但是没有想到，培训后的第二天，很多家庭就开始动手了。近在咫尺的幸福机会谁舍得让它溜走？

几天时间，全村就有六七十户拆掉了旧房，其中有二三十户群众的新房甚至做好了房屋地基。扶贫办同志和村上干部悬着的心终于放在了肚子里：老百姓的积极性看来是调动起来了，证明他们从思想上完全接受了我们的统规自建，那后面的项目推进就会顺利很多。

为了更好地帮助大家，确保开局不滑坡，张泉、刘建平等同志和乡里、驻村干部整天泡在现场进行指导、调度，挨家挨户督导检查，防止安全与质量上有漏洞。

"老乡，你这个砖要五进五出，不能一进一出！"张工指着一面墙说道，"五进五出才能保证房屋结构稳定安全。"村民阿正有土听见后，忙说道："之前有事情耽搁了，没有学到这些门道儿，我们马上返工，幸好现在发现得早，晚了就不好改了。"说完还拉着张泉帮忙，怕张泉一走不知道怎么才能做得合格。

　　扶贫办的同志与乡上村上的干部举一反三，在动工的每家每户中都反复告诫诸如此类的问题，再次强调基础埋置深度、砌砖的科学方式等，要求老百姓在住房安全质量上来不得半点马虎，必须达到地震八级设防，做到百年大计质量第一。

　　一周时间过去了，扶贫办的同志每天一家一户查看进度，发现问题耐着性子解释。一天跑下来，腿脚都迈不开步子了，但没有一个人说过一句抱怨的话，相反还互相开导鼓励说："现在发现问题，比今后发现问题好得多。发现问题越多，心里就越踏实；现在提高群众的技术，他们就可以起到传帮带的作用；施工过程越严格，就越能保证建设质量。"

　　火热的土地，是建设家园的战场。

四川省烟草专卖局（公司）扶贫办现场指导群众建房

一饭三吐哺

成人善事，其功更倍；动人善愿，其量无涯。

——杜甫

一沐三捉发，一饭三吐哺，是《史记·鲁周公世家》中记载周公渴求贤才、谦恭下士的典故。典故中，周公为了求才，吃一顿饭要停顿多次。我也想借用这个典故，来讲讲我们一次停顿多次的晚饭，只是这顿饭不是求才，而是关于扶贫的事。

那是 2019 年的春节前夕，我专程到甲甲沟村，此行主要目的是搞一次关于项目推进的现场办公会，也顺便看望一下老乡们，看看他们这个年准备得怎么样。看到家家户户房梁上挂着的腊肉，以及老乡们脸上憨憨的笑容，我的心里算是踏实了。

从村里回到西昌之后，凉山州局的同志与我们一起吃

了个工作餐。来到食堂，简简单单的自助餐，排队取餐之后，大家围在一个大桌子旁，一边吃饭一边聊天。或许是我们正身处在凉山这个脱贫攻坚的主战场，或许是扶贫攻坚早就融入了我们烟草人的骨子里、精神里、生活里，所以有一种不言自明的默契，话题还是聊到了凉山的扶贫攻坚上。

除了甲甲沟村和特补乃乌村，席间还聊起凉山州局的帮扶情况。凉山烟草局是四川省烟草局在市州局之中，唯一一个像省局一样专门成立扶贫办的单位，他们在全州11个深度贫困县都有扶贫项目，其中越西县是他们的"责任田"。他们帮扶了100多个贫困村，投入的资金达到1.4亿元，我们烟草派驻的200多名扶贫干部中，仅凉山就有70多名。从全省烟草行业来看，不管是帮扶的任务，还是出人出钱，凉山烟草局都占了几乎全省烟草行业扶贫的"半壁江山"，责任不可谓不重，压力不可谓不大啊！

当凉山州局的同志聊到具体项目的时候，更是津津有味、余味深长。比如州局投入3000万建设越西县金叶中学，还在喜德县完成了欣欣小学项目。喜德县红莫村项目，那也是整体性帮扶，从产业到住房、基础设施都有，而且红莫村还是远近闻名的脱贫致富村。还有那个大家最为关注的"悬崖村"，也都有我们烟草人扶贫的足迹……这些点点滴滴都在我的心头。

饭桌上，我和凉山州局的郭明全同志聊得最多，也很开心。他是凉山烟草局的一把手，这几年因为特补乃乌村和甲甲沟村扶贫的事，我们见面和相处的时间较多。这些年来他带领凉山烟草局的同志，扑向全州各个脱贫攻坚的战场。每个月他都会下到扶贫一线去调研，每次都会去看看自己的结对帮扶户，看看驻村干部扶贫工作干得怎么样，看看结对帮扶户有没有进展，生活过得如何，还有哪些困难需要解决。他特别关心教育扶贫这个子孙万代的事，对山里的孩子很上心。除了重视面上的教育扶贫——投资金建学校、想办法留住老师等，每次他去的时候，都会给小学生准备一些学习用具，作为小礼物送给他们，希望能对他们学习有所帮助。

时间过得很快，不知不觉间都聊了一个多小时了，这是一顿记忆深刻的工作餐。虽然没有酒水，没有大鱼大肉，但这顿饭的交流很有价值，收获也不少。从普格到全州，从全州到更远，简单的工作餐，几碟小菜，像水墨一样清淡，却在席桌上不觉之间，勾勒出烟草局扶贫工作的"作战图"，决战深度贫困的"凉山笔法"。

说实在的，这顿饭没有吃饱，饭菜越吃越凉，几次筷子送到嘴边，还在说话，还在思考着扶贫的事儿。但这没关系啊，只要脱贫攻坚工作能够有序向前推进，且每个项目都有成效，我们烟草人也心满意足了。我想，对于古人一饭三吐哺的求贤精神，也要将其作为我们决战凉山，打赢扶贫攻坚战的一种力量。

寒冬腊月送温暖

> 爱是不会老的，它留着的是永恒的火焰与不灭的光辉，世界的存在，就以它为养料。
>
> ——左拉

凉山，气候温暖，物产丰富，资源富集，是有名的攀西"聚宝盆"的重要组成部分。可就这样一块美丽富饶的土地，其贫困面积之广，贫困程度之深，贫困人口之多，令人触目惊心。

2018年1月16日，甲甲沟村的天气很好。本来是冬日，却艳阳高照，天空湛蓝。只是彼时的甲甲沟村还满身泥垢，那饱经贫穷折磨的凄凉容颜，和天空之美形成了巨大的反差。

这天，我和党建处、扶贫办的同志来到甲甲沟村开展

"暖冬行动"，为村民在寒冬时节送上一份爱心和温暖。和我们一同来的还有凉山州委副书记陈忠义同志、普格县委书记刘若尘同志、县委宣传部部长郭吕刚等地方领导。

为了这次活动，我们烟草局开展了捐款活动，大家自愿参与，你 100 元，我 200 元，他 300 元，有的还捐 500 元，汇集起来整整 6 万多元。我们主要是想在寒冬腊月间，把暖冬物资送到彝族老百姓手里去，为他们顺利过冬，送一份关心添一份暖心。

村民们早就接到了通知，一大早就赶到幼教点，不少人还穿着亮丽的彝族服装。这一次"暖冬行动"，每家每户发放两床棉被和一些生活物资，村里挑选了 20 名老乡作为代表，场面热闹。

冬日的太阳普照着山峦下的特补乡甲甲沟村，每个彝族老乡脸上都带着无比灿烂的笑容。我尽可能用最大的声音讲道："老乡们，大家上午好！我与州上、县上的同志，在春节到来之际，来到你们身边，带来了省烟草公司干部职工的一片深情厚谊，给每家每户送来棉被，也要给在脱贫攻坚中走在前面的、表现积极和家庭特别困难的一些老乡们发放慰问金。千里送鹅毛，礼轻情意重，我们用这种方式来表达对你们的一点心意，请大家收下，也衷心祝愿，你们早日住上好房子，过上好日子，养成好习惯，形成好风气。在奔小康的路上，生活更加幸福美满。"

我的话一落下，老百姓响起阵阵掌声。我们把准备好的棉被一一发放到群众手上，20 名彝族老乡代表上来接过了红包，并向他们致以春节的祝福，希望他们的日子快快好起来，真正用自己的双手和汗水创造自己的新生活，

有的老人们浑浊的双眼老泪纵横，有的妇女眼眶里饱含着感激。

近几年来，我们烟草人年年如此，都利用这样的时间，到彝家村寨献爱心送温暖，表达烟草人对老乡的关爱。2016年春节前夕，给特补乃乌村困难户送去了米面油和慰问金；2017年寒冬到来之际，我们迎着寒风在村民活动中心广场，给每家每户发放过节物资和棉衣被褥；2017年六一儿童节到来之际，机关派出职工代表从成都出发，来到特补乃乌村给小学生送去书包、文具和书籍……或许就是那一张张悲怆的脸，期待的脸，才支撑着我在扶贫的道路上不知疲倦地狂奔，才让我退休至今，仍觉得自己还是一名扶贫战士。

老百姓有困难，只有雪中送炭才会有真感情，做善事

搞资助，我们烟草人都是发自内心的。我们希望力所能及地为扶贫村做一点有益的事，尽管礼不重，但每一个烟草人的心意是温暖火热的。

返程路上，我想合眼休息。但一闭眼，特补乃乌村、甲甲沟村的一幕幕都在我脑海中不停翻涌。想着今天甲甲沟没有温度的生活，眼前就浮现出特补乃乌村院子里挂满的香肠和腊肉；想着甲甲沟的人脸上短暂的喜悦，眼前就浮现出特补乃乌村村民们宰杀牲畜置办年货的场景。

既然领受了任务，就要百尺竿头更进一步，在决战决胜贫困中，与他们一起搬掉穷根，摘掉穷帽子，让他们多年的梦想一朝变为现实。

最美的画面

看到你快乐的样貌，于是快乐着你的快乐。

——村上春树

　　2019年春节后上班第一天，我刚到办公室，就接到扶贫办屈建康主任的电话。因为屈建康的老家就在凉山会理县，春节期间他有些放心不下甲甲沟村，抽空去看了看。一上班，他又去了甲甲沟村，他说，他想看看半个月时间，村里的建房进度怎么样了，群众的年过得好不好！

　　没想到刚过完春节，老乡们一家一户新房建设的速度明显加快了，群众的积极性特别高。屈主任在电话中告诉我，这主要得益于年前在房屋建设中的典型代表，起到了很好的示范和带领作用，现在大家都争先恐后，整个村子简直是热火朝天。

　　听着屈建康在电话那头汇报变化情况，我连连叫好。

一面为他的工作态度点赞，一面为村里的进度推进速度高兴。房子、幼儿园、硬化路，已经慢慢起来了，新房建设又推进得如此迅速，我遥想一年后的甲甲沟村一定会"山水如画来，彝居美大地"。

挂了电话，我耳边突然记起了彝族的祝酒歌《苏木地伟》，我的脑海里也浮现出特补乃乌村吉伦里土唱这首歌的样子。

记得那次我到特补乃乌村吉伦里土的家去走访，看到他新房里有电视、冰箱、沙发、茶几，客厅很大，灯光很明亮，一改过去屋里黑漆漆的样子。让我欣喜的是，他家居然还有一套可以点歌的系统，他高兴地对我说："麻总，你要不要来唱一首？"我笑着摆摆手。他继续说道："现在白天忙完了农活，晚上也有耍头，除了看电视，还可以打开音响唱歌！"说着，他和旁边几个村民开心地点了一首彝族的祝酒歌《苏木地伟》唱了起来。脸上露出的笑容，那才是从内心溢出来的。

我虽然不太会，但也情不自禁一边帮他们打拍子，一边跟着他们的旋律哼唱起来……

彝族是大凉山的雄鹰，他们和藏族人一样，唱歌是与生俱来的本事，但从前的贫穷限制了他们的歌喉，今天，终于走上奔小康的路上了，压抑多年的歌声可以响彻云霄、回荡在山谷。看着吉伦里土忘情地歌唱着，看着他痴醉的笑脸，我衷心地感到舒畅愉悦。那歌声就是内心的写照，那笑容就是灵魂的回归！

2016 年年初的特补乃乌村没有歌声，连笑容都少有。老百姓只有僵硬、木讷的表情，只有孤零零地坐在地上发呆的

样子，那时候想给他们拍几张照片用在以后的素材中，可怎么引导，都拍不出有感染力的效果来。两年后，一座座新房子矗立起来，一盏盏太阳能路灯亮起来，这时候无论是抢拍、偷拍，还是摆拍到的，全都是鲜活的、灵动的、饱满的笑脸。他们的笑脸让幸福新村的张张照片都是最美的画面。是我们用汗水唤醒了歌声，换来了从来不曾见过的一种笑容。

我曾在《人民日报》看到过这样一句话，说百姓的笑脸是最美的画面。当时我为这句话背后蕴含的大情怀所震撼。这样的精神高度才支撑得起这个强大的祖国。

如果以前有人问我，让你觉得最美印象最深刻的画面是什么，我一定答不上来。因为有些瞬间之美随着时间推移就慢慢淡了。现在如果还有人问我，我会说那张和《苏木地伟》一起出现的笑脸就是，因为它让我更有动力、更有决心地投入到甲甲沟村的建设中去。

多年以后，特补乃乌村的蓝色琉璃瓦也许会在经年的阳光和风雨的折腾下褪色，蓝灰色的墙壁也会被时光涂抹上新的颜色，那里的人也会老去，变得我不容易认出，但是我坚信特补乃乌人的笑容永远都不会变。

习总书记说："我们的政策好不好，要看乡亲们是哭还是笑！"[①] 是啊，"最美的画面，是百姓灿烂的笑脸"。唯有以百姓之心为心，把乡亲们的事情办好，收获他们脸上最真诚的笑脸，才能够安放我们的人生价值，也是对党忠诚的最好回应。

---

① 《人民日报》2015 年 6 月 19 日头版，《习近平在贵州调研时强调看清形势适应趋势发挥优势善于运用辩证思维谋划发展》。

大雪纷纷

他们走着，不停地走，一面唱着《永志不忘》，歌声休止的时候，人们的脚步、马蹄和微风仿佛接替着唱起这支哀悼的歌。

——帕斯捷尔纳克

在凉山州，诸如会理、会东、德昌、冕宁，都是属于条件较好的几个县，这几个县都不是贫困县，老乡的日子相对过得好一些。更重要的是，他们的一些经验做法走在了全州的前面。这次，扶贫办的同志与特补乡的此哈书记和村里干部一道，去冕宁学习借鉴新村建设的好经验。

那是 2019 年的 3 月，刚刚开春不久。3 月的冕宁，还显得春寒料峭，是一种吹面不寒杨柳风的冷。去冕宁的路上飘着大雪，视野很不清晰，车子行进也十分困难。上午 10 点，车子终于驶入了拖乌乡鲁坝村，这是远近闻名的富裕村，老乡们住的都是两层小洋房，家里还有汽车，此哈书记他们这次就是来取经的。

取什么经呢？取建房经和产业经。

在这之前，鲁坝村也同其他贫困村一样，村民的住房是土坯房，空心砖房，很不牢固。不牢固就得改建，就得加固。村里在外打工的比较多，有一些懂修建的村民自家改建房屋的时候，就通知大伙儿到他家看，学习怎么个改法，搞起了现场教学。同时，村里还组织了一些专业的施工队，找几户的房子来，搞个样板间，让大家学习，边改边教。此哈书记希望把这些经验带回去，因为甲甲沟村除了新建住房，还有四十来户的群众房屋本身基础还可以，只需要改建，所以出来学学看看，开拓下眼界。

同时，这个村的村支书是个致富带头人，当地的老百姓都愿意跟着他干。他们依靠当地的自然禀赋，通过专业部门的审批，与外面的公司一道，集资修建了一个多梯级水电站。同时，他们一起搞现代养殖业和规模农业，成立合作社，大力流转土地，让地更集中，并种上适宜本地的瓜果蔬菜，养起了猪、牛、羊，上游有了产品基础，下游他们注重对接市场，搞订单式农业和电商模式，注册商标搞品牌化发展，把这些农产品推向市场。一年下来，参加入股的村民能有五六万的收益。当然，这个中间他们也走了很多弯路，遇到过很多困难，比如资金、技术、管理、市场等难题，都是一路啃过来，才慢慢走上正轨，换来了今天的发展局面。

鲁坝村富起来后，大家开始注重环境打造和提升。种树栽花除草，让自家的前庭后院绿起来。村里山花烂漫，道路平坦畅通，安宁河谷的清新空气让人心旷神怡，真正实现了绿水青山的人居方式。老百姓家家住新房，出行有汽车，到处都洋溢着安居乐业的幸福感、安全感和获得感。简直就是凉山州的"华西村"。

下午5点钟，天色暗了下来，一天的参观学习不得不结束。虽然鲁坝村给我们带来了巨大的压力，但它的成功也给我们带来了很多启发和动力。大家意犹未尽不愿离去，真希望眼前的这个村就是我们的甲甲沟村啊。

返程的路上，车外寒冷而萧瑟，黑暗向我们抛下比白天还大的雪花，让回去的路越来越不好走。虽然大家忙碌了一天，晚饭也还没有吃，但好像一点倦意都没有。鲁坝村的成功经验不停地撩拨着大家的神经，让大家变得兴奋，鲁坝村的成功经验似乎像一束光照在前路上，让甲甲沟村未来的样子在我们脑子里更加丰满。

一路上，大家都沉浸在交谈之中，回去后，安全住房要把他们的做法吸纳进来；产业发展要有个规划，因地制宜，从实际出发，他们能走出一条老百姓致富路，我们也一定让甲甲沟村尝到产业致富的甜头；他们整个村打造得很和美，也很协调，每家每户院坝、房屋建设得都很接地气，满足了老百姓日常生活的实用方便，我们也要把他们有益的东西借鉴过来，添补一下我们的整体规划，在细节和项目内容上更仔细一些。一路上，大家你一言我一语，一个共同的目标，就是在脱贫攻坚的战斗中，一定把甲甲沟村建设成为远近闻名的美丽新村，助力彝族群众在幸福的康庄大道上不断向前。

一诺千金

诚实比一切智谋更好，而且它是智谋的基本条件。

——康德

民生工作要一诺千金，说到就要做到。务求扎实，开空头支票不行。

2019 年的清明节，距离甲甲沟村开工仪式已经快小半年了。通过现场培训，加上冕宁县鲁坝村的成功经验给大家带来的希望，村民们更有信心了，浑身都是从来没有过的力量与激情。所以这段时间，甲甲沟村追梦幸福的火焰越燃越烈，老百姓都在拼命地干，想抢在雨季前把房子盖好。

当然，我们的承诺也该有所兑现了：按照前期签订的协议约定，甲甲沟村住房主体结构完成后，就应该拨付第一笔款。这个节点，刚巧在清明节前夕。

　　但我们发现，现场的施工进度赶在了前面，但软件资料却没有及时跟上，要付款，就必须按照协议签订的资料清单一项项备齐，提供给省慈善总会进行审核。这段时间，群众和乡里的干部忙着搞建设了，眼下房屋主体已经出来了，但整理资料的工作相对滞后。

　　一诺千金，承诺是不能打折扣的。但是规矩又必须要，制度又不能违反，村里面着急，我们也着急。这该怎么办呢？扶贫办的同志迅速联系省慈善总会，让他们做好审核资料和资金拨付的准备，村里开始连续加班，抓紧时间准备资料。麻烦的是，由于涉及上百户群众，资料很是烦琐，需要去一家一户核对，有的老乡身份证找不到了，或者身份证号码搞错了；有的老乡不会写字，留了很多空白，需要扶贫干部帮忙代签；有的签完了字，又忘记盖上大拇指的红手印……诸如此类的问题层出不穷。但一线的工作就是这样具体，必须一项项解决。幸运的是，由于前期工作底子好，素材资料、工程档案都有，只是没有及时分类归档，只需要按协议要求一项项整理出来。

　　接下来的几天时间里，我们的一线同志压缩掉所有的碎片时间，每天工作十几个小时，少吃一顿饭，少上一趟厕所，少接几分钟电话，终于把资料整理出来了。忙完的时候，有两个同志说，几天都没看过微信朋友圈了，都不知道外面发生了什么。

　　当然，乡亲们也很配合，乡上的干部终于准备好了资料。资料完成后，扶贫办的同志首先审核了一遍，看资料是否完整齐备，再核对里面的内容是否真实，有无错误。经过初审，在确认无误之后，扶贫办的同志便带走资料，自己留存一份，另一份抓紧送至四川省慈善总会，在规范的前提下抓紧审核、优先拨款。

压力来到了省慈善总会这边。他们的流程是由项目部进行审核，审核无误后报总会领导签字，由财务部进行拨款。项目部的张丽娟部长对扶贫项目历来优先审核，总会按照协议要求的资料，一项一项审核资料的完整度、规范度和真实度。总会还要就项目中的专业内容进行审核，由他们把关，防止存在漏洞与问题，确保资金拨付规范。慈善总会的同志加班加点一笔一笔核对，终于在清明节之前审核完成，并启动资金拨付流程。

过去，甲甲沟村由于是烟草局新帮扶的村，与老乡们打交道还不多，相互之间还不够熟悉。尽管大部分群众对烟草局坚信不疑，但还是有个别村民，对是否真能及时拿到补贴款将信将疑。如今，慈善总会赶在清明节前，拨付了第一批补贴款，当看着自己银行账户上收到的2.4万元，村民终于相信烟草局是真扶贫、扶真贫。"我家的补贴款都收到了，你家的收到没有？"老乡们的那份兴奋和喜悦溢于言表。扶贫办的同志对群众讲，我们每户要补贴六七万元，这第一笔支付后，大家要抓紧施工进度，不要松懈，后续两笔都会一一兑现。

"诚者，天之道也；思诚者，人之道也。"带着一片真心去，没有半点假把式。烟草人从来都是敢于承诺，一诺千金。在扶贫的道路上，我们从来就不曾失信于人。

第二章

这片热土，我们都是幸福的追梦人

走好最后一公里

凿不休则沟深，斧不止则薪多。

——王充

凉山是我去得最多的地方，因为那片热土上有我们烟草人在与贫困鏖战。我只要有空就想去，那里有我们在一线战斗的场景和片段。

2019年4月，我按捺不住牵挂和忧心，再一次来到特补乃乌村，重点解决"四好"提升和河道灾后整治。去年受灾之后，五公里的河道整治是最大的"拦路虎"，经过勘查，有不少的地方出现了河堤被冲毁，或出现大坑大洞，河堤下面有几公里被洪水掏空，巨石堆叠在河道中间。如今正值春季，特补乃乌村处于枯水期，我反复叮嘱乡党委的此哈书记以及现场的施工人员，要求他们抢在时间前面，大干100天，务必在今年汛期来临之前整治完成。若不如此，夏季汛期一来，河水的水位就会上涨，会极大的增加施工难度，刚刚修复好的河堤还未来得及凝固，又有被冲刷的可能。另一方面，还要做到防患于未然，如果今年再遇到洪水，河道如何保证村里的安全，也需要预见性和前瞻性。

因此，恢复河道整治，是一项硬任务，时间只能提前，不能逾期。听到我这样讲，乡里着急，眼前的第一个关口，就是抓紧把施工方确定下来，一旦进入下一个施工环节，只有"白加黑、五加二"才能加快进度，但更重要的是保证工程质量。两个方面缺一不可，真是难攻的关口。

特补乃乌村脱贫摘帽后，还有一个最大的难题就是"软环境"的建设。比如环境治理，因为管护不到位，出现了有些植被被破坏，个别地方脏乱差有所抬头等。又比如文明习惯的养成，村民的民俗公约，这都需要长时间的教育，一步步从内心去浸润，要靠久久为功，春风化雨，只有持续不断，才能营造一种看得见、抓得住的软环境建设。

我在村里走访了十几户，与他们一起交谈，听取他们的意见，整整两个小时的调研，心里也有一定的底数。我们一行回到乡政府的会议室，大家坐下来再一次认真梳理，将这些工作都一一落在纸上，对河道的整治提出了明确的时间表和责任人；对广场外的公共厕所，制订了具体方案，以及资金的来源；对老百姓受灾严重的房屋重建与加固，拿出了改造的方案、资金、时间等方面的具体要求；对一家一户一家训格言，上墙的版式、内容、颜色、位置，都进行仔细的研究。

对村里文化墙的建设，从五个版块着手提出了具体方案：一是村史简介、二是乡村公约、三是文化标语、四是新风尚的具体要求、五是党的建设方面的内容，都要在文化墙上进行展示，通过有形的东西，起到固化性的宣传引导。参会人员思路更加清晰，措施也做到了具体化。

算算时间，我们烟草局帮扶特补乃乌村已经到了第四个年头。从2016年伊始，我们就开始定点帮扶特补乃乌村，对全村投入接近5000万元，力度不可谓不大。特补乃乌村2016年底就退出了贫困序列，一年多时间走完了半个世纪的脱贫路，整村脱贫摘帽。但后续的项目完善、补充、提升，一直在持续帮扶。"住上好房子、过上好日子"这"两个好"基本实现，但"养成好习惯、形成好风气"这"两个好"还比较遥远。按照上级扶贫的政策和要求，脱贫不脱责任、不脱帮扶，特别是特补乃乌村2018年7月受灾之后，还有灾后重建的重任。因此，我们烟草人没有丝毫的放松与懈怠，而是始终保持着连续扶贫的状态，加速助推特补乃乌村走好最后一公里。

直到今天，我们依然还走在最后一公里的路上。因为要让特补乃乌村在内在的精神上彻底地脱胎换骨，成为一个文明和谐、乡风和畅、环境和美、邻里和气的社会主义新农村，是需要漫长的时间积淀的。我不知道这最后一公里的尽头在那里，我只知道，我们烟草人始终关注着他们，并与他们一道，携手走在建设全面幸福小康社会的大道上。

五一大假不休战

最沉重的负担同时也是一种生活最为充实的象征，负担越沉，我们的生活也就越贴近大地，越趋近真切和实在。

——卡尔维诺

雷锋日记里有这么一句话，如果你是最小的一颗螺丝钉，你是否永远坚守你生活的岗位？我们烟草扶贫人，给出了我们的答案。

2019年的5月1日，是五一国际劳动节，人们都盼望着利用这个假期好好轻闲几天。有的提前安排外出旅游，观赏一下美好风景；有的与家人团聚，欢聚一堂其乐融融；有的利用假期回家探望父母，尽尽孝心；有的为儿女操办婚礼，了却父母的心头大事；有的带着小孩郊外赏花，在古镇游玩，让孩子开阔一下视野。但远在凉山州普格县甲甲沟村的工地上，扶贫大军却如火如荼地施工着，他们甘当一个"小螺丝钉"，没有休假，用行动诠释着"劳动光荣"四个字的精神内涵。

五一放假的第一天上午，我给乡党委书记此哈打电话，一来是今天过节想表示问候，更主要原因是想了解甲甲沟村目前项目的进展情况，特别是老百姓安全住房这一头等大事。眼看时间已经过半，但整个进度不到三分之一，有些项目因招标一拖再拖，有些项目还需要各方共同协调，也不知什么原因，看着很容易的事，久拖未果。前些日子在村上调研时，因为十分着急，语气不太好地说了此哈书记几句。当然我也明知有些事他确实没办法，协调起来有难度，头绪多、环节多，有时也是力不从心。

我打了几次电话都占线，心里有些不快，这都火烧眉毛了，也不知道在忙什么。过了一会儿，此哈书记的电话回过来了："对不起啊麻总，我正在工地上呢，正处理点事呢。"

我听见他钉在一线工地，先前的不悦马上变成了内疚，连忙说："此哈书记辛苦啊，五一大假都在工地上。"他说："没事没事，我和乡长还有县上郭常委都在现场，有些问题必须现场进行协调，这样效率高一些，正好五一期间没有什么会议，我们可以集中时间和兵力，苦战这五六天，把进度向前赶。"我说："你们辛苦了，向大家问个好。"

此哈书记在电话中还说道："上次麻总您过来召开会议，在会上提出的几点要求和对大家的肯定与鼓舞，真是注入了一针强心剂。不管是乡上、村上的干部，还是驻村第一书记，以及施工队、村里老百姓，更有干劲，更有盼头，大伙儿都憋足了劲头赶工期、赶进度、补短板，生怕慢了，没有达到您的要求，不好交账呀！"

我在电话里哈哈一笑，也借此机会在电话中表扬了此哈书记："此哈，你是一线的具体指挥员，很多事情都靠你协调落实，没有你抓具体工作，不会有现在的进度和效果。我有时下去调研，看到进度拉不上去，心里有点着急，多说了你几句，你不要在意呀。你是实干家，肯吃苦，作风硬朗，我相信你一定会干得更好的！"

我在电话中再次嘱托："在推进甲甲沟村项目中，一定不能放松特补乃乌村的后续工作，当前主要项目、后期维护和日常管理工作，要尽快出台具体办法，比如道路两旁、村民活动中心等公共场所环境卫生，在于长期保持。对于治理难度大的项目，要建立制度进行约束，特别是灾后河道整治，严重受损部位的恢复工程，要赶在今年 8 月雨季之前务必拿下，消除洪灾的隐患，十多户受损严重的房屋，烟草再补贴 6 万元，很快就会打到他们卡上去。这些具体工作，此哈书记你都要一一落实到位呀！我过一段时间再过去看一看。"

放下电话后，我是既欣慰又惭愧。虽然在这个难得的节日里我对甲甲沟的牵挂没有少，但牵挂我们扶贫事业的干部不止我一个，而且他们比我做得更多，他们没有歇歇脚、喘喘气，而是和基层百姓在一起奋战。我为他们积极的工作态度点赞，我为他们任劳任怨的担当精神点赞。

五一，劳动更快乐！

难攻的堡垒

> 想象困难做出的反应，不是逃避或绕开它们，
> 而是面对它们，同它们打交道，以一种进取的和明
> 智的方式同它们奋斗。
>
> ——马克斯威尔·马尔兹

蓝图的绘就不易，把蓝图描绘为现实更难。甲甲沟村也好，特补乃乌村也罢，都是难攻的"堡垒"。

为什么这么说呢？且不说村里本身的历史欠账比较多，单说具体项目推进就遇到了好些瓶颈，造成进度缓慢。之所以出现这样的状况，既有项目本身实施不容易、效率不高等客观原因，也有大家对工作、对项目有争议，个别问题上未达成一致，存在畏难情绪等主观原因。在扶贫过程中，我们烟草人的定位是助推，政府是主体，行业有行业的担当，政府也有政府的责任。尽管有争议，甚至红过脸，那都是为了共同的扶贫事业，目的是让大凉山的贫困群众过上好日子。

我记得那是 2019 年的 5 月，虽然甲甲沟村新村建设和特补乃乌村灾后重建总体上都在推进，但进度显得缓慢，大家都有些着急。当时，甲甲沟村安全住房建设推进有序，老乡们的建房热情保持得不错，预计在 7 月底能够完成所有住房主体工程，但对于幼教点建设、风貌打造以及配套的地下排污管网、水、电等项目，推进就不太理想了。这些项目都是一些大型工程，前期立项、财评、招投标挂网等工作，每一项都要花费很多时间，有的按照程序还有最低的公示时间，加之环环相扣，有时前面一项工作耽误了，后面就跟着延期。前期工作没完成，这边的施工就受影响，建设进度一滞后，学生入学以及排污、风貌打造等住房配套建设也受到影响，真是牵一发而动全身啊！

再以特补乃乌村举例吧，我们按照受灾的具体情况，对特补乃乌村河道恢复工作分为两期开展。河道一期恢复工程，是对受洪灾后裸露表面的部分全部进行整改，当时已经全面完成。河道二期恢复工程，则主要对全河道进行隐患排查检查，看看内部是否还有问题。眼看着就春末夏初了，汛期真是数着日子逼近，但与普格县发改局就该项目沟通协调后，县发改局要求二期工程仍需按照单独项目进行全流程招投标，走完这套程序就要花费一个多月时间，真是效率与程序之困，时间更紧、工期更重，要在今年雨季来临前完成二期整改，难度就比较大了。但雨季前如果完成不了，又有可能造成新的河道隐患。

怎么办？面对这一系列的矛盾、困难，我们烟草局与

普格县的同志一道，还是冷静了下来。办法总比困难多，我们相信只要大家通力合作，问题总能被攻克。

针对这些问题，我们烟草局与普格县一同召开了联席会议，结合实际情况，再次梳理确定了工作的时间表，总的时间点还是不能动摇，就以此为界，倒排工期。前期工作的问题，县里每个相关部门都到场参会，一个环节一个环节抠，环环衔接好，上一步启动后，下一步提前准备，保证前后之间无缝衔接，确保赶出时间、赶出进度。主观上的问题，大家进行自我批评，自我总结，有畏难情绪的把难处一点点讲出来，因政策制度不清楚而引起的争执，相关人员及时说明情况，大家一起提建议、出对策，想办法解决，把这些情绪用理性的方式化解掉……

回到成都后，扶贫办的同志立即起草了一份报告，梳理了会议的主要情况，并提出六条建议，向曲木史哈常委汇报了近期甲甲沟村脱贫攻坚的现状和困难，主要目的是陈述详情、寻求合力、得到支持、解决问题，同普格县一道，保证每一个项目按时按质完成。

很快，史哈常委做了批复："请普格县委刘书记给予高度重视。"我觉得常委的批示对双方既是压力，也是促进。

批示经机要邮寄直接到普格县，县里高度重视，专门召开常委会议，现场宣读批示，刘书记亲自部署甲甲沟村脱贫攻坚推进过程中需要立即解决的问题，要求按照常委的指示精神一项一项抓好落实，一个一个难关去攻克。

我们烟草人也认真落实常委的指示，更加信心满满，深入一线，真情实意地去干，去攻坚，去想尽一切办法，资金上保证，工作上跟进，尽心尽力，给老百姓的承诺我们用行动说话!

　　船到江心水更急,坡到半山路更陡。对于甲甲沟整村脱贫,一方面县里是高度重视,另一方面推进中确实遇到不可预想的问题,增加了工作的难度。但如何在乱云飞渡中彰显从容,在千头万绪中有序前行,需要工作的定力、能力和张力。针对当时甲甲沟村和特补乃乌村的建设现状,大家形成了共识,那就是严格按照联席会议的要求,以钉钉子的精神,一项一项抓落实。攻坚阶段,我们必须中流击水、策马扬鞭,向后期深度发力。我想,有史哈常委的领导,有县委班子的决心,有烟草行业的助推攻坚,贫困的堡垒必将被攻克。

　　行路难! 行路难! 多歧路,今安在? 长风破浪会有时,直挂云帆济沧海。

再大的困难也要上

有困难是坏事也是好事，困难会逼着人想办法，
困难环境能锻炼出人才来，因此，应该迎着困难前进。

——徐特立

5月的凉山风景如画，气候宜人，路的两旁花开正艳，微风吹过小草，自由摇曳，庄稼地里一派茂盛的景象。虽然每次从成都过来，清新的空气都让我愉悦，但这一次却让我的心情好不起来，只想快一点赶到村里去。

自打上次和此哈书记通过电话后，已经半个月没有详细了解各个项目的推进情况了。中途，扶贫办同志倒是给我简要汇报了除个别项目有些延误外，其他项目都在按要求推进。尽管如此，心里总还是放心不下。因为11月20日的彝族年，就是整个村基本完成所有项目的时限，时不我待，我不负时呀！时间是真的一天都耽误不起。所以那几天我的心一直悬在半空,忧心着甲甲沟脱贫的整体进度。处理好局里其他事务,终于得以成行。

我们先到了特补乃乌村,因为 2018 年 6 月村里遭受重灾,恢复重建任务也比较重,河道的重建与恢复,施工方招标流标了。重新招标再快也要一个月才能下来,看到这样的情况,心里更加着急。村民活动广场的公共厕所,进展也不太理想,主要是施工方没有按照设计施工,因此需要返工,这又得延误一些时间。每家每户污水处理池,先期选了几家试点就耽误了二十多天,现在每一户重新建设,至少也得一个月的时间,只有投入"兵力"抓紧督办才行。对眼前这几个事,我们在现场一一进行了商量与安排。书记与乡长满口表态,一定会加快进度,完成任务。

处理完特补乃乌村的事,我们马上赶往甲甲沟村。车子驶出特补乃乌村的时候,我看到村路两旁的卫生不如上次,河道两旁的树木也有些病殃殃的。

到了甲甲沟村,虽然总体进度还过得去,但还未达到希望。幼教点前前后后进展比较缓慢,施工队组织的人员力量也不够。也许是知道我要到来,施工队的负责人早就等在工地,也亲自在搬砖头、运沙浆。

他不停地解释进度缓慢的原因,我知道这之中有客观因素,也有主观原因。我在现场严厉地要求道:从现在开始,排出时间节点,每天进度要有效果,达不到完成时限,每天扣 3000 元。形势逼人,我在路上就想好了,总得用个办法把工程向前赶。

老百姓的安全住房有六七家封不了顶,是因为高压线在房顶上危险太大,协调了几次,还没有结果。样板间风貌打造拖延了一点工期，为后面整村风貌一体化的打造，在整体进度上带来了一定影响。进村的主干道，因为阴雨连连，给施工带来了不少的麻烦与困难。花了那么大的精力，一户一户进行整体设计，个别农户就是不按照施工图进行，个别老百姓还是按照过去的习惯另起炉灶，造成不配套等。

我们在村里整整停留两个多小时，陆续发现了甲甲沟村在项目推进中存在的一些不足，尽管心里不太高兴，脸上也没有什么太多笑容，但问题与困难都摆在面前，总是要去解决呀！我们就在村口的一个老乡家里，坐下来一一分析，查找原因，制定出下一步推进的时间表。在大家发言的基础上，我提出"五个关键"的建议与要求，就离开了村里，向西昌返回。

一天马不停蹄地跑下来还是比较累人，我刚一上车就睡着了。但很快此哈书记的短信就把我闹醒了。

> 麻总：
>
> 工作做得不对的地方，我诚恳接受你的批评和教诲。甲甲沟两户风貌打造，样板户的效果图和资金预算已交给屈主任他们（前个星期他们来时，我在县上开人代会，可能有些事宜和信息没有沟通好）。今天就风貌打造的事，屈主任和我们交换了一些意见，其他几个项目是招投标项目，我们正在走程序。我们以最大的努力实施好甲甲沟烟草新村建设，绝不辜负您的期望与厚爱！
>
> 此哈　敬上
>
> 2019.5

看了此哈书记真诚朴实的这段话，我的睡意一下退去了。我反反复复看了几遍，越看心里越不平静。此哈书记这几年战斗在一线，工作也做得不错。当时在现场，我的语气也不太好，说实在的，我心里也过意不去，他们也是很辛苦的，五一节都没有休息。我说他们，是想给他们再加一点压力，我心里急呀，急在一年要拿下这个村，整体推进难度太大了。

我坐在车上，眼睛朝前环顾，但脑海里还是浮现出现场的画面。我也深深理解，一个乡党委书记，那么多的事情，有些事说起来容易，干起来难，提各种要求容易，落实起来就不是那么回事了。他们战斗在脱贫第一线，方方面面事情很多，也很具体。

常言道，上面千条线，下面一根针。要把这些都串起来，困难和矛盾是相互交织的。项目推进中只要一个节点卡住，就可能影响整个工程的进度。比如，协调河道重建项目，涉及县上几个部门，有些意见不统一，各有各的政策标准和要求，就算是特事特办，也需要一定的时间。我心想，多说了他们几句，他们也能想得通，因为，烟草人与他们捆在一起，是来与他们一道开展脱贫攻坚的，这是共同的追求和使命。我对两个村，真是爱之深责之切，心想，下个月再来普格时，要利用机会表扬一下此哈书记，也要在大家面前美言几句。

几年下来，我从心里与此哈书记结下了扶贫的真感情，因为我真的喜欢他身上的那一种不服输的坚毅。而这一条短信，我也一直保存在我的手机里不愿删去。它会在多年以后勾起我们的回忆，并见证我们历久弥香的革命友谊。

攻坚路上并肩战斗

> 我愿证明，凡是行为善良与高尚的人，定能因
> 之而担当患难。
>
> ——贝多芬

在决战决胜脱贫的路上，每前行一步都是很艰难的，甲甲沟村整村脱贫的进度，始终牵挂在省委史哈常委的心上。他不但是全省脱贫攻坚的具体指挥者，又是挂靠普格县，责任村是甲甲沟村。我们烟草公司大体上一个多月给他汇报一次面上的情况，以及在脱贫攻坚中存在的一些难题。前一周省局扶贫办，专门给史哈常委就甲甲沟村在推进中需要解决的问题写出了专题报告，他很快作出了具体批示。普格县与省烟草公司收到常委的批示后，大家迅速行动，立说立办，县上召开了常委会，把一些具体问题进行了研究，并拟定出了具体的办法，在时间安排上倒排

工期。因为省烟草公司是省上 9 个厅局助推普格县脱贫攻坚牵头单位，又重点帮扶普格县。几年来，我们与县上的刘书记、沙县长、补书记、郭部长等领导，一起在决战决胜脱贫的道路上同甘共苦，默默奉献，并肩战斗，顽强拼搏，真是拧成一股绳，一步一个脚印取得决定性的成果。但在具体项目推进中，由于主客观原因，还存在这样或那样的问题。6 月 2 日，郭吕刚部长给我发来了长长的信息，我读后思绪万千，令人无限感慨。

　　尊敬的麻总：

　　　您好！

　　　对一些项目的协调、督促，我有不可推卸的责任，在此郑重诚恳向您及省烟司致歉、检讨。现将目前几个项目推进情况向您汇报如下：

　　　一、特补乃乌村项目情况

　　　1. 特补乃乌村 1、2、3 组化粪池修建项目已完成 40 户，预计 6 月 20 日全面结束。

　　　2. 特补乃乌村 4、5、6 组山洪灾害损毁排污系统修复项目：目前正在挂网确定施工单位。

　　　3. 特补乃乌村防汛防洪河道修复二期项目：目前已在县发改局比选挂网，确定施工单位，拟 6 月 5 日开标，预计 6 月 15 日进场施工。

　　　4. 特补乃乌村绿化工程项目：该项目已完成草种撒播工作。由于普格县持续干旱和天气炎热，树苗补植经请示省局（公司）领导同意，待雨水下透后，进入苗木补植工作。

第二章　这片热土，我们都是幸福的追梦人

二、甲甲沟村项目情况

1. 烟草局援建安全住房新建项目：该建设项目建房农户共 158 户，其中联建 90 户 45 幢楼房，单建 68 户 68 幢房屋，合计 113 幢房屋。目前已动工 153 户 108 幢房屋，进度达到封顶 67 幢，砌砖中未封顶房屋 41 幢。

2. 新村污水管网改造建设项目：已完成立项工作，进入设计单位图审阶段，设计单位预计 6 月 10 日提交设计成果，6 月 20 日左右开始比选挂网，确定施工单位，7 月初进场施工。

3. 新村功能完善提升的 2 户示范户：该项目正在实施中，预计 6 月 20 日结束。

4. 村幼教点提升改造项目：目前处于施工方进场施工阶段，进展顺利。

5. 1、2 组民俗活动广场建设项目：该项目已完成设计和财评工作，准备进入邀标阶段，预计 6 月 10 日开工建设。

6. 新村绿化建设项目：由于需要前期住房建设项目和道路硬化完成后方可进行，故计划实施时间较晚，目前正在积极联系设计单位进行设计，待前期建设完成后，立即组织实施。

7. 新村安全饮水建设项目：目前已由县水务局牵头进行设计，待设计结束后，立即进入招投标。

以上项目我们将会同乡、部门尽力压缩时间，尽力往前赶。下一步，我们将强化领导的协调与

督促，并及时与省、州烟司保持信息通畅，沟通
有无，强力、积极推进项目建设。

郭吕刚敬上

2019.6.2

　　收到郭部长长长的信息，我连看了好几遍，深受教育。
他这种责任担当，就是扶贫一线指挥员为民情怀的真实展
现。11 项具体工作的罗列，就是精准施策，下足绣花功夫
的具体写照；特别是他内心的宽阔和理解，我们都能感受
到他的修养。尽管推进过程中有各种干扰因素，他却多从
主观上找问题、查不足，这也是扶贫干部敢作敢为自我加
压的良好作风。

　　说内心话，郭部长是个有担当、有责任感的同志，两
个村的脱贫任务，县上领导分工由他来具体抓落实，也是
责任人。几年来，他对两个村的全面脱贫，老百姓早日过上
幸福生活，倾注了大量的心血。一个县委宣传部部长，工
作面很宽，事情也多，全县的宣传工作，靠他具体指导，抓
落实，但他把很大部分精力倾斜在两个村的脱贫攻坚中，协
调解决了大量的疑难棘手问题，已经是担子很重了。当前在
推进中出现的问题，他主动找我通电话，发信息，又把责
任扛起来，真为他这种敢于担当、不辱使命的精神而折服。

　　在脱贫攻坚的路上，我与郭部长之间感情是深厚的，
可以讲是战友，是兄弟，我们情同手足，心心相印，合力攻
坚。有时在工作中有点想得不周到，那都是方法上的问题。
我们目标是一致的，那就是让甲甲沟村早日由"茅草屋"
变成"金凤凰"，老百姓早日实现"小康梦"。

涼山热土 彝乡变迁纪实 LIANGSHAN RETU

每周"会诊"

>　　主动地发现问题，主动地思考问题，主动地解
>决问题。
>
>　　　　　　　　　　　　　　　　　——余世维

　　上次"瓶颈"问题的顺利解决，主要还是方法得当，以每周例会的形式，是推进工作的一个有效平台。利用大家掌握的情况查找问题、寻求原因，把每项工作在现场得到具体化。这种"会诊"的方法在 5 年的扶贫历程中，形成了常态化的机制。

　　说实在的，扶贫过程中干一件事有时真会遇到各种情况。比如，前期形成了推进时间进度表，决心也大，态度也坚决，心气也比较高。一进入具体实际项目中，总有这样那样的原因和问题，再加上开始我们没有经验，不清楚怎样才能更科学些，只有边实践边摸索。通过摸索，我们总结了一套方法，就是每周"会诊治病"。

每周"会诊"，就是扶贫办的同志大体上一到两周，到村上去现场查看，召开例会，现场解决一些问题，根据问题制订下一周的推进方案，防止问题久拖下去，形成不必要的瓶颈。在之前特补乃乌村的推进中，我们也是这样坚持的。现在看来，将之借鉴到甲甲沟村也十分必要。

每次到村里，扶贫办的同志先到施工现场检查上一周工作的落实情况，进度怎么样、质量如何、在推进中有什么需要协调的问题，是否按时限完成了……每次把这些情况进行梳理，做到心里大致有数。之后就在村口或农家小院里找个地方，共同研究下一周解决的方法，也对下一周的项目推进进行具体安排，并做到责任到人。

比如项目进度问题，要分析进度慢的原因，是主观还是客观，是不可预见或是责任不到位，都要把问题找出来，原因分析透，提出解决的方法。比如，工程质量出了问题，就请专家来检验把关，是投入少，还是没有坚持标准，该返工的返工，该完善的进行完善，措施都要十分地具体，铁板钉钉子。再比如，工作协调上出了问题，影响整个面上的进展，扶贫办同志及时给县上领导和挂靠特补乃乌村的县委郭部长进行汇报，在他们协调下，涉及到相关部门，现场进行办工，明确职责，理顺关系，形成推进的合力和力量。

这种"会诊治病"的方法，环环相扣，工作中无缝衔接，遇到的任何问题，都能及时得到掌握和反馈，把大家团结在一起共同克难攻坚。每次会诊，扶贫办的同志不仅召集乡里和村里的干部参加，具体承接项目的施工方也要参加，

涉及的县里相关部门，也要派代表参会，结束之后将情况反馈回去。实际上，这也是一种现场督导检查，现场传导压力。试想一下，如果来的少了，会诊少了，很多项目遇到问题就会放着，大家不闻不问，遇到问题绕道走。但时间不等人呀，问题一拖再拖就会延误整个工期。所以，这样的"把脉诊断"，看起来简单平常，短平快，但对于推进工作是十分奏效的，坚持这么多年，我们也尝到了甜头。

当然，每周"会诊"也并非每次大家的意见、建议都一致，需求都得到满足，甚至也会发生争论，有时还会伤到感情。说实在的，有时内心很不舒畅。尽管如此，大家还是反复商量，尽量求得想法一样。意见各执，甚至因工作有时闹一些不愉快的话或事，我都认为是正常的。因为大家都是为了一个目标去奋斗，这是主流，在项目推进中，尽量达到想法统一、尽善尽美。

这个方法管用是管用，却要耗费大量的精力和时间。所以扶贫办的同志很辛苦，他们这几年来，都是这样过来的。一年十二月，他们月月来；一个月四周，他们周周往。扶贫办的同志们聚焦凉山"主战场"，把每周督战的工作方法贯穿始终。

辛苦归辛苦，但每当一个项目完成，一件事落地，大家流露在脸上的笑容，心情是十分高兴的。因为都在实实在在干事，认认真真工作，一心一意把每个项目向前推进。工作中的种种付出也好，现场发生争执也罢，早都丢到脑后了。

在扶贫的第一线，不管是烟草局，还是县上领导、乡上干部、村里的老百姓，当他们用手机拍了一张又一张的工作照片，召开一次次的工作例会，推进落实一个个的项目完成，就已经把自身定格在甲甲沟村、特补乃乌村热火朝天的扶贫战场上。他们个个都是战士，而且是值得骄傲的战士，我们都向他们敬礼！

四川省烟草专卖局（公司）定点帮扶特补乃乌村周例会现场

不待扬鞭自奋蹄

> 知责任者，大丈夫之始也；行责任者，大丈夫
> 之终也。
>
> ——梁启超

"帮扶工作抓得扎实，望持续用力！"

2019年8月，距离上次"瓶颈"事件两个月后，省委的曲木史哈常委再次批复，肯定了烟草局和普格县的扶贫工作，殊为不易。

想想两个月前，甲甲沟村的帮扶工作遭遇瓶颈，进度缓慢，施工队扯皮推诿，以及雨季即将来临等客观问题带来了重重压力。扶贫工作不是轻轻松松、敲锣打鼓就能完成的，遇到问题和矛盾是正常的，关键在于我们内心的态度。但我们的干部是好样的，敢于负责担当，关键时刻能吃苦打硬仗，大家各自做了总结和反省，自我加压，主动担责，正视问题，信心满满。

在常委的亲自关怀下，我们与普格县的协调合作力度更强，相互融合更加紧密，瓶颈一个个打通，问题一项项解决，沟坎一关关越过，形成了热火朝天、挥洒汗水的战斗场面，每一个项目齐头并进向前推进：甲甲沟村住房主体建设基本进入尾声，一座座新房矗立在山间，是那样地壮观；幼教点项目建设进展顺利，进入收尾阶段，再有一个月的时间，一座崭新整齐、设施齐全一流的山村幼儿园，就会出现在娃娃们面前；地下管网开始挖埋，一家一户的污水、脏水，就从这里排入污水处理厂；特补乃乌村的河道整治二期工程，在普格县各相关部门的通力合作和全员加班加点的努力下，实现全面完工，老百姓的生命财产安全就有保障啦……这一系列的实质性变化和攻坚战果，源于常委的关心和指导，也得益于大伙儿的真抓实干，特别是县委、县政府和相关部门的精诚团结和给力。

常委的肯定，既是对成绩的一种鼓励，也是对我们的继续鞭策。我深知战果固然可喜，但下一步攻坚却正当其时！

所以我反复强调，不能因为看到领导肯定就沾沾自喜，还要看到压力。我们绝对不能有丝毫的放松，必须马上投入下一步的项目之中，主动自我加压。

住房基本完成之后，风貌的统一打造和功能提升就提上日程了。内屋要装修，外墙要粉刷，要展现老百姓脱贫致富的美好愿望。样板房先行先试，为整体的风貌打造"探探路"，紧接着两三户一组，三五户一团，8户、10户一片，这样小型化、组团化的实施，符合设计标准，符合群众预期，

第二章 这片热土，我们都是幸福的追梦人

133

将质量、颜色、样式、细节都纳入考虑之中。

就道路来说，交通便利是扶贫的一件大事。之前村里是泥土路，遇上下雨，老百姓下脚极不方便，路上满是重车压过的痕迹。扶贫办的同志们走在村里查看项目，常常脚下沾满了雨后的泥土，附着在鞋上、裤脚上，深深浅浅之间，都是扶贫之路的艰辛。当务之急，是村里的道路加快进入施工阶段，泥土路被翻出来，迎接硬化路的再造！地下管网也进入施工阶段，大家总结和吸取特补乃乌村的教训和经验，管子怎么埋、埋多深，前后管道如何无缝对接等，突出管网质量为先，进度及时跟进。幼儿园呢？快了、快了，最后一个月加紧进行最后的整改验收，努力让娃娃们如期上学。

金秋9月，是收获的季节。但我们的这个9月，却还在收获的路上。眼前难关在，困难大，矛盾多，希望有，要想如期收获，必须做到项目推进要齐心，层级协调要顺畅，人心斗志要坚强，凝聚成一股前所未有的崭新力量，形成克难奋进的合力。

于是，工地上、田野间、家里面，我们开始一同把犹豫、观望、等待、议论、埋怨抛弃，我们心无杂念地奔向收获，个个都在成为脱贫攻坚、战胜困难的奋进者、进取者、实干者，一声紧过一声的战鼓终于让他们演绎出和谐之美，形成发展之力、解民之困的优美交响曲。

古人言："岁暮景迈群光绝，安得长绳系白日。"岁月匆匆，时不我待，无论是为了扶贫的信念，还是为了脱贫的信念，都应该不待扬鞭自奋蹄。

国庆节督战

世界上有这样一些幸福的人，他们把自己的痛
苦化作他人的幸福，他们挥泪埋葬了自己在尘世间
的希望，它却变成了种子，长出鲜花和香膏，为孤
苦伶仃的苦命人医治创伤。

——斯托夫人

五一大假的奋战场景还历历在目，转眼又是国庆长假
了。时间过得真快啊，快得让人不知所措。

离彝族年只剩下 50 多天了，我们在去年 11 月 19 日
开工仪式上承诺过，一定要在这之前给老百姓一个美好的
新村。但目前 14 个项目，有 4 个进展比较缓慢，有 3 个项
目还欠着账。究其原因，既有天气的原因，也有施工队的
问题，同时在协调一些具体事情中，也拖延了一点时间。
但客观存在归客观存在，现在要解决的就是怎么赶上来。

第二章 这片热土，我们都是幸福的追梦人

135

在摸清甲甲沟村整个面上情况后，我与扶贫办商量，国庆节七天大假，不能休息，须分头到现场去督办。为了统筹协调，也考虑到扶贫办常年在一线，所以分成两批。先是由屈主任带队督战，第二批由刘建平副主任去接着干。我也给乡上此哈书记打了电话，对当前项目工作情况交换了意见，就是利用七天大假，集中力量、集中精力，对欠账太多的项目重点合围，一定不能拉总进度的后腿。同时，也给县委补书记打了电话，提出了我们的想法，说明整个国庆不放假，希望县上领导在国庆节到村里去一趟，把具体任务布置下去。国庆期间，由我们烟草局在普格的挂职副书记胡雁翼守在现场办公，协调一些具体事宜，通过组织上的加强，推动项目不断进展，把欠账的项目往前赶。

屈主任9月30日就赶到甲甲沟村，与乡党委书记、村书记在具体问题上进行了对接。因为在安全住房上，还有十几户进展慢，所以他用了四天时间，一家一户摸情况。特别是村里有一户人家，由于家里特别穷，也没有亲戚搭手帮忙，再加上身体原因，到现在还未找到对象，只有一个老母亲，也确实困难很大。屈主任与村书记商量，从村里挑选了几个身强力壮的年轻人来帮忙，被挑中的小伙子二话没说，到了这户人家马上投入最后扫尾的施工中，几天时间立马见效。屈主任老家就在离普格县不远的会东县，只有几十里路，他却四天时间都泡在了甲甲沟村。

刘建平副主任老家在广安岳池，老父亲病重，回到老家照顾几天，就托付妹妹精心照料老人，10月5日一早就出现在甲甲沟村项目督办中。他的任务是重点督办最后难点，紧紧盯住每天的进展情况，把施工队长死死咬住，让他一刻都不能停下来，国庆节七天必须要有一个大的变化。

扶贫办工作人员冯乐，身兼特补乡副乡长，放假前他抽空回了一趟家，匆匆忙忙把爱人和不满周岁的小孩安顿回绵阳老家，10月1日下午就回到了甲甲沟村，对开工的八个项目，一个一个过问，一个项目一个项目严查，一家一户的外观打造、内饰装修都严格把关。几天时间，把甲甲沟村整个情况写了一个汇报材料，上班后就交到了我的办公室。国庆节驻村乡党委副书记陈宗平工作做得更具体，协调事项更到位，因为他对情况摸得更准，大事小事他都看在眼里装在心中。虽然他言语不多，但是一个明白人，提出的建议都很实用，针对性也强，说在点子上，真是一个有心人。

国庆节的微信朋友圈是壮丽的、浪漫的，山水与古镇，海滩与天空，美食与美景。但甲甲沟村的整个国庆节是在忙碌中度过的，大家虽然没有休假，心里多少也有点抱怨。但是，当看到经过七天时间的苦战，争分夺秒把全村地下管网与每家每户下水道建设工期完成90%；看到幼教点一点点接近尾声，想着村里的小孩能在天冷之前入学，就觉得这个国庆过得更有意义。

10月的山水还没有枯，当站在村子的高处，我们看到下面的甲甲沟村越来越像"山水美大地"的画儿了，如果不仔细看，我们分辨不出来它和七天前有多大的变化，但我们知道，每一张让人赞叹的是画面背后，都是无数笔的涂抹和填充。我们苦一点累一点，又算得了什么呢？

扶贫是一场战役，而且要决战决胜，没有牺牲与付出就没有旧貌变新颜。没有攻坚克难、众志成城，哪有一个个的"山头"被搬掉，一个个的"堡垒"被攻克？参与脱贫攻坚的大军中，既有指挥员，又有战斗员，既有画手，也有调色员。因为每一个人身上都肩负着责任，心里装着初心与使命。习总书记讲道，在奔小康路上，"一个民族都不拉下，一个人都不能少"。我们在一线的同志就是两个"不能少"的具体执行者和实干者。

按下手印

当你想拼命完成一件事的时候，别人就不再是你的对手了，不管是谁，只要下了这个决心，他就会立刻觉得增添了无穷的力量。

——大仲马

2019 年 10 月 17 日，是第六个国家扶贫日。那天，习总书记再次对扶贫工作作出了重要指示，要求"咬定目标一鼓作气，确保高质量打赢脱贫攻坚战"。

在这一天，扶贫办的同志再一次前往甲甲沟村，主要是与施工方签订责任清单。

当时已是甲甲沟村帮扶的关键节点，扶贫办的同志与当地乡党委一道，把村里在建项目的施工单位叫到一起，共同召开进度推进会。

会上，大家聚焦风貌打造、幼教点、电力、交通四个

重点项目，进行了部署。从面上讲，推进的速度还不错，但有些项目还有不尽如人意的地方，过程中也遇到不少困难和问题。尽管县委加强协调调度，乡里具体执行，烟草人积极配合，即使做了大量细致基础的工作，但总感到在时间节点完成时限上还有点滞后。

会议的目的就是找出问题，制定解决办法，所以要求畅所欲言。于是大家敞开心扉分析了项目进度欠账的原因。

说实话，如果要问责，一线各方力量都觉得委屈。其实他们也很努力，也想了不少办法，但说起来很容易，可扶贫的过程不仅仅是提提要求，发发号令那么简单，必须具体细致真刀真枪，一步一个脚印去迈！

一直以来，烟草人对帮扶贫困和社会公益不遗余力。顶着一份社会责任，我们必须保证按期完工，时间绝对不能后延。为了"后墙"不倒，会上排出了更加细致的工期表，不仅落实到人头，更落实到每天的工作量。特别是对住房改造、污水管网、幼教点、安全饮水等项目做了严格细化的施工计划安排，同时也和施工方约定了时间，不得已的情况下，施工方要承担责任。

这次会议，我们专门针对施工队伍制定了责任惩罚措施，哪个不能按期完成，除天气、灾害等外力条件不可施工外，逾期完工将要罚钱。

一言九鼎，这是大伙儿共同决定的。

"怎么样？大家对刚才的安排认可不，有没有信心？"此哈书记郑重地问道。

"屈主任，此哈书记，你们放心，之前是因为天气的原因以及我们内部的问题，耽搁了施工进度，既然刚刚做了安排，我们就认了，一定按时完工。"污水管网的施工方讲道。

"是哈，为了扶贫，我们心也急啊，没得哪个愿意主动去把工期往后推，到时候还得罚钱！"负责住房风貌的老板也应声道。

"好！那就这样，按照今天的安排，大家在表上按个手印。君子一言，驷马难追，不要以为是搞到要哦！"此哈书记严肃地说道。

关键时候看担当。甲甲沟村建设走到今天这一步很不容易，在一片热烈的讨论之中，大家议定了时间、责任压到了具体单位和人头，参会人员纷纷传递着责任确认表，一个个鲜红的拇指印按了下去。

鲜红的手印，是庄严的承诺。

特补乡新村建设项目施工进度暨超期责任确认表

序号	项目名称	施工单位	合同竣工时间	乡党委、政府责任人		村两委责任人		施工单位承诺竣工时间	超期处罚金额（元）	施工方责任人签字手印	监理签字
				姓名	联系电话	姓名	联系电话				
1	甲甲沟村住房功能提升改造项目	四川合金建设工程有限公司	9.30	日黑此哈	13698267255	吉泽友合	18882061536	11.15			
2	甲甲沟村污水管网项目	四川世纪华承建设工程有限公司	9.30	阿牛拉模	13440197010	沙马子惹	18280618358				
3	甲甲沟村组通公路建设项目			日黑此哈	13698267255	吉泽友合	18882061536	11.15			
4	甲甲沟村幼教点建设项目	四川天发建设有限公司	2019.8.10	阿牛拉模陈宗平	13440197010 13881487905	吉泽友合	18882061536	11.15			
5	甲甲沟村安全饮水建设项目		2019.4.30	赵依发	13828866619	乃姑日呷	18011094686	10.30	3000		
6	甲甲沟村住房加固改造设项目			郑小龙	18328973428	沙马子惹	18280618358		3000		
7	特补乃乌村防洪提修复二期项目	四川邦辉建筑工程有限公司	2019.8.11	陈宗平	13881487905	曲木友初	15756816150	10.15	3000		
8	特补乃乌村道路恢复建设项目			龙志军	17840854c	吉伦子吐	15828779230		3000		

时间:2019年9月19日

按下手印后的一个多月时间里，甲甲沟村建设进度确实按下了"快进键"。扶贫办的同志跟我讲道，因为那个会议达成了共识，凝聚了力量，工作的部署更具体，大家有了抓手，特别是点对点落实了进度和任务。经过一段时间的艰苦攻坚，村里建设再次有了很大进展。新建住房风貌打造已过大半，彝族新年之前，风貌一期工程是可以完成的；村里的道路也加快了进度，已经从山上修到了山下，一路绵延到烟田，再有些时日，就能覆盖到幼儿园附近了；新建幼教点已贴好外墙，完成内装，开始着手原幼教点的重新翻新装修……大家扳着手指一件一件算清楚，甲甲沟村的几项重点项目都有了实质性进展，大大地向前推进了一步。

听到这样的好消息，一想到村里的路啊、幼儿园啊就要基本完工了，悬着的心这回才算可以彻底放下来了。我说："这段时间的成果，主要还是靠大家的努力，经过前段时间的总结和协调，看来现在是起到了成效。"

扶贫办的屈主任说："麻总，除了大家的共同努力，也靠您的指导，我们掌握了更好的方法。"听他介绍，这段时间，他们把主要的精力放在了重点项目上，重拳出击，实现了以点带面的突破，这就是"伤其十指，不如断其一指"的策略奏效。而且这次的进展主要还是得益于会上的约定机制，我们烟草局与施工单位达成一致，违约一天罚款 3000 元，这是真的罚！实施住房风貌的施工方，就因为延误工期被罚了几千块钱，是碰真逗硬，但罚款不是目的，目的是保持他们的紧迫感，把工作向前推。

但对他们罚款我们还是于心不忍，确实是有时工人不在，也不好找，有的三天两头请假，他们也没办法。扶贫办的同志在现场，都看到包工头亲自上阵了，搅拌水泥，脏活累活也在干。所以我们也不能让他们吃亏，干得好，我们也会相应的表扬奖励，保证他们应得的收入，他们挣的是辛苦钱，是血汗钱，我们心存感激。

马上就是彝族年了，我们按着红手印的那份责任书终于可以理直气壮地尘封在甲甲沟的历史里，取代它的是一个美丽的彝家新村的诞生，但是我们还要牵着它朝着"山水如画来，彝居美大地"的终极目标前进。

我们再加把油吧！

接力棒传下去

唯一能让故事圆满的办法，就是由你写下结局。

——夏日漱石

在决战决胜攻坚阶段，岁末年初之际，扶贫办常务副主任又进行了调整，屈建康刚刚干了一年又回到他曾经干过的部门烟科所主持工作了。因为屈主任在烟叶生产技术方面是专业人才，挂职普格县副书记的胡雁翼同志又归队了，他曾是扶贫办副主任，因为他过去长期在凉山工作，又挂职普格县，全省特别是凉山整个面上的脱贫攻坚他十分熟悉，也基于这方面的原因，党组研究让他接过屈主任的接力棒，任扶贫办常务副主任，这样就会很快上手，与大家一道继续战斗在扶贫的第一线。

从2016年初成立扶贫办以来，扶贫办已经历了崔力君、陈岩、屈建康三位常务副主任，胡主任是第四任。崔力君主任工作了一年，因为要到新的工作岗位任职，只好离开了。紧接着陈岩同志接任又干了一年多，因不幸身患癌症，实在坚持不下去了，就退休回家休养。屈建康主任又接过担子，他也是长期在凉山工作，对那里的山山水水、民族风情都有着十分深厚的感情，接任后上手快，人也很能吃苦。工作了整整一年，又回到烟科所主持工作去了。他离任后，胡雁翼本身就是扶贫办副主任，在普格县任副书记一年多，又挑起扶贫办常务副主任的担子。

一任接着一任干，每一次调整，好比接力赛一样，一个传一个，一任接一任。交在手上，都在冲刺，并加速向前奔跑。脱贫攻坚的美好蓝图，需要的是有一股劲、有一身力量、有一份责任坚持下去，每一任主任就是拿着画笔的人。

2019年年初，屈主任接过接力棒后，一年来，有十个多月战斗在扶贫一线，在烟田，在村里，在工地上，抓督查、抓项目，抓进度，与村民战斗在一起，雨天一身泥，晴天一身汗，没有节假日，没有身架子，一心扑在脱贫攻坚的"战场"上。特别是他把烟叶生产作为老百姓增收"造血"的关键项目来抓，把握气候特征，平整农田，修复烤房，勾画了甲甲沟村烟叶产业示范图，在此基础上，扩大生产亩数。当种烟户把生产的烟叶卖给烟草公司，当场数着崭新的人民币时，那脸上真正笑开了花。如今甲甲沟村的巨变有屈主任的功劳。

事业就是一茬接着一茬干，脱贫攻坚，决战决胜，人是关键。项目的推进，过程的艰辛，每一步都要付出超过常人的努力，因为，有时间节点，有目标完成时限，更有

老百姓早日脱贫、过上幸福日子的渴望与期盼。新上任的常务副主任胡雁翼在普格县挂职副书记，主要职能职责就是抓全县扶贫的工作，是书记、县长的得力助手。普格县的扶贫工作，也有他的一份贡献。

　　胡雁翼接过屈主任的接力棒，从凉山回来，又上凉山，从扶贫一线回到机关，又去了普格县。从扶贫办成立5年来，他就没有离开过决战决胜凉山这片热土。他说，我脸晒黑了，但黑得像彝族群众一样，成了他们中间一员；每当到了村里，就有一种回家的感觉，看到一座座新房盖起来，高兴地与彝族群众手拉手；每当听到幼儿园娃娃在漂亮、干净的教室里传出的读书声，高兴与快乐滋润着心田。2020年开始了，是决战决胜收官年，他信心满满，带着他的团队，奋战在甲甲沟村火热的攻坚战斗中，向着"最后一公里"冲刺，不获全胜决不收兵，"山水如画来，彝居美大地"的幸福新村就在眼前。

打赢收官战

奋斗这一件事是自有人类以来天天不息的。

——孙中山

时间过得真快，不觉日历又要翻到 2020 年了。2020年是脱贫攻坚的收官之年，更是决战决胜之年。越到最后都是硬骨头，都是难中之难，艰中之艰。硬也罢，难也罢，艰也罢，都必须啃下这个一座又一座山头，攻克一个又一个堡垒。

上班到了办公室，翻开当天的《人民日报》，上面刊登着习总书记对当前扶贫工作的指示，认真品味思考领悟每一句话的分量，特别是读到习总书记这一段话时，感慨万分，心潮澎湃。习总书记深情地说："我一直惦记着贫困地区的乡亲们，乡亲们一天不脱贫，我就一天放不下心来。"① 这是总书记的牵挂，是他深厚的为民情怀，也是他操心最多的一件大事。掂量掂量这一段话，足以让我们直接参与脱贫攻坚的同志，内心有一种不打赢收官之战，真是有愧于总书记的教导，有愧于老百姓眼巴巴的期望的感觉。

习总书记说："产业是最直接、最有效的办法，也是增强贫困地区造血功能、帮助群众就地就业的长远之计。"② 读了这段话，脑海自然联想起凉山州这么多年，我们烟叶生产真是地方财税离不得，老百姓收入少不得，行业发展缺不得的产业。凉山州是最适宜种植烟叶的地区之一，全省烟叶生产计划安排 350 万担，凉山就占了 250 万担，每年农民直接收益 30 多亿，每年上缴地方财政 30 多亿，是当地效益最好的产业，老百姓最满意的"摇钱树"。长期以来，烟草产业成为贫困地区脱贫的有力支撑。我细读总书记这句话，真是接地气，切中了农民增强造血功能的要害之处。

我们帮扶的特补乃乌村，也适宜种烟叶，只是土地贫瘠而分散，过去不大重视，农民的积极性也不高。在脱贫攻坚中，我们投资 732 万元，整理土地 700 亩，当年农民就有收入，一下子成了这个村的支柱产业。当地小伙子在外地打工，也闻"香"而动，立马返回家乡种植烟叶。吉伦里土当年种了 10 亩烟叶，就收入近 4 万元，这位年轻人告诉前来的领导说，我明年要扩大到 20 亩，争取收入突破 8 万元。你想想，农民一年能收入 8 万元，那日子就过得很"小康"了。

---

① 2018 年 10 月 23 日，习近平在广东省清远市连江口镇连樟村考察时的讲话。
② 2018 年 10 月 23 日，习近平在广东省清远市连江口镇连樟村考察时的讲话。

我的思绪一下子又飞到甲甲沟村，我们不但要把甲甲沟村建设成凉山这片热土上一颗璀璨的明珠，也要在烟叶产业发展上打一个翻身仗。现在我们有了试验田的经验，2020年要在亩数上不断扩大，也让烟叶产业成为农民脱贫致富的幸福产业，这个硬骨头一定要啃下来。

　　过了元旦，人们兴高采烈，再加一把劲就可以全面完工。然而，1月下旬，一场突如其来的新型冠状病毒肺炎疫情肆虐全国，也很快蔓延到边远的凉山，极大地威胁着人民的生命健康。同时，也对脱贫攻坚进度产生了很大影响。扶贫办同志给我汇报，本来新年要有新气象、新进展，眼看着收官项目可以如期完工了，但是面对严重疫情，甲甲沟村所有项目处于停滞状态，要冒险复工几乎不可能，当地政府也不允许，疫情防控是当前头等大事。

　　扶贫办同志虽然叹气，心情也可以理解，但心急也无济于事。当前甲甲沟村怎么办？是被动等待，还是积极作为？一方面因为疫情不能贸然行事，施工人员也找不到，另一方面无所作为也不是办法。

　　在两难之中，我们争取在某些项目中做到防疫与进度两不误。扶贫办与乡上、村上电话联系后，在严密组织下，选派一至两名技术人员在做好防护措施、确保万无一失的情况下，挨家挨户进行指导，让每一户自己动手按照统一标准粉刷外墙，装饰彝族标识；自建卫生间，安装进户自来水管，平整院坝基地等，总体上在安全住房以及安装附属设施上，不影响进度。扶贫办同志只有用电话与乡上进行沟通，掌握进度情况，商议个别问题的处理办法，非常之期采取非常之策，尽量确保不影响项目进展。

年味儿越来越浓

达人无不可，忘己爱苍生。

——王维

临近过年，新年的期盼和牵挂都装在心里，在扶贫攻坚的一线。临近退休，可扶贫工作击鼓催征，我心心念念。

2020 年的春节来得特别早。1 月的时候，我再一次来到普格，来到甲甲沟村，与扶贫办的同志一道，把甲甲沟村的住房清点一遍，为节前拨付住房第三笔款做好基础工作。

1 月的普格已然天寒地冻，如没有太阳出来，山里面寒气袭人，浑身冷得直打战。一旦太阳出来艳阳高照，阳光打在身上，就会感到很温暖，在村里晒一晒太阳，特别舒服。

进村之后，扶贫办的同志先去忙他们的事情，和乡上、村上的干部，分成四个组，从山上到山下，村里到村口，挨家挨户地走访，看看院坝硬化了没有，看看家里装修得怎么样，看看厕所、厨房是否达到标准等。这些住房配套设施、居住功能和环境，直接关系到老乡们的满意度。他们认真查点每家每户的具体情况，将其一一记录在册，让老乡自己确认签字，并一再嘱咐老乡，加快完善配套设施，早日在新房里度过第一个春节。

结束了挂职工作回到省局扶贫办的胡雁翼同志，再次来到普格这熟悉的战场，陪着我在村里走访看望老乡。我们一户户走访，老乡们有的在贴春联，上下左右，对得整整齐齐；有的在打扫院坝，这几年下来，爱文明、讲卫生的好习惯在一点点地养成，过年前要搞一次大扫除。还有的群众在摆弄腌制的腊肉、香肠，看到老乡的厨房里，肉都挂满了，坐在家中围绕桌子吃着坨坨肉，脸上洋溢着幸福的笑容。

而如今，每家每户都是这样，都能分享这种喜悦，真是"不愁吃、不愁穿"了。村口从外地打工回来的年轻人，大包小包地拖着行李，准备回家过年，村里的小孩在奔跑嬉戏，放鞭炮、做游戏……整个村里的年味儿就显得越来

151

越浓了。

　　这是年味儿，也是幸福的滋味。2月份，我就将退休，这也是最后一次到村里走走看看，看到老百姓这样欢天喜地迎新年，我心里就踏实了。想想特补乃乌村2016年那个腊月二十八，想想甲甲沟村2018年彝族年前一天的开工仪式，那个时候也是过年，又是过的什么年呀。老百姓开心吗？幸福吗？那个时候的年对村民来说，就是个坎儿，所以叫"过"，那是不容易的，是不堪回首的，现在的年才有"年味"，才看得见老乡的笑容……

　　扶贫办那边，从早上开始，把全村114套安全住房清点完毕，已经是夕阳西下了。他们从早到晚忙活了一天，不对，不是一天，是这么多年，工作在一线、耕耘在一线，这一天只是他们几年工作的一个缩影。但今昔一对比，换来了老百姓的好日子，我们所有的辛苦都是值得的。我们愿做一粒微尘，一朵浪花，一砖一瓦，铺垫成最坚实的基础，汇聚成社会主义大厦。

　　临退之时，分享老乡"年"的味道。平凡的事业，却让老百姓圆了小康梦。

第三章 》

人间连着天堂，
幸福生活是奋斗出来的

　　山变绿了，水变清了，蓝蓝的天空下，老百姓住上了崭新的房子，喝上了干净的水，腰包也鼓起来了，宽敞平坦的道路通到了家门口，太阳能路灯映照黑暗的天空……每个人都沉浸在圆梦幸福的欢歌笑语中。

　　从"遥望幸福"，到"追梦幸福""圆梦幸福"，两个村走完了她们的脱贫之路。如今村内道路平整宽敞，住房整洁明亮，村貌焕然一新，群众安居乐业。过去的村庄，从未像今天这样幸福徜徉；今天的村庄，比以往任何时候都接近小康！

最美"烟草"帮扶村

　　每个人心中都有一道美丽的七彩色，如同那美丽的彩虹，指引着我们走向幸福。

——佚名

　　2018年7月，扶贫办的同志接到一纸通知——《国家烟草专卖局办公室关于举办烟草行业第一届"十大最美烟村"和"十大最美'烟草'帮扶村"评选活动的通知》。这是脱贫攻坚以来，烟草行业首次评选扶贫上的奖项，大家都看到特补乃乌村这几年的变化，各级也给予了规格很高的表彰。中央电视台《新闻联播》也进行了介绍，是不是我们的特补乃乌村可以迎接大家的检阅了，争取在全国烟草行业一炮打响。

　　说干就干，扶贫办的同志开始着手准备相关的参评资料。细细看了一下评选的条件，我们觉得特补乃乌村应该"有

戏"：烟草为主，有一定的烟叶规模，资金投入占到该村扶贫帮扶资金的50%以上；脱贫效果好，村民脱离贫困线；按照要求派驻干部；村容村貌彻底改观，全村生产生活条件焕然一新……对比这些条件，特补乃乌村是我们的定点帮扶村，资金、项目、干部队伍，每一项都是实打实的投入，同时特补乃乌村有700多亩烟叶生产基地，是名副其实的烟草产业村，加上这几年来，中央电视台、新华社等中央媒体多次报道特补乃乌村的脱贫事迹，让村子已经小有名气。

7月底，扶贫办的同志带着厚厚的资料和特补乃乌村的纪录片，飞往北京参会。在这里，将与全国其他烟草同行的帮扶村进行擂台赛。那真是千帆竞发，百舸争流。

全国每家单位都使出浑身解数，要把自己帮扶的贫困村展示出来。各省拍摄的片子八仙过海、各显神通、富有特色，他们有的村帮扶历程感人、有的投入资金量巨大、有的环境优美、有的成果显著……

就是在这样全国行业上百个村之中，最终入围了包括特补乃乌村在内的30个村。

第二轮的比拼中，竞争更加激烈。云南烟草对帮扶村的投入超过5000万元，也是整村帮扶，将全村方方面面都纳入进来，全村的面貌焕然一新。湖北烟草的帮扶村名气很大，已经在中央拿过脱贫攻坚的奖项……

临近傍晚，我接到北京传来的喜讯："麻总，我们四川烟草的定点帮扶村——特补乃乌村，以总分第一名的佳绩成功当选'滕王阁'杯第一届烟草行业'最美烟草帮扶村'。"

特补乃乌村全景图

　　听到特补乃乌村脱颖而出，我高兴的泪水在眼眶中打转转。听扶贫办的同志介绍，我们之所以能夺得第一名，是因为扶贫办同志现场流利的解说给大家留下了很好的印象；同时，我们在会议现场给大家播放了《遥望幸福》——特补乃乌村的扶贫纪录片，整个画面和内容深深地打动了在场的评委老师，给他们留下了极其深刻的印象。

　　听了之后，我的心久久不能平静，脑海一下子浮现出了一幅幅特补乃乌村的画面：那年腊月二十八的第一份签约协定；特补乃乌村扶贫项目破土动工场面；一个项目一个项目向前推进的艰辛历程；我们扶贫办的同志不辞辛劳每周去督战，现场办公、解决问题的身影；前些时候特补乃乌村获得省上大奖的那一份喜悦，自然也揣测到比赛现场激烈角逐的画面……这一组组画面历历在目，且在眼前

一幕幕地浮现、再浮现。

听到这个好消息难道不高兴吗？付出没有白付出，努力没有白努力。总是有一份丰收后的喜悦和激动。当然，我们也不是非要争个高低，既然国家局组织这样的活动，也是一个正向激励，看看各单位在党中央发出决战决胜脱贫的战斗中，烟草行业表现得如何，以此检阅烟草行业各单位参与扶贫取得的成绩。

事非经过不知难，只有我们自己才知道这个第一的分量，以及这背后的辛酸滋味。习总书记讲，幸福是奋斗出来的。特补乃乌村的今天，正是凝聚了烟草人奋斗的心血。

遥望幸福的特补乃乌村，已经蜕变为"最美烟村"，这是对奋斗在扶贫一线的烟草人最好的褒奖。

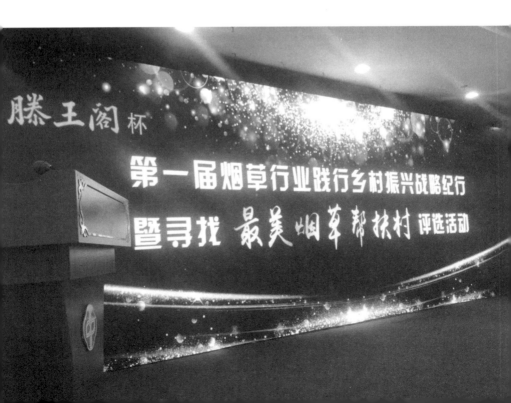

产业花开

> 求木之长者，必固其根本。欲流之远者，必浚
> 其泉源。
>
> ——魏徵

习总书记指出，产业扶贫，是脱贫攻坚的根本之策。

过去，甲甲沟村是远近闻名的贫困村，根本原因不在于交通（甲甲沟村反而具有交通的区位优势，距离主干道很近），而在于没有产业造血，没有拿得出手的农业产品。

放眼整个凉山，对于贫困村来说，缺乏产业是一项通病。过去几年，参加省里的交叉督导考核，我也走遍了凉山越西、喜德、昭觉、冕宁、金阳、布拖、盐源等其他大部分的贫困县。这些贫困地区，有些有一定的产业基础，但形成不了完整集中的产业实体、产业链，整个产业发展在市场竞争中处于无序状态。

与县里的同志一交流，全县一年财政 1 亿左右，但转

移支付接近 20 亿，这一方面看得出中央的的确确把资源向贫困地区倾斜。但另一方面，说明我们贫困县、贫困村的经济造血能力是真需要帮扶。很多村里，就是家家户户零星种着几亩玉米、几亩土豆，勉强能够对付着过日子，何谈致富奔小康呢？甲甲沟村也是如此，村里多少年以来传统种植养殖业，规模小，收益低，管理程度较为粗放，收成能够填饱老百姓肚子就算不错了。

自从帮扶甲甲沟村开始，我们就定下了甲甲沟村"五化"发展目标，其中之一便是产业化支撑。就想着不仅要弥补基础设施短板，更要持续脱贫、稳固脱贫，要做到这一点必须要发展产业。

刚起步没基础怎么办？那就从我们熟悉的烟叶产业入手。村里本身就种有烤烟，但种植技术水平不高，烟叶基础设施配套不完善，土地零散没有规模等，这些问题困扰着烟农。要做到精准帮扶，精准施策，就要围绕这个问题一项一项去改变。

屈建康主任作为烟叶领域的专家，很快把这件事提上了日程。我们从行业的自身优势出发，考察了村里具有种植烟叶的光、热、水、土等自然条件的集中连片区域。甲甲沟村也是高海拔地区，2000 米左右，山地烟的条件基本能达到，屈主任就带着烟科所的专家们现场会诊。屈主任手把手指导当地烟农掌握种植烟叶技术，帮助解决烟叶病虫害预防和治理。他还动员鼓励县烟草局的技术人员进乡进村开展技术指导。白天在现场进行教学，晚上没事的时候，就把烟农和有兴趣的群众召集起来开"坝坝会""农民夜校"，让大家迅速掌握关键技术，做到科学种烟。基础配套不行，省公司烟科所的肖勇所长和凉山烟草的郭明全局长高度重视，多次到现场研究相互沟通，帮助解决问题，对机耕道、土地整理等各项烟基工程非常上心，一个项目一个项目抓落实。

就这样，在大家的共同努力下，村里打造出了 300 亩集中连片的高质量烟叶种植示范园，一条产业造血的发展路径逐渐清晰起来。远远望去，300 亩烟田土地平整，绿油油地绵延展开。这片烟田不仅是老乡们劳动耕耘的战场，更承载着他们沉甸甸的脱贫奔康希望。

8 月，是收获的季节，也是烟叶采摘烘烤的季节。300 亩烟田初具规模，烟叶长势喜人，在烟叶专家的指导下，甲甲沟村烟田喜获丰产。但这离成功还差一步，那就是专业化烘烤的技术掌握。在这方面，过去每年都有烘烤失败的一些个例，因为烟叶烘烤对时间长短、火候、温湿度等，都有严格的要求。一不留神，一炕烟就失败了，烤出来的烟要不就是青筋明显的青烟，要不就是烘烤过度，烟叶成分薄，缺乏水分。总而言之，这临门一脚也是一门技术活。好在大家有基础，又有专家、烟技员的耐心指导，经过一道又一道的工序，初烤的烟叶可以到烟站如期交付了。

老乡们很开心，数着花花的票子，心里乐开了花。这是自己挣的劳动钱，种得多一点的，一年能有好几万收入，大大超过了贫困线。

除此之外，扶贫办的同志们还继续带着大家探索多元产业，在烟叶之外，又打开了一条多元增收的门道，走出了一条主业主打，多元增收的路子。

扶贫的战场就是希望的田野。烟叶收成之后，村里又开始种上秋豌豆、冬小麦等。远远望去，80 亩秋豌豆、80

亩白萝卜、100亩麦子、100亩玉米，空间分布合理，时间前后接续，刚好是烟叶采收完的季节，烟田轮作，播下多元增收的种子。作为烟田轮作的后茬作物，与烟叶种植无缝衔接，既增加了农民的经济收入，又改善了烟田土壤环境。

未雨绸缪，屈主任他们早早联系好了收购的下家——益民超市。上游农产品质量有保证，下游益民超市订单收购没问题。抓好了一头一尾，盘活了农产品资源，壮大了集体产业经济，实实在在增加了老百姓的收入。

不驰于空想，不骛于虚声，精准扶贫，来不得半点虚言妄作。只要心中有人民，就能平中见奇，陈中见新，朴中见效，做到无愧于民。

在希望的田野上，农民盼望着、盼望着，绿色之园成熟了，收获的脚步近了，劳动致富、产业增收的梦就要实现了。

千亩烟田金灿灿

乡村振兴要靠产业，产业发展要有特色。①

——习近平

千亩烟田千里香，产业百花竞开放。

遥望甲甲沟村的一片产业花开，思绪回到当年的特补乃乌村。在特补乃乌村产业发展的道路上，土地整理功不可没。

那是 2017 年的春天，刚刚开始帮扶特补乃乌村的第二年，村里的集体经济缺乏产业支撑，扶贫办和乡里此哈书记就商量着，将村口那一大片土地进行整理，用来发展烤烟和多元种植业，增加群众的收入。

那是一片七八百亩的土地，分属几十户群众，土地很

---

① 习近平总书记在海南省海口市调研时的讲话。

分散、凌乱,全是一小块、一小块的,无法进行大规模的种植。这么好的地儿,就这样小打小闹挺可惜的,所以土地整理就提上了日程。

要整理土地,就先得集中;要集中,就先得流转。为此,此哈书记和当地的乡村干部,以及县烟草公司的同志开始挨家挨户去做工作,希望大家能够支持,将土地流转出来。他们耐心给大伙儿讲利弊、讲得失,告诉大家可以通过土地流转得到相应亩数的租金,还可以让大家优先到土地上去打工,挣取劳动报酬。

起初工作是很不顺利的,一部分群众对这些政策仍然不是很理解,总觉得自己的地没了,但我们没办法和老乡们讲所有权、承包权、经营权"三权分置"这些理论性的概念,他们听不太懂,云里雾里,但可以讲收益,讲清楚他们的权、责、利,告诉他们如何挣钱。慢慢地,特别是有十几户村民代表非常支持,整个工作变得顺利多了,大家从不理解变为理解,最后都支持这项工作。所以,做好农村群众工作,就是要抓两头,一头是正面典型,一头是"钉子户",以正面的榜样去带动,啃下最难啃的"钉子户",中间的大部分群众都会顺势而为了。

做好了群众的工作,关键是实打实地去落实。这项工作省、州、县三级烟草局层层发力,特别是凉山烟草局投入 747 万元,郭明全同志带领州、县烟草战线的同志们,在第一线真抓实干,强势推进,土地整理的速度和效果非常好。凉山州局分管烟叶生产和扶贫的王剑副经理,与大家共同研究制定了工作总体安排和日、周、月工作量清单,要求乡、村每周都要上报工程进度。同时,我们将土地划分为从 A 到 J 共计 10 个区域，每个区域每周、每月要完成到什么程度，都进行了明确要求，快了、慢了，哪里低于标准了，哪里得过且过了，都纳入严格的管理之中，既坚持结果导向，也注重了过程管控。

一时间，特补乃乌村的土地上从来没有这么热闹过，各类挖掘机、吊车云集，火热的土地整理场面十分壮观，土方挖填、浆砌石埂、土地平整、土地翻耕、机耕道和沟渠建设……一项项的工作有条不紊地进行。

时间来到 2017 年的 5 月，土地整理工作终于抢在当年烟叶移栽之前完成了。如今，我们站在山上远眺特补乃乌村村口梯田式的土地，真是一道风景线。土地由分散变为集中，凌乱到整齐，小块到大块，加之配套的机耕道路和沟渠等，移栽好的 750 亩烟田一眼望去，绿油油，气势恢宏，整齐划一，是普格地区难得一见的大片平整土地。

当烟叶烘烤结束后，这里也成了多元种植业的战场，

发展种植秋冬季节作物、大棚蔬菜，特补乃乌村的产业慢慢有了起色，群众的钱包也越来越鼓了。可以说，特补乃乌村的先行先试，为甲甲沟村产业提供了非常好的发展思路，初期的工作要慢慢来，把头开好，不能想着一口吃个大胖子，而要循序渐进，久久为功。

特补乃乌村土地整理工程，为当地产业的发展奠定了良好的设施基础。我们也应该记住这样一群人。那一段时间，省、凉山州、普格县三级烟草局的同志大战百天，日夜攻坚，在这片战场上挥洒着汗水。凉山烟草扶贫办的方元会主任、杨艳华小姑娘，还有普格县烟草专卖局的杨邦华局长、李世惠书记、张展主任等，他们为了协调和推进土地基建上的事儿，长时间在村里奔波忙碌，带着施工队伍搞测量，协调挖掘机，督导任务进度，大家都很上心，也很是辛苦。但看着群众通过劳动后得到收益，数着崭新的人民币那一瞬间，他们那心情、那笑声是多么地爽朗。因为，他们帮助老百姓走上了一条长远的生财之路！

传递无疆大爱

拥有爱是幸福，给予爱是快乐。

——佚名

在脱贫攻坚之中，消费扶贫是除了产业发展之外，另一种直接带动群众增收的好办法。实施消费扶贫，有利于动员社会各界扩大贫困地区产品和服务消费，调动贫困人口依靠自身努力实现脱贫致富的积极性，促进贫困人口稳定脱贫和贫困地区产业持续发展。其实，消费扶贫和产业发展是一体两面，一个对接上游产业的振兴，提供源头商品供给，一个对接下游的社会市场，满足消费者需求，实现产品变现。

这是个好办法，意义也长远，农民愿望也迫切，但真正实施起来也是很有难度的。比如，产品质量、价格、运输成本、货源组织、单位及职工的需求以及意愿，一些具

体问题都摆在面前，搞不好成为大家一种负担，甚至个别人还私下会说上几句风凉话——价格贵啦，质量、成色不好呀，只能解决一时，不能管住长远呀……

对于我们来说，消费扶贫是帮助贫困农民走出贫困的一条途径，但任务是艰巨的。从国家烟草专卖局层面讲，我们对国家局定点帮扶的湖北、江西、宁夏等地区，要签订采购意向书和合同，要求行业食堂、工会等优先采购当地农产品，发动全国烟草行业干部员工，积极开展个人自愿购买，助推当地脱贫攻坚。同时，就省内而言，各个市（州）、县烟草局，都有自己的定点帮扶单位，也有产品销售的任务，但我们采取了有效的办法，把农民种植的产品变为商品，大家帮助贫困地区编制扶贫产品名录，运用电商平台，建设"社区扶贫商城"，按照食堂优先采购、个人积极购买的方式，加强扶贫产品购买力度，破解农产品滞销难题，增加销售收入。几年下来，大概累计购买了消费扶贫产品几千万元。

特别是 2020 年，由于受到疫情的影响，我们帮扶的普格县，老百姓的农产品滞销严重。比如"螺髻山五道红"草莓品质优良，风味独特，深受消费者青睐。然而由于受新冠肺炎疫情影响，让本该在立春时节坐收"利市"的草莓销售变得惨淡，贫困群众收入和当地产业发展受到严重影响。果农急呀，眼看着成熟的草莓卖不出去，大片大片地烂掉，却不知所措，眼里流下心痛的泪水，没有任何办法。

听闻此消息后，我也痛心不已，十分着急，立刻与扶贫办的同志商量，要为普格县的贫困群众做点事情：向全省行业干部员工发出倡议，伸出援助之手，积极自愿购买

"螺髻山五道红"草莓，让单位食堂与员工自发多买一些，解决燃眉之急。

于是，当天扶贫办的同志就起草好了《至诚同心助力扶贫——致全省行业广大干部员工的倡议书》，讲明草莓滞销的现状，草莓的特点，义举的意义，行动的迫切，希望干部员工积极通过"诚至诚公众号"购买。经过审核，一经发布就得到了大家的积极响应。据统计，草莓在"诚至诚"微商城上线首日，订单就突破800单，累计销售3000余斤，当天就帮助果农挽回经济损失约9万元。

近几年来，无论是平时还是非常之时，无论是凉山的扶贫产品也好，还是其他地区的扶贫产品，我们走出了一条差异化产品扶贫之路。就是编制年度计划，分类指导产品季节、数量、价格、需求明细表。单位职工具体对接每种产品的类别、时间及农户，分析产品市场反映，改进提高管理运营模式和相互沟通的信息机制，通过一系列的手段，真正让贫困地区的农民成为长久造血个体，经济来源得到基本保证。展望乡村振兴战略，我们烟草人一定会以消费扶贫的方式，继续为贫困群众传递无疆大爱，促进贫困地区上游产业的根本兴旺。

排　污

地下管道，是一个城市的良心。

——雨果

　　曾经的特补乃乌村与甲甲沟村，祖祖辈辈生产生活污水横流，粪便也是随处可见。走进村子，密密麻麻的蚊蝇肆无忌惮地四处乱窜。如果说村里房屋的破败，只能让你视觉上心灵上产生震撼，那污浊的空气，熏天的臭气就要让你从生理上心理上望而却步。

　　卫生条件是文明社会的重要标志，要建设成美丽新村，排污管网就是环境打造的主要硬核。

　　为了彻底解决这样的问题，把两个村建设得更美好。我们借鉴城市思维超前谋划，率先在特补乃乌村确定了建设地下管网排污工程项目，这应该是一件非常好的事情。所谓地下管网，就是把老百姓生活中的废水脏物，通过管

特补乃乌村排污管道

道排放到污水处理厂，进行集中过滤处理。我们希望用这一手段，促成彝族群众的良好生活习惯养成。

　　面对这些新鲜事物，村里大多数人都没见过，一开始也不知道是好事还是坏事，能不能办得到。有个别群众觉得管道要铺到自己家里，占了自己的地盘，认为是多此一举，嫌麻烦，更是怀疑这东西有什么用，能坚持多久，所以极力反对；村里的吉伦里土是个年轻人，倒是对这事儿十分支持，他在外打过工，见过世面，他觉得铺上地下管网，那就真的是过上了城里人的生活；有的则认为农村始终是农村，搞排污管耗时费力，华而不实，不切实际，觉得烟草公司钱多得没地方用了。

　　庆幸的是，赞同叫好的人还是占了大部分，虽然没见过，但是听上去很美，谁不愿意过上更好的日子呢，何况人家

烟草公司考虑得一定是周全的。经过这些群众的劝说，再加上乡里干部的再三解释，不同意见的群众都不再反对了。

老百姓认识上去了，推进排污项目的具体实施，自然就是顺风顺水。我们这边将一根根的管道科学有序地送进群众家里，那头又把这些管道和外面的主管道连接起来，主管道是埋在地下的。室内生活的污水、粪便通过管道进入污水处理厂，全村的污染物集中在这里统一处理，每天运转，让全村的生态环境有了保障。

当然，在特补乃乌村地下管网的建设过程中，我们还是走了一点弯路，说实在一点，就是对项目进行了返工，说好听一些也就是改进与完善。所以在甲甲沟村地下管网建设、厕所进行修建上，吸取了特补乃乌村留下的教训与经验。

什么教训与经验呢？一开始我们把情况想得简单了一些，只思考了建成和使用的问题，而忽略了彝族村大家好习惯养成的艰难。在建成使用中，不少老百姓往往把屠宰家禽牲畜后产生的皮毛、内脏，直接通过管道排出去，造成主管道堵塞。甚至有个别老百姓一遇到排污不畅，就把连接家里的支管拨开，这一来又是脏水满地。出现这样的问题，说实话就是我们在地下管网建设中有点理想化，根本没有考虑到"人"这个变量，简单认为只要有了排污管道，老百姓就会像城里人那样，自觉地不把脏物倒进去。所以我们在主管和分管的设计上尺寸估计不足，埋的深度也不够。

出现这些问题后，我们及时完善了设计方案。首先我们的目标是：对全村300多户一一进行排查，确保每家每户从管道排出的是污水，而不能夹杂着脏物和废物。为此我们选定了三户人家作为先行试点，在偏僻处挖一个更大更深的化粪池，各种污水沉到底下，脏水到一定标准后自动流出去，管子也就不堵塞了。收到效果后，我们马上给每家每户投入了 2000 多元，进行全村整改。我们对已经破损的主管道和一家一户的支管道进行一一恢复，对堵塞的主管道进行了彻底清理，保证了脏水畅通地流进污水处理厂，美丽新村又再度呈现。

有了前面的经验，在甲甲沟村实施的时候，我们对地下管网怎么建，管子直径用多大，管子怎么走，埋到什么

甲甲沟村排污管道建设

程度，一家一户怎么落地，建设后怎么使用管理，都进行了科学的规划和专业的设计。因为有了前面的经验，推进的过程比特补乃乌村就顺利多了。

地下管网铺设好后，院子卫生了，牲畜的圈舍臭味消失了，生产生活污水再也不愁没地方倾倒了。有了地下管网的便利，谁还愿意终日和臭味为伍呢？彝族老百姓慢慢发现，空气清新了，身心也愉悦了，难怪城里人为了治理雾霾宁愿停工停产，原来良好的空气质量也是最高的生活享受。

环境那么好，形象也要配得上。甲甲沟村的人逐渐意识到，要跟上城市人的脚步，还要缩短文明的差距。所以也逐渐讲究起来，在不知不觉中开始改变。

习惯的养成，风气的形成，卫生环境治理，这就是一个难攻的山头，就是一个看不见且很难搬掉的堡垒；搬走了、攻克了，就是越过了障碍，省委提出的"养成好习惯"的目标就能落地生根。

特补乡乡党委书记此哈说："我们做梦都没想到，两个贫困村像城市一样有地下管网，以后村里就没得臭烘烘的味道了啦！"地下管网成了全县贫困村的亮点工程。看到污水一下子排走了，老百姓都"卡莎莎（谢谢）"，竖起了大拇指！

小厕所"大革命"

鲜花因芬芳而美丽，人类因文明而进步。

——佚名

民生小事大情怀。一个公共厕所，在这个偏远的彝族乡村是文明进步的尺度。

一直以来，彝族村寨的如厕难都是难点痛点。过去，彝族乡村里从来是没有厕所的，所以形成了"就地解决"的不良习惯。这种方式在冬天还好一些，到了夏天到处都是臭烘烘的苍蝇满天飞，不小心踩上了"地雷"，就非常尴尬和恶心了。记得有一次我去一个村里督导检查，脏乱差就不说了，小路两旁公共地方隐蔽处，到处看到人畜的粪便，被水泡湿了又被太阳晒干的便纸到处都是，我完全是闭着气快速通过的，但即使走了好远，脑子里也是翻江倒海，不得不赶紧点上一支烟。

每次我到村上，都觉得上厕所是个难题，公共厕所吧没有，去老乡家里吧也不是很方便。而且在我们援建之前，很多老乡家里是没有厕所的。即便是有，也几乎都是厕所、猪圈、厨房相邻，厕所就是木架子，两只脚就踏在上面，大人还可以，小孩就太危险了，去内急解决的时候，脏水溅一屁股，真是臭呀，那些气体熏得都可以让人晕过去。所以每次进村前，都要尽可能解决了再去。

当然，让我震动最大，也最难忘的是 2017 年夏天看到的一个场面。之所以我到现在还记得大致的时间，是因为也正是那个画面，让我在甲甲沟村的建设规划设计上，总会把"厕所革命"作为重点项目放进去。

那天我是督导一所偏远小学的改建与完善工程，走进厕所，那粪便都溢出来了，大堆的蛆虫在污水中蠕动，苍蝇爬得到处都是，根本无法再使用。难道咱们的学生们就这样使用厕所吗？不知道这会给他们留下多大的心理阴影啊，如果不改变这最基本的生活卫生硬件，等他们长大成人，谁还愿意留在自己的家乡？

"厕所革命"是标尺，也是一道"考题"。习总书记高度关注"厕所革命"，要求坚持不懈推进，努力补齐影响群众生活品质的短板。而少数民族贫困地区的厕所问题，更是重中之重。

当时省委就提出"四好新村"建设目标，其中后两个要求，就是让彝族群众养成好习惯，形成好风气。只有把每家每户厕所建好了，就给他们养成好习惯创造了物质基础。如果不给他们建厕所，能养成好习惯吗？不设计地下排污管道、污水处理厂，能保证村里的卫生吗？我们把厕所作为一场战役来打。这不仅是习总书记的要求，也是让老百姓养成好习惯,打造环境优美的现实需要。我个人认为，厕所不仅是一场革命，更是一种文明的象征，它也是现代生活必须要解决的问题。

因此，在推进特补乃乌村与甲甲沟村建设中，我们把厕所作为一项重要工作，将家家户户建成人畜分离、可以冲水的厕所。每一户卫生间设计美观、方便、实用，从洗头、洗澡开始，逐步鼓励、引导大家养成良好习惯。

最难的是农村公共厕所的选址、设计建设，这真是一件头痛的事。群众去广场活动，参加篮球比赛、跳广场舞，需要一个方便地方，但村里修公共厕所，说实话难建，更在难管。怎么建？怎么设计？继续修旱厕吧，旱厕臭烘烘的画面历历在目；修水厕吧，需先解决水源问题；安装蹲便器，村里老人很不方便；安装坐便器吧，很多人都不习惯……想了很多办法，高大上不现实，缺乏标准和美感也不行。大家也许不会相信，反反复复多少次，一个公共厕所整整修建了两三个月才拿下。

但是公共厕所建好之后，培养大家形成文明健康的习惯，又是一桩难事。有些人的习惯一下子改不过来，不愿意去公共厕所；有的上完厕所不冲水，提起裤子就走。还有极个别破坏公共设施，这种行为不但可气，简直是令人发指，但也没有更好的办法来约束他们。改变多年来"粪便乱拉、小便乱撒"的生活习惯，真是一场革命。

针对这些问题，村里面只能耐心劝说，积极引导，加强维护管理，同时挖掘宣传一些典型、鲜活的案例，分享养成好习惯的意义。所谓"小厕所、大民生"在这里确实如此。

小康不小康，厕所是一桩。这么多年来，在这些偏远少数民族地区，农村一家一户在"公共厕所"问题上欠账太多。直到现在，我都认为厕所革命在农村是难事，改变彝族群众多年的生活习惯难上加难，且过程是十分漫长。但再难，我们也要尽力来帮助他们适应和改变。只要管理跟上，人员素质提升，就会缩短习惯养成的时间。

面对全面建成小康社会和大力推进乡村振兴战略，农村厕所问题解决了，人们也形成好的生活习惯，这才是真正的一步跨千年，是真正意义的美好生活。文明之光会照到这片热土上，到处盛开着文明之花，漫山遍野都吹拂着一缕缕和美的新风，我想不太遥远了。

特补乃乌村修建公共厕所

山美水美人更美

人创造环境，同样环境也创造人。

——马克思

改善乡村环境，建设美丽宜居乡村，是乡村振兴战略的重要任务。让乡村成为生态宜居的美好家园，让老百姓望得见山、看得见水、记得住乡愁，是实现乡村振兴的题中之义。

良好生态环境是最公平的公共产品，是最普惠的民生福祉。然而，从掌握的数据看，目前全国还有近四分之一的生活垃圾没有得到有效处理，80% 的生活污水没有得到管理……习总书记说，要结合实施农村人居环境整治三年行动和乡村振兴战略，建设好生态宜居的美丽家乡。这一工程意义重大，兼顾环境保护和经济发展，是绿色发展理念在农村的生动实践，兼顾环境整治与农民增收，是以人民为中心思想的生动实践,兼顾近期目标和长期目标,是"一张蓝图绘到底"的责任使然。

回想我们的特补乃乌村、甲甲沟村,过去是"垃圾靠风刮、污水靠蒸发、屋外脏乱差",而今天"污水有了'家',垃圾有人拉","雅居美庐,满目叠翠",这是一件多么难以置信的事情。除了污水,我们再说个垃圾的故事。

记得刚开始的时候,两个村的路都是泥巴路,一下雨就没法走,不下雨的时候,风一吹全村就是风沙,哪有什么山美水美的感觉。后来硬化路一修,整个路面干干净净的,唯一不足的地方,就是道路两旁仍然有脏乱差的现象。我们经过那里,堆的全是建筑垃圾、老乡的生产生活垃圾,空气中也有一股难闻的气味。于是,我们找来村里干部沟通,寻求解决办法。有一次,我拍着肩膀,对村里的有火书记讲道,现在不像以前了,路修好了,两旁的环境也要更美才行,不然怎么叫"山水如画来"呢?所以必须要赶快将垃圾处理掉,补种上适宜当地的花草,栽上各种树木,营造出满目青山夕照明的盛景。

有火书记言语不多,但执行力很强,说干就干,动作挺快的。我离开村里的第二天,他们找来垃圾清运车,将散落在地上的垃圾一车一车全部运到村外的垃圾处理厂。清理干净了,就开始平整土地,把两旁的路也打扫得干干净净,平平整整。同时,我们烟草人与县上沟通之后,发动老百姓一起种植蓝花楹,用双手打造美丽新村。小树苗运进村里,一棵一棵开始排列在道路两旁,村里指定了专门的保洁员,负责清洁卫生,为小树苗施肥浇水。如今漫步在村里,甲甲沟村村口的 216 株蓝花楹迎风招展、交相辉映，那是优雅的代名词。

　　垃圾的小故事，是村里山美水美的缩影。凉山这样的山山水水，不仅体现在小小的垃圾处理上，还在更多更为广阔的大山大河之间，通过决战脱贫，精准帮扶，多姿多彩的美丽乡村，像特补乃乌村、甲甲沟村一样，气象万千的美丽凉山会成为人们向往的地方。

甲甲沟村全景图

好风气是慢慢养成的

人之寿夭在元气，国之长短在风俗。

——佚名

　　凉山是全国最大的彝族自治州，彝族有自己的文字，历史也久远，是一个能歌善舞的民族，张口就会唱歌，而且动听悦耳。到了盛大节日，他们穿上传统的彝族盛装，女人们靓丽动人，男人们奔放豪爽。但日常生活中，他们固有的陋习沉淀在骨子里，特别是边远农村就更是根深蒂固。比如：不洗手、不洗澡、不洗脸、不洗衣服、不洗被子。听起来，似乎有一点不太相信，但实际情况就是如此。对城里人来讲是必须的生活习惯，对他们来说，就是一个天大的不习惯。

　　省委结合凉山的实际，提出了"住上好房子，过上好日子，养成好习惯，形成好风气"的"四好"目标。而且省、州都提出，改变风气，养成习惯，务必要从"五洗"着手，努力实现"养成好习惯，形成好风气"的要求。

"四好"目标的要求，要的是凉山不仅硬件上要摆脱贫困，精神层面更应提升。为此，我们与县上制定了乡村风貌和习惯养成两手抓两手硬的方向。在帮助老百姓盖好房子、修好路、整理好河道、安装好太阳能路灯、铺设好地下管网、建设好污水处理厂等硬件设施的基础上，我们开始下大力气营造"文明、礼貌、干净、和谐、向上"的文化氛围。

我们在现场与郭部长研究，怎么在风气养成上下点功夫，目标怎么确定，用什么载体体现出形式与内容的相配套。我们在反复讨论的基础上形成了具体的方案，制订出可行的办法。我们觉得要形成好风气，必须要建设一个阵地，才能产生吸引力，把大家凝聚起来。我们烟草人投入400万元，用7个月的时间，为特补乃乌村建了一座设计合理、功能齐全、富有特色、美观大方的村民活动中心。

坐落在村中间的活动中心共分两层，面积有900多平方米，有村幼儿园、农民夜校、党团活动室、荣誉室、医务室、小卖部、篮球场、娱乐活动场所，还有村文化广场，形成了一系列彝族文化符号、文化标语、文化图形、乡村公约等，并做到彝汉双语。通过建立各种场所，营造一种长期可用的文化阵地。老百姓说，这些从来都不敢想，也想不到的，国家却都帮我们实现了。

风气的养成，还在于让健康向上的文化元素内化于心，形成自觉的认知。怎样把这种先进的、向上的语言文化播撒到每家每户，滋润每个人的心田，这给我们提出了新的思考。

特补乃乌村文明公约

　　为此，乡、村在县委宣传部指导下，根据每家每户的情况，挑选出了一百多条家训、格言、警戒语，做成宣传板，家家户户上墙。组织人员挨家挨户进行宣传讲解，让他们听得懂，记得住。

　　不要小看这种方式，我到村里也抽查了十几家，大部分都能记住，也能说出个道道来。我想持久抓下去，就会慢慢在老百姓的内心催化滋生出正能量。久而久之，好的风气就会逐渐形成，一种氛围会浸润到每个人的灵魂深处。

　　彝族群众生活习惯的养成也是一道坎，真正做到"五洗"也比较难办。如何解决这个问题，我们也是从两个方面入手。

　　一方面，硬件是培养习惯的基础。全村300多户，都按设计要求修建了洗澡间，统一规划，统一样式，统一安装，统一调配，仅这个项目，我们就投了100多万元。洗澡间有了，水从哪里引来，热水又怎么解决？我们又给家家户户安装了水管和太阳能热水器，这两项加起来，我们烟草公司又投入近200万元。老百姓看到烟草人这么用心帮扶他们，真是感动不已。

第二个方面，怎么引导老百姓慢慢从不习惯到习惯。水引到家里了，他们要做到经常洗手，天天洗脸，衣服勤洗勤换。而洗澡的关键是他们要会洗澡，愿意洗澡。这些小事不小，让他们习惯起来一定要有耐心。

为此驻村书记和乡村干部每家每户经常登门指导，督导检查，让他们习惯起来，形成自觉。我每次到村里去，都要过问这个事，也亲自到他们洗澡间看一看，问一问他们是否真正会洗了，是否经常洗。尽管在养成上还有不尽如人意的地方，但也得慢慢来，急了也不行，只要他们悟到好处，尝到了甜头，自然会讲究个人卫生。

彝族群众也有传承下来的民风民俗，大部分体现乡土乡情的特色文化和习惯，可以继续弘扬光大。但在有些方面确实太落后，甚至有些愚昧，已经固化的习惯阻力重重。比如：家里有人逝世了，亲朋好友都要来悼念。不好的是，引起了相互攀比，有的送一头牛来表达情意，其他人也效仿送一头牛体现面子。现在不是过去，一头牛要值几万元，可以想象，本来日子就过得紧巴巴的，为了撑面子还人情，必然到处去借钱欠债，然后从此一家人背着沉重的债务走向贫困的深渊。为了帮助他们破除落后的风俗习惯，乡、村制定了文明公约，白事有规定，红事设条件，喜事有要求，节日有标准，特别防止一家有红白事导致多家返贫现象。

在集中轮训的基础上，村干部和驻村书记挨家挨户进行解惑释疑，耐心细致讲新风尚的好处，现代文明的道理。

同时用典型的案例进行现身说法，逐步把他们从落后的陋习中解放出来，真正跟上新时代、新风尚的步伐，成为新时代的彝族人。

新村建设得很漂亮，但环境卫生要保持巩固下去，也是一个大难题，谁来管、如何管？比如，公共卫生谁负责打扫，垃圾谁负责处理，管网漏水谁去维修，道路坑凹谁去维护，每家每户的院坝与室内卫生又是谁去抽查等。面对这些具体麻烦的事，我们在村里开展了"洁美家园"活动，这个活动有内容、有标准、有要求、有监查，形成一套制度，并且具体化。对坚持"五洗"以及家庭卫生优秀的，颁发"洁美家庭"荣誉牌；村里卫生保持有专人打扫，我们烟草公司专门给村里购买了垃圾车、分类垃圾箱；污水排放主管与联户网管要有专人检查维修；集体活动开放公共厕所，不准随地大小便；重点场所有专人管理，比如村民活动中心就有人天天守护。我想，只有把工作做细、做实、做经常，久久为功，铁杵也能磨成针，彝族群众的生活习惯和风气养成，一定会有出色的效果。

如今的特补乃乌村，是一个名副其实的洁美家园，路面平整、树木成荫、环境整洁、河道顺畅，活动有广场，儿童有幼儿园，看病有医疗室，晚上有太阳能路灯，老百姓家里装饰大气、家具崭新、床被干净，新风尚、新风气春风拂面！

洗澡的故事

仓廪实而知礼节，衣食足而知荣辱。

——司马迁

人们常讲，彝族群众一生只洗三次澡，分别是出生、结婚和去世。出生时洗一次，洗掉身上的原罪；结婚时洗一次，洗掉过往；死时洗一次，洗掉生前罪孽。

实际上，在广泛的彝族地区，这样的说法并不被认可。彝族群众洗澡的问题，既有客观条件的原因，也有主观文化意义上的引导。彝族地区深处大凉山腹地，贫困程度深，自然条件恶劣，基础设施欠账多，绝大部分地区没有条件引来自来水，更没有经济来源修建洗浴间，谈不上安装热水器，想洗澡也洗不了，这在一定程度上制约了他们进入现代文明生活。

同时，彝族从奴隶社会直接进入社会主义社会，祖祖

辈辈的文化印记，在当代人身上也留下了潜移默化的习俗影响，这也是一个思想和观念的问题，我相信这些传说绝不可信，也并非空穴来风。

学会洗澡，不仅折射出村民生活习惯的态度，更显示出对农村地区、少数民族地区生态环保、文明新风精神培育的通盘考虑。往往小小一件事牵动着全面。

在特补乃乌村、甲甲沟村，对于洗澡问题，夏天还好办，山上流到河沟的水可以冲一冲，到冬天几乎不可能洗澡了。在帮扶中，我们按照每户超过 2000 元的标准，为老百姓家里安装太阳能热水器，帮助每家每户建起浴室，从硬件条件上进行改善。在习惯养成上，那得靠春风化雨的力量不断滋养文明。

有一次，我走进了村民吉火尔体家里。看着他的院子水泥铺得平整，院墙下栽种着各种花草，新房的客厅整洁美观，走进厨房也是干净有序。但个人却蓬头垢面衣衫油腻。和我说话也保持着距离，担心自己身上的味道会熏着我。我不想他尴尬，就走近笑着说："现在日子过好了，什么都弄好了，自己也要收拾干净，要洗个澡，洗头发。下次来，我专门看你洗没洗。"

吉火尔体倒也实诚，说道："麻总，我还不太习惯，上次洗头时，那洗发液把我眼睛都搞疼了，也分不清楚什么沐浴液、洗发水。"我跟他支招："1、2、3 你会写吧，你让识字的儿子把沐浴液上写个 1，洗头的写个 2，这样你就记住了。实在不行，你就做个标记，慢慢就养成了习惯。"他就没话说了，"嘿嘿"地挠着头笑了笑。

没过多久我又来到村里，我就专门到吉火尔体家里再

看看他。我一进家门，他就亲热地握着我的手。这次果然不一样，头发洗得干干净净，我特意凑过去闻了闻："嗯！不错不错，这次洗干净了，还有洗发水的味道，很香、很香，哈哈！"一行的人听到后都开怀一笑。我说："来来，现在咱俩可以合个影了。"他见我不是在客套，于是就无比高兴地把手搭在我的肩上。那个时候，我发现他的笑容和动作，是满满的自然自信！

　　我给旁边的此哈书记说："村民们要都像吉火尔体这样讲卫生了，大家习惯也会慢慢改变。这也是一个细活，一定要专人来抓、来检查，更重要的是给他们讲解如何洗澡，如何使用洗发水、沐浴液。"此哈书记回答道："我们全乡在大力倡导'五洗'了，每个村都有极大改观，我想再抓下去，一两年一定会有更大起色。"

洗澡、洗头、洗脸、洗手，是现代文明的标配，不深入贫困村，外人会把这当成习以为常的事情，实际上这种转变对于落后边远、条件不允许的地区是很难的。不要小看这几平方米的浴室，表面上只是解决一个单一的洗澡功能，但随着时间的推进，对于整个彝族同胞改变生活习惯、培育文明新风，与现代文明与时俱进都息息相关，这是文明的标志。

什么叫与全国一道步入小康？除了经济上、物质上，还有精神上、文化上，全面小康，就是包含了方方面面，让彝族群众学会洗澡，不仅是一道"考题"，更是检验我们是不是真正以百姓为中心的标尺。

花儿与少年

信赖，尊重，让每个孩子都有灿烂的微笑。

——佚名

孩子，是祖国未来的花朵。

这句话耳熟能详，但现实中，不是每一朵花都能开得美丽鲜艳。

治贫要先治愚，扶贫必先扶智。教育是扶贫开发的重要任务，也是阻断贫困代际传递的根本途径，这在当下已然成为一种共识。习近平总书记指出："要努力让每个孩子都能享有公平而有质量的教育。"① 这体现出教育扶贫在本质上，是与推进教育公平乃至社会公平休戚相关的，折射着社会公平正义的价值追求。

---

① 2017年10月，习近平在中国共产党第十九次全国代表大会上的报告。

是啊，公平正义！但阳光什么时候才能照到山区里的娃？

从帮扶伊始，我就十分揪心：一个村，乃至一个乡，不能没有一个幼儿园啊，要不然，这些娃娃到哪里去读书？那么远的山路，那么难行的崎岖山路。

记得在 2016 年 3 月的时候，我在特补乡卫生院遇到一个娃娃，正躺在床上输液。我问他："多大了，上几年级了？"他说："12 岁了，我上小学三年级。"我心想，12 岁才上三年级，城里的娃娃都上初中了。然而，这在凉山边远山区是较为普遍的，甚至极少数从来就未上过学，不识字，没文化。

还有一个少年，他向往的是站起来的人生。那是甲甲沟村村口的一位少年，长期坐在轮椅上。听扶贫办的同志讲道，他叫乃姑你呷，11 岁了，身患残疾，长期坐在轮椅上。他们家在村口开着小卖部，家里有四个小孩，他是最小的，而其他三个兄弟姐妹，身体都是健健康康的。与贫困家庭相比，乃姑你呷的家庭能够开小卖部，应该说条件相对不错。但小小年纪，似乎就一眼望到头，未来的人生该如何立起来？

站立与坐下，是两个世界，站起来，是一种高度，是一种眼界，是自信的人生，是与人平视的角度；坐着，成了一种贫乏，是对人仰视的矮化。山里与山外，是两个世界，轮椅的半径丈量不了大山的厚重，贫困的枷锁让他的步伐更加沉重，如何才能走出这周遭的大山，到山外去看看别样的精彩世界。城市与农村，是两个世界，城里的娃在学习各类现代知识，培养兴趣爱好，编程热、游学热不断升

192

温，山里的娃在与土地打交道，在帮助父母为生计奔波。

在凉山，类似于乃姑你呷这样的少年还有很多，因病、缺乏教育是致贫、返贫的重要原因。正因如此，我们每次到其他的贫困村，总要去看一看当地的学校、幼儿园，看看娃娃们学习条件怎么样，身体状况如何，每次过去，看到他们缺少教具玩具，我们烟草人总会捐助几万元帮他们购买，身体力行地去做一些力所能及的事情。

特补乃乌村起初是没有幼教点的。甲甲沟村有，但绝对谈不上好。那是一个低矮的平房，整个房子有两间屋子，两个班的孩子就挤在教室里生活、休息、学习，老师们连个自己的办公室也没有。屋里灯光昏暗，加上采光不好，屋里忽明忽暗，暗的还是大多数时候。在这样的环境里，孩子们学习艰苦，视力也受到影响。而屋外就是一块烂泥巴地，一遇到下雨天，双脚踩着泥土满天飞。孩子们穿得脏兮兮的，在幼儿园里上课，中午也没有午餐，只能饿着肚子下午放学回家吃饭……

当时的现状就是这样。如果说能够牵动人们心弦的，一是老乡们贫困的生活，另一个就是孩子们可怜的眼神。那真是一种揪心的痛！

既然是整村帮扶，那么在最应该投入到教育扶贫上，我们的态度是毫不含糊的，而且要尽可能的多做一些。怀揣着对下一代的情怀，幼儿园必须作为两个村的重点、亮点工程来打造，建成一流的山村幼儿园。

从 2018 年 4 月起，我们领受甲甲沟村帮扶任务之后，就把修建甲甲沟村幼儿园纳入考虑。时间不等人，在与扶贫办的同志商议后，规划中的幼儿园，要功能齐全，布局合理，环境优美，富有特色。功能齐全，就是修建好380多平方米的两层主体楼，兼具教学、住宿、文化、娱乐等功能，大班小班，有午休的床，有午饭，有老师的休息室，还要解决学生无地方上厕所的问题；布局合理，就是选址科学，科学利用空间，让各部分相得益彰；环境优美，特别是厕所环境，要干净卫生，宜人宜居宜学；富有特色，就是要将当地特色元素、特殊需求、特别要求纳入，富有当地彝族幼教特色。按照这样的标准和要求，我们投入了100多万元修建甲甲沟村幼儿园，并在2019年的夏天开始动工。

"让雨露滋润心田，让阳光普照成长。"这是我们烟草人对甲甲沟村幼儿园提出的两句话，也是鞭策与希望！我想，有了个像样的幼儿园，彝族的孩子才能有好的学习、

生活和成长的环境，让他们心灵从小得到关心和滋养，让他们认为农村的孩子不比城里的孩子差，让他们感受到共产党的好。

动工之后的半年多，我每次到村上必定去看看幼儿园的建设情况，没去的时候，遇到扶贫办的同志，就询问幼儿园怎么样了，什么时候能完成，能不能按时装修好，会不会耽误孩子们的学习。

扶贫办的同志可以说是周周来，数不清有多少次了。时间来到 2019 年的 10 月，甲甲沟村幼儿园终于完成了。当我再次到村里的时候，映入眼帘的是一座崭新的集生活、教学为一体，富有民族特色的幼儿园，之前设计的大小班，老师的休息室，娃娃的食堂，宽阔的操场，游戏娱乐的设备，都有啦。乡里说，还需要继续配套 50 万元，打造室内教学设备、生活用具，让功能真正发挥出来。这些，我们都对乡上给予全力支持。

听此哈书记介绍道："全县，乃至全州都没有一个村，像甲甲沟村这样拥有一个独立独栋的两层楼幼儿园，烟草公司不经意间实现了一个突破。"

听了之后，我倒不想去图这些虚名，我一方面开心的是娃娃们终于可以就近去上学了；但另一方面，我也从侧面感觉到：全县、全州的"一村一幼"工程还需要更大的作为。

而特补乃乌村呢？因为帮扶得早，我们在 2017 年就为村里修建了一站式活动中心，将幼教点纳入其中，虽然不是独立独栋的，但也在两层楼的活动中心开设了大班、小班，村里周边的小朋友都可以来上学，中午都提供免费的午饭。

看看吧，想想呢，以前的是什么状况？现在又是什么样子呢？虽然我们做得不多，但教育的工作，是一点一点改变的，幼儿园是个起点，未来还有更多的路要走。

我们致力于脱贫攻坚，就是致力于社会的公平正义，致力于机会均等，我们希望孩子们都健康成长，我们关注每一类人，每一个人，推动和满足像乃姑你呷、像两个村的小朋友对美好生活的向往，对更大世界的向往，对更高精神的向往。

告别昨天，看看今日的好光景。

抓好教育，期冀未来的好奔头。

甲甲沟村的孩子们在新建的幼儿园里认真上课

为孩子插上鹰的翅膀

<blockquote>
处处是创造之地，天天是创造之时，人人是创造之人。

——陶行知
</blockquote>

学有所教，是民心之所向，也体现着一个社会应有的温度。

大凉山，昭觉县在这片岁月千万年走过的土地上，时至今日，积贫积弱的乌云仍然笼罩在大地上空，学生就学难、受教育难的问题仍然不同程度存在。

目光聚焦昭觉县工农兵小学，这是当地的一所贫困学校。在这里，扶贫办的同志联合北京至圣国学院，为当地娃娃开展"山鹰计划"，希望助力贫困山区的孩子展翅翱翔。

山鹰计划，"山"大意是指的凉山，也是寓意高山、大山，山的雄伟挺拔和气贯长虹。"鹰"就是飞在广阔天空的雄鹰，不但飞得高，还面对风雨而不惧，越是风雨，越

显示出雄鹰勇敢、顽强的斗志。山鹰计划，就是把孩子从小培养成凉山的雄鹰。

国学，是中华民族的瑰宝和底蕴，几千年来，在中华民族生生不息的基因里种下了根。古语云：染于苍则苍，染于黄则黄。儿童是最具有可塑性的，我们多培养一个读书学习的娃，今后社会上就多一个优秀的人才，就少一个社会的负担。

昭觉县工农兵小学从 2013 年就开始开展国学经典教学工作。这要感谢一个人，就是曾经在成都七中嘉祥外国语学校工作的王校长，他辞去高薪，为了山里娃的明天，只身来到昭觉。他四处奔波，为学校找资源，后来北京的至圣国学院将工农兵小学作为帮扶对象，让孩子免费学习全套"经典海读"整体母语教学课程，从小培养他们爱党、爱国、爱民族、爱社会主义，从内心深处去感受我们国家的红色史、文化史、民族史，让他们从小根植远大理想，学习国粹文化，培养世界眼光，让孩子们继承中华文化的优秀传统，提高道德文化修养，弘扬中华民族精神，启迪心智，开拓视野。所有的同学，都能熟读孔子的《论语》、老子的《道德经》，李白、杜甫、白居易等著名诗人的诗篇，用这些优秀的文化，滋润着他们纯洁的心灵。目前，学校已发展到 5000 多人的规模。

烟草行业作为国有企业，作为定点扶贫单位，助推工农兵小学实施"山鹰计划"，与学校一道为孩子们的未来添动力。我们计划，先把学校国学文化氛围营造起来，在校园内悬挂传统文化标语、人物图像，推介经典古诗词，设立国学角。再去购置国学教学设备，给教学楼安装"班班通"广播设备，建成国学教育广播系统。同时，要建立图书室，购买一些相关书籍、课本及藏书设备，让他们有专门的场所。听老师讲，合适的时候，还将会组织学生去参加国学交流活动和国学夏令营，尽可能地让他们走出去，让他们看到外面精彩的世界。

教育正如一盏明灯，给予贫困者改变命运的光芒。世界银行有这样一组研究数据，如果家庭中的劳动力接受教育年限少于6年，则贫困发生率大于16%；若将接受教育年限增加3年，则贫困发生率会下降到7%；若接受教育年限为9~12年，则贫困率下降到2.5%；若接受教育年限超过12年，则贫困几乎不存在。有学者认为，"贫困文化一经形成便趋向于永久化"。反之，长期处于贫困之中的儿童，深深被封闭文化所束缚，并通过代际传递，形成僵化的循环，认为世界就这么大，我生来如此，一生亦如此。

书本，浸润万物，涤荡心灵。有人说它是人类进步的阶梯，有人说它是人类智慧的精华。读书使人进步，让人耳聪目明，思接千载。是的，这所工农兵学校，到处洋溢着优秀传统文化的氛围。他们让国学进入童心，让太阳照亮禾苗。

王校长、至圣国学院，还有我们扶贫办的同志们，他们都紧紧地瞄准了教育扶贫工作，诠释了心中有爱、大爱无疆的宽广博爱，聚焦当下精准扶贫，要切实以教育扶贫为突破口，谋在深处，源头发力，授人以渔，久久为功，书写好"为天地立心，为生民立命，为往圣继绝学，为万世开太平"的现代篇。

如今的工农兵小学建设一新，成效突出。2021年4月6日，王校长满怀深情地给我发来信息：

麻大哥，我很激动地向您汇报，昭觉工农兵小学非常荣耀地获得了国务院颁发的"传统文化先行先试示范校"的授牌。学校的音响效果很好了，校园文化建设耳目一新……这些，都是您大爱捐助的善果，再次感恩您！今天我们在这里培训昭觉县100多位老师，播下传承文化的种子，期待山鹰翱翔！

都说凉山的苍茫最适合鹰的飞翔，这些山里的娃就是雏鹰，他们渴望冲上云霄，飞出大山。"山鹰计划"为这些孩子插上鹰的翅膀！长大后，他们能真正翱翔天空，搏击风雨，成为凉山这片热土的娇子，成为现代化国家建设的栋梁之材！

金叶育人

　　希望就像沙漠里的一颗种子，破土、发芽，绿
了一片荒凉。

——佚名

　　冒着淅淅沥沥的小雨，我和凉山州的同事来到越西，
远远看见我们援建的金叶中学的教学楼和学生宿舍楼，一
栋一栋拔地而起，已经有 3000 多名学生在这里读书了。

　　时间回拨到 2017 年底，我们从普格回到西昌，准备
返回成都。候机的过程中，凉山烟草局的同志在我耳边细
语道："越西县委的袁书记想来看看您。"我看看手表，
还有点时间，就答应了。

　　不一会儿，袁书记风尘仆仆地赶来，时间不多，就开
门见山，道明了来意——希望烟草行业帮助他们援建县上
的金叶中学。袁书记简要介绍了这个项目的基本情况和他

们的需求，同时我还了解到，袁书记才从医院出来，打完点滴跑来的，就为了给当地的孩子们争取一些学校的援建资金。

听了他的想法，以及建校的条件，土地、筹备的资金，我心里有了个底。看到他手上输液的留置针，更是让我有一份感动。抛开项目的事情不谈，他能够如此谦逊，还带病前来，就殊为不易。再说这个学校，我们对教育扶贫的大门始终是敞开的，因为智力扶贫，是让老百姓过上幸福生活的根本。

回到成都后，我向主要领导进行了汇报，他也同意这个项目。经过集体决策，最终将烟草行业对凉山追加 9000 万元中的 3000 万元，投向了越西县，为这里新建中学教学楼及学生宿舍楼。

时间一晃，就到了 2018 年 9 月。我来到现场，一路上听着校方介绍工程建设、学生入住、教学情况，我们也仔细查看了中学新校区二期项目的工程进度。可以说，越西的县委、县政府很重视这个项目，花了大力气推进学校建设，也配套了几千万元资金，目前项目接近尾声，县里功不可没。县委袁书记讲道："在决战贫困中，我们把教育工作，作为了脱贫攻坚保障性和奠基性工程，把全县的娃娃都能有学上作为第一工程。"

在校园内，边介绍边交流，我看着一座座教学楼拔地而起，宽敞明亮的教室里，学生们正在聚精会神地上课；老师们正在整洁独立的办公场所批改作业；室外标准的运动场上，有些学生在外围的一条条塑胶跑道上奔跑；遇见下课的学生们，脸上洋溢着青春和活力。

我也顺便到了老师们的办公室，一个年轻的男老师正在写教案，我就随口询问："老师，姓什么啊？"

　　他说："姓张。"

　　我又问："家在哪里啊，哪个学校毕业的啊？"他一一给我做了介绍。他毕业于四川师范大学中文系，并志愿到这个学校任教。他说："我看到政府和烟草公司花了这么多钱，把学校建设得这么好，以后上万名彝族学生，在这宽敞明亮的教室里读书，我来这里当老师，也有一份自豪。你看我们身边有不少内地毕业的大学生，都来这里支教，是因为这里需要我们！"

　　听到他朴实的一席话，在夸奖他之余，我更多地在想，只要筑巢引凤，这里的彝族学生们就有前途，何愁凉山的贫困解决不了呢……

　　"一花独放不是春，百花齐放春满园。"离开金叶中学，我又去了几所小学，正巧再过几天就是国家扶贫日了，这个节点来，更有特殊的意义。每到一座小学，我与随行人员来到学生中间，寻问他们不同的需求。有的提出需要改善更换一些教学用具；有的想给学习建设一个活动场所；有的需要一些篮球和羽毛球用具；有的希望每个班建立一个读书角，等等！我就让扶贫办与凉山烟草局根据不同的需求先做了计划，尔后抓紧时间落实，赶在国家扶贫日到来前，一一送到每个学校去，让学生们感受到烟草人助推他们成长成才的一份心意吧。

百年大计

贫农特别吃没有文化的亏，特别需要受教育。

——列宁

在凉山这片热土上，到处演绎着一桩一桩的扶贫故事，一群人都在为中国扶贫这一伟大事业挥洒着热血与汗水，用一双又一双的手创造一个又一个扶贫奇迹。除了普格、昭觉、越西，烟草人助力教育扶贫的故事还在继续上演。我们的目光，聚焦喜德县。

喜德县位于凉山州中北部，地处川滇南北构造带北段、安宁河断裂带的东侧。"喜德"，是彝语"西冻"的汉语译音另写，彝语全音是"西冻拉达"或者"喜德拉达"，"西冻"（喜德），是指"被咬住了"的意思，"拉达"是指沟壑、山谷之意。1953年2月24日建立喜德县，因彝语称该地区为"西冻拉达"，于是根据"夕夺"的汉语谐音，而将县名命名为喜德。境内海拔一般在 2000 米以上，且多山地、丘陵。先天条件不足，再加上基础设施的落后，喜德县在 1993 年被列为国家贫困县，2001 年被确定为国家扶贫开发工作重点县，2010 年被确定为乌蒙山片区扶贫攻坚县。

2019 年 12 月 11 日，我与扶贫办的同志一下飞机，就匆匆赶往喜德县，前去实地调研喜德县欣欣小学项目建设情况。

前不久，接到省上领导的相关指示，要求我们烟草局着手开展对喜德县的教育帮扶。教育是百年大计，事关贫困地区娃娃的未来，我们省、州两级烟草局高度重视，随即第一时间在西昌，与喜德县相关领导召开会议，最后与喜德县委、县政府商定，我们决定安排 1000 万元专项资金，支持喜德县欣欣小学项目建设，进一步助推当地教育扶贫工作。

到了小学现场，我们看到那里早就是一片热火朝天的景象了。塔架的吊臂在蓝天下舞蹈，水泥罐车扯着嗓子进进出出，黄色的安全帽在楼顶起伏，各项建设有序进行。县委书记曲木伍牛匆匆赶来，给我们打完招呼后就拿出规划图纸，一一向我们指了指图纸上的一些参数指标，介绍目前的进展情况，为我们描绘了学校未来几年的前景。曲木伍牛书记是从省上下来，在这边远的山区当书记，一干就快 10 个年头了。他行事干练，思路清晰，干事有魄力，敢于担当，也有一套办法。他告诉我，不出一两年时间，一座功能齐全、设施现代的学校会在这里落成。

看着伍牛书记清楚地向我们介绍项目情况，我既惊讶也欣慰，惊讶的是一位党政口的行政领导，居然对规划图纸上的各项指标了如指掌，足见他对教育扶贫的重视程度；欣慰的是凉山这片热土未来更有前途，有了他的这份情怀，欣欣小学一定会在他的重视下，成为喜德县最好的学校。我们随即在现场初步商议了资金的使用以及沟通机制，争取项目早启动、早实施、早见效。

"扶贫先扶智"是习总书记新时期对坚决打好、打赢脱贫攻坚战的新论断之一。从根本上讲，贫困群众本质上是"素质型贫困"，人口素质不高、缺乏文化水平、缺乏技能，导致自身发展能力较弱、自我"造血功能"差，是难以脱贫的主要原因。在缺资金、缺技术的贫困地区，前期开展物质扶贫，也就是所谓的"输血式"扶贫的方式虽然必不可少，但这只能解一时之困，只有合理地安排扶贫项目和扶贫资金，恢复贫困地区的"造血功能"，才能斩断穷根、挖掘富源。

所以，烟草这类的国有企业也要有担当。行业出资1000万元，是贡献一份力量，但只靠烟草的力量也是不够的。欣欣小学的建设规模很大，建成之后将是全县最大的小学，将集中几千名学生。后面的二期建设工程，还将逐步覆盖初中和高中，成为一条龙的教育帮扶，让孩子们争取一路有学上。因此需要大家共同的力量，把事情做成。

时间来到2020年的11月5日，这是个值得记住的日子，因为一座崭新的学校矗立起来了。一眼望去，蓝天白云下几栋红色外墙的大楼醒目得像火把，那是驱赶阴霾驱赶黑暗的光明之火，是引人奋进奔赴世界的火炬。教学楼、实验楼、宿舍楼温情地看着大地，而孩子们在这份温情中仰望着天空。大楼四周的绿树和青草，用它们的绿诠释希望与活力。走进其中一栋教学楼，学生们正在上课，智能多媒体教学设备一应俱全。孩子们琅琅的读书声在走廊里回荡，清澈而悠长。教学室里的孩子们盯着各自的电脑，在老师的远程控制下，走进教学游戏的声光影中，领略文字和语言的魅力，噼噼啪啪的打字练习让他们从知识的此岸走向彼岸。

这是多么美好的画面啊！遥想他们的祖辈父辈走在泥泞的求学路上，这样的青春才如歌，这样的童年才多彩。多么幸运而伟大的时代啊，但愿孩子们不负所望，能够在知识的引领下，健全人格强大精神，让正能量永远在凉山的热土上代代传承！

扶贫办的刘主任在电话里说："麻总，欣欣小学和咱们成都的那些学校一样，美丽、干净、现代，大城市的娃娃享受的教学条件他们也都享受到了，国家的这些钱用得值。和特补乃乌村、甲甲沟村相比，一样功德无量。"

遗憾的是，我没有亲眼见证到这一切，退休大半年了，虽然牵挂，但终归好多事都没有能力再做。但我想，只要这份扶贫的情怀在心中没有停止滋长，我就不会停下关注的目光和脚步。我也坚信，欣欣小学后期的建设项目能够在县委、县政府的高度重视下，在社会力量的资助援助下得以实现，让这座功能齐全的一体化学校永远屹立。

建成后的喜德县欣欣小学

彝乡真美丽

因为有你，就没有他乡。

——佚名

"我看见了，牛羊满山坡，还有一条美丽的河。蓝蓝的天上白云朵朵，留下那段动人的歌……"

这是韩红的《家乡》，歌词里描述的青草牛羊、蓝天白云，令人向往。我们的大凉山，我们建成后的甲甲沟村，也有另一番风景，看了以后一定痴情陶醉，赞叹不已。

2019年9月，甲甲沟村整村家家户户的新房已经渐渐落成。只是好多家庭的装修还没有完工，眼见着人家都快住进新房了，这些家庭也扳着指头抓紧修建自己的住房，心中的家园就在眼前了。

村里先行先试的三户样板房率先"出炉"，它们穿上了充满浓郁彝族气息的新装，村里人都前来参观借鉴，发出共同的声音：太美啦！

　　说实话，样板房的打造，一路走来花了不少心思。因为是代表户，是试水，起到"打头阵"的效果，它最后美不美关系到整个村的风貌。老百姓满意才是最关键，因此事前把关就很严，风貌打造要结合当地实际情况，体现民族特色，增强彝族文化的美感，同时还要考虑经济的成本，形成风格的统一化。所以从设计、修改、再设计、再修改，收集大家的想法，听取方方面面意见，层层审核，到最终通过。样板间内部装饰、外部打造，前后足足花了三四个月时间。样板房先行先试，是我们充分借鉴了城市建房的思维，给老百姓提供了一个直观感受和参考答案，当全村建成后，整村风貌将会趋近一体，协调一致。

　　那天，我漫步在村里，看见一座座"小洋楼"拔地而起，它们错落有致，风格统一，在阳光的映射下格外美丽。新村的雏形已经形成了，它们聚在一处、一团，呈现出当时既定的"小型化、组团化"的理念。

　　外墙是金黄色的，既意味着丰收的金秋，又呈现出烟草黄金的叶脉。也让我们的彝家小院无论在什么样的季节和天气，都显得温馨亮丽。外墙的横梁、背面，是彝族的民族图饰和符号，用来告诉人们它们的身份。进入屋内，宽阔的客厅里，浅色的瓷砖配上窗户的色调，看起来干净整洁。内墙纯白，吊灯的暖色灯光把屋里照得亮堂、温馨。待到家具到位后，整个房屋就是一个新农村的典范了。

　　我带着好久不曾有过的喜悦心情，在村里的小路上来来回回不舍离去。我一遍又一遍欣赏着甲甲沟村点点滴滴的变化，希望还能找到一些还没有考虑到的地方。走在脚下平坦硬化的道路上，想到的是从此老百姓身上不再是"晴天一身灰、雨天一身泥"了。眼前小溪从村中缓缓流淌，两旁的树木映照在河里，绿油油的外衣见证着这个贫困乡村的生态绿色发展。走进村幼儿园，主体工程接近完工，山里的小朋友就近上学的梦想即将实现。地下排污管道铺设顺利，污水将进入循环体系有序处理。一家一户的澡堂修建好了，有些家庭正在安装太阳能，洗不上澡将成为历史。当年300亩烟叶产业喜获丰收，种烟农户的钱袋子鼓了起来。

调研结束之后，我们来到贫困户日黑子虎家，因为那天的现场会决定在他家举行。现在甲甲沟村悄然变化，但扫尾工作不能忽视，必须继续查漏补缺深化推进。会上大体上对风貌打造、路灯、文化广场等项目后续工作进行安排。乡里提出，希望解决院坝硬化、修建公共厕所等问题。此哈书记还补充说："还要完善配套设施，落实沼气池、热水器等一系列生产生活配套问题，为我们的村民养成好习惯创造基础条件。"

"我赞同，硬件软件都要跟上，不能光靠硬件，最为关键的是要引导大家自觉形成文明的生活习惯。"我提出了要求。

最后我问子虎："你看这样干行不行？也听听你的建议。""好着哩！烟草公司帮我们这么多，我们都觉得不好意思了哦！你们能在我家里开会，这是我一辈子都没想到的！"子虎有些怯生又憨笑地说道。

"哈哈！我们是一家人，没什么不好意思的，这也是我们该做的。后面啊，我们要对扫尾工作形成合力，锁定各层级责任，烟草行业、乡政府、驻村干部，还有子虎你们这些老乡，都要共同行动起来，把甲甲沟村建设得更美丽。"

　　回望来时路，一年多时间的光景，就发生了如此大的变化。村里变了，真的变了，变得更现代，更便利，更美了。老百姓都说，这么多年了，终于住进了好房子，圆梦了。一位80多岁的老大爷拉着我的手哽咽道："感谢党、感谢政府、感谢烟草公司，没有忘记我们老百姓。"

　　我在车里起身再次向后看去，"决战贫困、圆梦幸福"八个红色大字在阳光下熠熠生辉，离我们的车身越来越远，却离我们的梦想越来越近了！

幸福泉水清又甜

　　　幸福的斗争不论是如何艰难，它并不是一种痛
苦，而是快乐，不是悲剧的，而是喜剧的。

——车尔尼雪夫斯基

　　"边疆的泉水清又纯，边疆的歌儿暖人心，暖人心，
清清泉水流不尽，声声赞歌唱亲人，唱亲人边防军，军民
鱼水情意深，情意深，哎哎哎……唱亲人边防军，军民鱼
水情意深，情意深……"

　　现在我再听到刘紫玲演唱的这首《边疆的泉水清又纯》
的时候，我的唇齿间就会有甘冽清纯的感觉。我曾经也是
个军人，也长年累月为西藏边防运送物资，体验了边关将
士军民鱼水的情谊。在扶贫攻坚决战的这5年，在凉山这
片热土上，我更体验了不是军人胜似军人，不是边关却胜
似前线，不是泉水却也甘甜的彝汉鱼水深情。

水是生命之源。当城里人不光把自来水用来饮用，还用来浇花洗车的时候，大小凉山，还有多少地方一直停留在只能饮用井水、河水、山泉水的原始状态。彝族老百姓那种能吃上干净水的渴望，显得那样的遥不可及。

那年冬天，初到特补乃乌村的时候，当地村民吃的水都是从山上流入择木河的水，距离不远，也不算近，脚力快的，半个来小时也行，慢一点的，那就得一个多小时了。而且不光吃水不易，水质也不理想，全村人吃、洗、用，全都靠这条河的水。而一旦遇到洪水，那水简直就是变成浑浊的泥水。

记得有一次，我看到一位佝偻的彝族老妪，吃力地挑着两个塑料水桶，脚步沉重而蹒跚。几米外一个面无表情的小孩儿像是在等她。当时的我，内心唏嘘，五味杂陈。和城市里慢走的健身老人，和跳跃嬉戏的孩子相比，他们还在为吃水用水困扰。

所以在帮扶特补乃乌村走出贫困脱胎换骨的过程中，

除了让老百姓住上新房子，双脚走在平整的路上，还必须彻底解决老百姓喝水难的问题。所以地方政府、水利部门、乡和村共同先期调研，形成规划，然后在村的高处，修建了一座小水库。我们烟草再次投入100多万元，给全村300多户每家都装上自来水管。紧跟着又投入200多万，给每家每户修了淋浴间，装上了太阳能热水器，就连厕所也是水冲式的。

当洁净甘甜的自来水终于从厨房、从灶台、从淋浴间流进他们的生活里日子里时，老百姓那一脸高兴的劲，就像久旱的庄稼遇到甘霖。大家把它亲切地称为"幸福泉"。

特补乃乌村小水库供水点

现在他们再也不为缺水而发愁了……

看到扶贫带来的点滴成果，这都是老百姓盼了多少年才盼来的，吃水难，水难吃，已成为过去。洗澡难，难洗澡，已成为历史。现在终于有条件养成好习惯、形成好风气了。全村的人都竖着大拇指感慨地说，山上的水库虽然不大，但流出的泉水是幸福之泉，长流不息，流进了我们彝族老百姓的心里。

每次去村里，幸福泉水库墙上14个大字醒目耀眼：吃水不忘挖井人，脱贫不忘共产党。我就不禁想到干净的水正在哗啦啦地流进老百姓的心里，仿佛也远远传来了"从小老师教我唱，唱支山歌给党听，几经风雨更懂得，跟着共产党，才有新中国"这首《吃水不忘挖井人》的歌声，在山谷里回荡，回荡，是那样地动人，更是那样地深情。

通往幸福生活的明灯

在寂静的路旁，你总能看见它的影子。笔直，
挺拔，灯下的温柔，照亮前方的路。

——佚名

明灯如昼，幸福绵延。

在城市里生活久了，我们会对很多事情习以为常，比如夜晚繁华的霓虹灯，大爷大妈们欢快地跳着广场舞，情侣们在灯红酒绿中你侬我侬，友人们在觥筹交错中把情谊碰撞，这些酣热的画面张张都是幸福生活的注脚。

但暗夜星辰下的大凉山呢？那昏暗死寂的村庄里，土坑里虚弱的火光和木柴燃烧发出的噼噼啪啪的声音，又是谁的注脚？

2015年深冬，我首次进入特补乃乌村的时候，晚上的山村沉静而黑暗。村里一到晚上就伸手不见五指，除非是等到月圆之夜,还可以借着澄明的清辉,来看看大地的清凉。

这是适合诗人的世界,让人安静、沉淀、思考、独处,是另一种自在。但村里的老乡却不这样想,他们早就对这种黑暗和沉默的生活厌恶并恐惧。一到晚上,大伙儿只能宅在家里,围着火堆发呆或者睡觉。漫长的睡梦早就在日复一日的轮回里变得煎熬。

我看着层层叠叠的夜,想着我能在这样的环境待多久?但一个又一个的电话,将我拉出黑暗扔进繁华。11点钟的时候,手机终于安静了。我突然觉得,可能还是有光的世界好,因为睡久了的身体和精神一定不是积极的。

凉山有非常充沛的光照资源,日照时间长,在当地安装太阳能路灯是比较可行的。为了驱赶村里的黑暗,安装路灯的前期调研、项目论证、项目建设迅速推进。从村头到村尾,从家家户户到村民活动中心,一盏盏的路灯开始装上了,每隔5米安装一个,每一个投入2000多元,总共超过了上百盏。

如今的特补乃乌村一到夜晚,老百姓聚集在村民活动广场,不是打篮球,就是在活动器械上锻炼身体;不是三五成群地跳舞,就是在路灯下、在平坦的小路上散着步。到夜晚,你站在山的高处,一条明亮的不太宽的小路,把每盏路灯串了起来,映红了半边天,好似一条金色辉煌的长龙一样,舞动在山坳上,真是让人疑惑谁执彩练当空舞。

甲甲沟村也是如此,2020年的4月,乡党委此哈书记兴奋地打来电话,告诉我甲甲沟村的路灯也安装完毕。

夜幕降临,甲甲沟村的路灯也亮了起来,而且亮得让老百姓幸福快乐。刚刚吃过晚饭,三五成群的村民们在河堤边、小溪旁家长里短，好一幅其乐融融；村民们在活动广场跳起彝族的锅庄舞，又好一幅团结幸福；灯下奔跑追逐的小孩，又好一幅春花烂漫。这就是人间的烟火！

我曾问甲甲沟村一位80多岁的老人家："村里有太阳能路灯了，你是什么样的心情？"老人家流着激动的热泪说："我小时候一到晚上，只能看到天上的星星，如果有月亮，还可以出来走走。但在山沟里，静得让人都有点害怕。如今政府、烟草人帮我们修了路，安上了路灯，给我们的生活提供了方便。我活了一辈子，我要多活几年，好好享受享受。"

如今的甲甲沟村成了一个旅游景点，社会主义新农村的典范与样板就产生在这里。这样的评价，不是自誉，而是老百姓的感慨。那矗立的太阳能路灯就是这里幸福的图腾和富裕的象征，它让这个小山村变得现代而富有朝气。从进村到山坳坳最后一个小组，十多里路，晚上站在高处看，160盏路灯点亮村庄，东一簇、西一团，乍一看，像莲花一样盛开，映红了小山村，把黑黢黢的山沟，映得既壮丽又美观。这是甲甲沟村民盼望已久的灯光，把整个村子照亮了，把村民的心照明了，把他们的梦想照亮了，黑黢黢的大山里，又点亮了一个贫困村的美好明天。

甲甲沟村华灯霓虹，一片光明

人间连着天堂

建好出村的路，走好脚下的路，奔向幸福的路。

——佚名

要致富，先修路。很早以前，这句话就成为大家的共识。但贫困地区的道路，却是道阻且长。

记得那是 2015 年 11 月底的一个清晨，天寒地冻，衰落的村庄，一座座破败的房子在山头上冒着炊烟，我陪同省资政张作哈去特补乃乌村调研。进村的路很窄，窄得连越野车就像走钢丝。前几年修好的村路，如今已是大坑、小坑，路基塌陷，车在颠簸中运行。特别在转弯上坡处，还算不错的越野车都爬不上斜度足足有 30 多度的陡坡，驾驶员只能凭经验，加足油，冲上去，十几里路足足走了快一个小时。

我坐在车里就在想，这路如此破烂不堪，肯定没有人管，原因很多，我们只是坐车走了一次，可老百姓却是走了几辈子、几代人。他们的穷、他们的难、他们的苦，我们不能只沉默、只思考，我们必须为这里做点什么，而且不光是做，还必须多做、做好。我们必须在这次脱贫攻坚中和地方政府一道，把这条路修好。

随后我们便与县上领导、乡上干部，县上的交通、财政等几个部门，一起来研究谋划，在打造整个村的蓝图中，把修路作为脱贫的一项重要任务。

然而这个过程是艰辛的，谁来牵头负责？资金从何而来？谁来具体实施？后期如何管护？一系列的问题都需要解决。其实，按照扶贫的政策来说，道路交通属于基础设施的范畴，政府是有一定资金的。但在贫困县，需要开支的地方太多了，加之扶贫刚开始，很多政策资源也还没及时到位，怎么办？最后商量下来，还是按照合作的办法，政府承担了最主要的大头，烟草行业则负责300多家的联户路，和老百姓每一个院坝的水泥硬化，将村道连接到家家户户。具体负责的部门，就由县上的交通局来承担，乡党委、乡政府来具体组织实施。

我们烟草人具体进行各方协调，做到穿针引线。前期准备工作、招投标的流程要找县上的部门，具体施工的组织要依靠乡党委、乡政府的力量，在具体推进过程中，把各方的力量拧在一起。施工的时候，扶贫办的同志一直钉在现场，紧紧咬住质量、标准、进度、资金等环节，现场发现问题现场解决。

一年多的时间，特补乃乌村十几里的进村山路建好了，平整得没有一个坑洼，两个车可以交会而过，十几里山路全是柏油路。我们烟草公司给每家每户出 3000 多元修建联户路,将每户的院坝进行硬化,把村里的路接到了家门口,延伸到村民活动中心和公共活动场所。现在有些老百姓的汽车、摩托车,都可以开到家门口。

现在,老百姓一到逢场日,有事没事都要去走一趟。因为有了这条路,他们觉得和外面的距离那么近,还有什么理由不出去活动一下?他们的农产品被他们不知疲倦地搬出去,又不知疲倦地把外面的东西搬回来。就连以前不想来的小商贩没事都往村里跑。他们忙碌地穿梭在这条幸福的道路上,越走心里越踏实,越走心里越宽阔,走着走着,懒惰的精神也消失了。

幸福暖心桥

一桥飞架南北，天堑变通途。

——毛泽东

行路难，难于上青天！

深处在大凉山之中，祖祖辈辈都用脚步去丈量每一寸土地，像亲吻每一寸肌肤一样，亲吻这片亲切而熟悉的热土。然而，丈量十分艰辛，几十年过去了，路还是那样凹凸不平，不是沿山边而行，就是从河水中蹚过。我们先不说路的事儿，来说说水与桥的事。

在特补乃乌村，同大凉山其他村落一样，也是依水而居。老百姓常年生活在边远山区，狭长的山沟沟里，大约从村口到村尾，从1组到6组，约十几里路。路陡、窄、不平，这些都可以克服，但山上自然形成的河道一旦发大水，就阻碍了人们的通行。

凉山热土
——
彝乡变迁纪实

LIANGSHAN RETU

　　这些河道，平常没有急流，青壮年凭借矫健的身手，就在河里垫上几块大石头或几根大圆木做铺垫，小心翼翼地通过。日复一日，年复一年，就这样过去了。但一老一小，走过去就显得困难。平常都很危险，让人提心吊胆，水大了，淹没了河床里垫脚的石头，那只能"望洋兴叹"了。一旦遇到山洪发大水，老百姓就要面对更加严重的危险；遇到急事，那就只能冒险走过去，就这样熬了很多年、很多年。

　　这河吧，说宽不宽，说深也不深，但就是这么现实的小问题，也是影响民生的大问题。因此，我们在河道整治项目中，也把修桥作为一个子项目来完成。过去十分简陋、不安全的土桥，我们重新建设或加固，做到造型美观，质量第一。五座小桥，如今横跨在几米、十多米宽的河道上，桥的两边都安装了安全护栏，每当老百姓从桥上走过，脸上露出的笑容那是满满的安全感。

　　现在老百姓从左到右，从南到北，轻松走过，再也不会回到那惊心动魄的年代了。彝族群众把每座小桥，亲切地称为幸福桥、放心桥、连心桥，因为他们盼了几辈子、受怕了几辈子，如今再发大水也不怕了，真称得上"天堑变通途，险道变坦途"。

　　自行车、拖拉机、摩托车都可以通过，就是再大的汽车也可以开进村里。一座座小桥，也为他们过上现代化生活铺平了道路，现在特补乃乌村的一座座小桥，已成为一道靓丽风景线。

　　同样的问题，也曾困扰着甲甲沟村。甲甲沟村与山上环线路交会的地方，那里溪水潺潺而过，灵动清澈。美中不足之处，是流水过处，群众行走不便，垫上几块石头踩踏而过，也不免有滑落摔倒的隐患。尤其是村里的小朋友，每次过河他们都要脱下鞋，挽起裤腿，慢慢地涉水过去，看着真让人心疼。

早些时候，我们与县里协调，将此问题纳入规划统一解决，建桥铺路，解决老百姓出行之难。如今，已经提上日程，施工队伍早早进场开始施工。

这些不起眼的小桥，似乎不值一提。但，小桥不小，有着大作用和大意义。自此之后，小桥成了村里人快乐幸福的小桥。"古道西风瘦马，小桥流水人家"，马致远描绘的意境韵味十足，正是当前的写照。一座座小桥，让村里呈现灵动的美、整体的美，是美丽乡村的又一风景线。

小桥还和群众心连着心。干工作就要干到老百姓的心坎上，一座座小桥不太起眼，但都实实在在解决了群众出行问题。桥修好了，这下就再不担心人们滑倒了，不担心鞋打湿了，不担心小孩落水了。看到小孩子们蹦蹦跳跳地安全通过，真是一股暖流涌上心头，烟草人也确实与百姓心的距离更加近了。

修一座小桥，是小事一桩，小事办好，就不是小事。以民为天，就在于小事件件落在实处。

爱就爱到心坎上

圣人无常心，以百姓之心为心。

——老子

2020年5月14日，一大早我接到扶贫办刘建平副主任给我打来的电话。"麻总，今天是省局（公司）向甲甲沟村群众赠送扶贫家具的好日子，几车的家具分批运进村里啦！老乡们笑逐颜开，都乐呵呵地搬家具回家了！你退休前的愿望和嘱托，都实现啦！"听得出他在电话那头很兴奋。

那天的甲甲沟村，阳光明媚、和风顺畅，老乡们的脸上，幸福流淌。

之前，我一直关注着这件事情。房子建好了，装修完了，但家里怎么样？老乡能住得好吗？由于这些年扶贫口子的负责人，早就和我们的两个村结下了深深的情缘；甚至从某种程度上讲，烟草人与他们血脉相连，所以即使退休，也无不牵挂着那片山水。

这两年，烟草人为甲甲沟村的群众建了房、修了路，娃娃也有幼儿园上了，这日子越过越有盼头。但精准扶贫，贵在"精准"二字，扶贫办的同志走访调研了解到：老乡们为了装修新房，手头上其实已经捉襟见肘，个别群众还去借了债，再拿出钱来买家具，确实存在困难。如此举债太多，更何谈幸福的住进新房呢？

因此，扶贫办的同志及时与乡、村干部，以及群众代表召开座谈会，讨论研究购置家具的各项事宜，分3个小组串门入户，摸清各房户型分布数量，掌握家中目前家具短缺情况，并且依据各家户型不同，登记具体型号和尺寸。根据各家经济条件，确定购置的种类和数量。为了适应当地地域文化和民族喜好，选择了因地因户产品的规格、款式、材质和颜色。

涓涓细流，汇成大爱。有了具体的需求，我们烟草人怀着一颗爱心和真情，向广大党员干部员工发出倡议，鼓励向贫困群众捐款。短短一周时间，我们就募集了190万元爱心捐款，按照普通户5000元，特殊困难户2.5万元的标准，为甲甲沟村170户群众完善生活设施，购买沙发、电视、茶几、床等一揽子主要大件。

货比三家，满意为止。扶贫办的同志与乡、村相关人员一起跑市场。上成都、去西昌，大大小小跑了4个批发市场、7个家具工厂、15个门店，最终优选了3家，供特补乡参考。由于是集体团购，加上是扶贫做善事，很多商家也愿意让利，5000元的预算，满足了老百姓所有家具家电的购买，不但性价比高，质量也得到保证。

别看家具采购这事儿，他们始终做到了严格规范、公

开透明。乡、村干部及村民代表组成的采购小组为责任主体，我们烟草局主要发挥指导、督促、协调、把关的作用，最终的决定权由乡里具体负责。他们与厂家签订合同，明确了交货时间，督促供货商认真履约、严把质量。

刘建平主任在电话中告诉我："麻总啊，老百姓家具分发现场十分壮观，一家一户排队领取。每一个人的脸上都难掩内心的高兴。"我也自然想到，当老百姓把一件件家具搬进新房，我们烟草人又为老百姓办了一件看得见摸得着的实事。

常言道："你种下什么，就能收获什么。"你播下了情怀与责任，就必然能够收获赞誉和感恩。精准扶贫，要的不仅是大开大阖除旧布新的魄力，更需要我们于无声处听惊雷，从这一件件实事、小事、百姓所想所盼之事入手，这才是下足绣花功夫。春风化雨，爱就要爱到老百姓的心坎上。

"甲天下"的新彝村

穷且益坚，不坠青云之志。

——王勃

"甲甲沟"，听起来真不是村名，一般人理解一定是大凉山里的一条山沟或夹皮沟，而且比"夹皮沟"还荒凉，一定是一条小小山沟，且十分狭窄、落后和贫瘠。

然而，这个村实际上却不完全夹在山沟里，那条沟依山傍水，错落有致，山上树林郁郁葱葱，村子前面有几百亩算得上平整的土地，盛产水稻，也可以生产烟叶。溪水从村中过，村前有一条自然形成的河流。有时越穷越远的地方，自然风景却越别致。

甲甲沟村实际上是甲乙的"甲"，从资料介绍，或者是我的感觉，这个村名寓意，是祖先要它在所有大山的村子里排第一、争第一，是一个上好的地名。正因是"上好的地方"，因而得名为甲甲沟村，也即"山村甲天下，景色美如画"。

看着如今已经建成的甲甲沟新村，往事常一幕幕浮现在脑海中。

时间倒退到2018年3月，乍暖还寒，记得有一天早晨8点左右，我和省委常委曲木史哈来村里第一次调研，摸摸情况。站在村外的山高处，树叶从头顶上飘落下来，沉寂得只能听到风吹树叶的沙沙声。"甲天下""上好村"的房子是破旧的，不但小，还十分矮，人畜混居，脏乱差，石头满地堆，污水到处流。人们都挤在有太阳光斜照的房角下，木讷、无神，毫无生气地晒着太阳取暖，看了真是心寒无比。

为什么？为什么这样？我反复在脑海里问自己，却找不到具体的答案。面对这样的状况，我又怎么说才好？分寸真难把握，顾前顾后、顾左顾右。不管怎么顾，甲甲沟"上好村""甲天下"的村，一个字"穷"，两个字"很穷"，三个字"还是穷"。

甲甲沟村，之所以是"上好之地"，还有一个"上好"条件。村口与248国道直线距离顶多两公里，村民每天在自家都可以看到国道上川流不息的各种车辆，然而从村里去248国道都要绕行3至4公里，老百姓复杂的心里在盼望、在等待、在梦想：哪个车会开进村里，哪些人会来帮我们摘掉这个穷帽子，与我们一道把"夹夹沟"村变成真的"甲甲沟"村。

甲甲沟村还有一个"上好"条件，就是1935年5月20日至21日，中国工农红军第一方面军第五团路过普格县，在特补乡甲甲沟村附近的乱石滩上露宿，后来人们在248国道旁的一块巨石上，刻下了"红军家园"四个大字，被普格县人民政府命名为县级文物保护单位，并确定为爱国主义教育基地。

"红军家园"四个字告诉人们，永远不能忘记红军精神，不能忘记红军曾经过这个地方，不要忘记这里的彝族同胞，曾对中国革命作出的贡献。中华人民共和国成立70多年了，红军先烈如果看见眼皮底下的村庄还那么贫穷，后人真不好交代呀。"上好的村""甲天下的村"，一定不能是夹夹沟、狭窄的穷山沟。

群众的盼望，盼来了烟草人。我们面对整村脱贫的任务，暗暗下了决心，无论任务多么艰巨，烟草人必须要敢打硬仗，啃下这块硬骨头。

时间又倒退到 2018 年 11 月 18 日，那天夜晚，我几乎整夜未眠，在思索，在考虑明天开工仪式上，我讲什么，讲了又能实现吗？马上彝族年了，无论如何必须要开工了，不开工等下去麻烦更大。时间就是效率，抓住机遇就是胜利，因为彝族年放假，外出打工的大部分年轻人都要赶回来过彝族年。要踩在这个点上，打响甲甲沟村脱贫攻坚的第一枪。

开工仪式当天，我记得那天风和日丽，人们脸上洋溢着笑容，省、县、乡、村和相关扶贫单位人员都来了。场面不宏大，但仪式感很强，我在会上提出了建设甲甲沟村的理念，就是"山水如画来，彝居美大地"。因为甲甲沟村有山有水，建成以后，是怎么一个"上好"的村——必须是人在美丽新村中，村在如画山水里。

我在仪式上提出了具体目标，就是要把甲甲沟村打造成"五化"美丽幸福新村，即：小型化、组团化、园林化、生态化、产业化。

如今，真是圆了甲甲沟村老百姓"上好村""争第一""甲天下"的美好梦想。今天，人们再走进甲甲沟村，过去贫瘠的痕迹一点都没有了，那真是凤凰涅槃的巨变，不仅是"上好村"，而且是"甲天下、山水如画来；远名扬、彝居美大地"，横批"天下第一村"。

——中央督导组在 2019 年 11 月 7 日路经 248 国道时，看见了直线距离仅几百米远的甲甲沟村新貌，要求去村里看看。看了以后，中纪委的领导欣慰地说："这才是扶真贫、真扶贫。建设得这么好，全国屈指少有，真是不简单。"

——国家烟草局专卖主题教育第四巡回指导组组长段红斌 2019 年 11 月 18 日到村里调研，感慨地说："我跑了不少省的扶贫点，这个甲甲沟村美得像城市一样，老百姓住的是乡村'别墅'，很有特色，也很实用，美得似一幅山水画，极目远眺、山水相映。"

——省烟草局李恩华局长说："我们烟草人，真是圆了老乡们过上好日子的梦想。整村打造得很美、很舒服。"

——川报观察记者王云说："走进村里，一排排整齐划一的新房，在阳光的照射下熠熠生辉。远处，碧绿的烟叶长势喜人，森林波澜起伏，省烟草公司打造的幸福新村，实现了山水如画，大美彝居，产业相融，留住乡愁。"

这些评价，就是发自内心对甲甲沟村的赞美。这个"上好村""甲天下""争第一"之村，真正成了远近闻名的乡村旅游第一村。

普格摘掉贫困帽

困苦能孕育灵魂和精神的力量；灾难是傲骨的
奶娘；祸患是豪杰的乳汁。

——雨果

2020年是决战之年，收官之年。

凉山这片热土，这片贫困面最大、贫困县、贫困村和
贫困群众最多的地区能否真正脱贫摘帽，始终牵动着党心
民心。习总书记亲自来到凉山，关怀这里贫困的彝族老百姓，
在首都北京也时常深情牵挂；中央相关部门不辞辛劳，风
尘仆仆来到凉山挂牌督战，靠前指挥，解决问题，送来温暖；
省委领导多次来凉山，深入一线现场办公，走村进户嘘寒
问暖，还多次召开会议专题部署，发出了一次又一次决战
决胜的号令。

继中央召开决战决胜脱贫攻坚座谈会议之后，2020年

3月13日，一场聚焦深度贫困地区的脱贫战役在凉山掀起。省委在西昌召开督战凉山州脱贫攻坚座谈会，专门研究凉山剩余7个贫困县脱贫摘帽问题。

此次会议，中纪委副书记徐令义同志亲自出席并讲话，省委彭清华书记主持会议，尹力省长参会，是四川的"顶配"和最高规格，体现了我们对摆脱贫困的信心、决心和重心。

徐书记有句话讲得大家很受启发："要把做得好与讲得好统一起来，变督战为参战、实战、冲锋战，变大会议多为协调会多，变领导讲得多为群众和一般干部讲得多。"这话讲得多好呀！这充分体现了当前脱贫攻坚工作，要力戒形式主义、官僚主义的作风。只有作风正，才能更好地调动起干部群众的积极性和能动性，让正能量和新风气洋溢全社会。

清华书记在会上动情地指出，今年就是要突出重点任务，把易地扶贫搬迁和农村危房改造摆在突出位置，千方百计加快施工进度，加快完善基础设施配套和公共服务配套。他还强调，要巩固"三保障"和饮水安全质量，在教育、医疗、民生等方方面面，作出细致的部署。他讲得更具体、更全面，全省脱贫，特别是凉山贫困县最后摘帽，他更忧心、更操心。

这几年说得最多的话，最有情怀的话，就是"时代是出卷人，我们是答卷人，人民是阅卷人"[1]。这三句话，都说到了一个"人"字，但每一个"人"字的内涵不一样，画龙点睛地指出了我们党在新时代,善政善治的要义所在。

---

[1] 2018年1月5日，习近平在学习贯彻党的十九大精神研讨班开班式上的讲话。

是啊！人民满意不满意、高兴不高兴、答应不答应，是对这"三句话"最有分量的注解。

百姓之事无小事。凉山的决战决胜，也关系全国的小康水平，关系人民的幸福安康。回望来时路，一个结论格外清晰：同人民风雨同舟、血脉相通、生死与共，是我们党战胜一切困难和风险的根本保证。从小岗村村民的红手印，到"最成功的脱贫故事"，人民的力量一旦被激发出来，就有着改天换地的伟力。

在这场轰轰烈烈的战役之下，2020 年 11 月 17 日，凉山这片热土上，一个响亮而鼓舞人心的声音向全国、全世界宣布："凉山这贫瘠落后的地方，全部脱贫啦！"

这一天，四川省人民政府批准了包括普格县在内的凉山州 7 县退出贫困县序列。这是四川最后一批摘帽的贫困县。至此，全省 88 个贫困县全部清零。

巴蜀大地，特别是凉山这片热土，到处传颂着脱贫的故事，人们在欢歌笑语中，彻底摆脱了祖祖辈辈的贫困生活，一步跨上奔向小康生活的快车道。

这是历史性的一刻！

回首 2015 年，那时凉山州有 11 个深度贫困县、2072 个贫困村、50 万贫困人口。其中，普格县有 103 个贫困村、6.8 万贫困人口。脱贫攻坚以来，普格县共有 4697 户群众，住进了易地扶贫搬迁新房，建档立卡贫困户子女入学率达到 100%，全县 103 个贫困村、6.8 万贫困人口全部脱贫。这 6 年的光景，是千军万马无数个奋战的日日夜夜，终于迎来了不落一户、不掉一人脱贫攻坚全面胜利，并阔步走向社会主义幸福的大道上！

第四章 》

有一群人，在这片热土上
用汗水浇灌着幸福的梦想

　　乘风破浪会有时。有一群群人，一支
支队伍，从四面八方而来，汇集在凉山这
片热土上，搬掉了一座座堡垒，攻克了一
个个难关，打赢了一场又一场的漂亮仗，
塑造了一个个敢叫日月换新天的扶贫群像。

特补乃乌村群众在新家翻晒玉米，天蓝、房美、人和

"四好新村"的典范

治国之道，富民为始。　　　　——司马迁

时任四川省委书记王东明调研特补乃乌村

2017年4月13日，是不平凡的一天。这一天，特补乃乌村发生了一件载入史册的大事。久久沉睡的大山沸腾

239

了，十里乡村，家家户户的老百姓都爬到最高处向着村口遥望，不少彝族群众穿上节日的盛装，来到村民活动中心广场上翘首等候。

喜鹊从头顶飞过，花草也在欢笑中摇曳。4月的春风舒展着人们的喜悦。时任四川省委书记王东明来到了普格县特补乃乌村，原定20多分钟的行程，结果用了1个多小时。当时，我也有幸陪同一道。

东明书记一进村，就有一种好心情。崭新的房子，平整的路面，精美的小桥，路两旁的树枝正怒放出一叶叶嫩芽，半山腰上的青葱翠绿，这些美景都映入了他的眼帘。

行驶了3公里，来到村子的高处，东明书记站在平台上鸟瞰远处的村容村貌，好似一幅秀美山村图，是那样壮观亮丽。我看到东明书记脸上挂着笑容，悬着的心也落了下来，轻轻出了一口气。

"错落有致，整齐划一，特色明显，符合实际。"东明书记指着十里长的一座座新建房屋，一边回过头，一边说。我详细地给东明书记介绍情况：特补乃乌村是省上一个扶贫点，由省政府张作哈资政挂帅。我们烟草人全力助推，在具体实施过程中，认真贯彻省委提出的"住上好房子，过上好日子，养成好习惯，形成好风气"的四个好标准要求，抓好每个项目的落地落实。

一边走，我一边向省委书记介绍村子的基本情况。这个村多少人、多少建卡贫困户，多少非建卡户，每个户的大体情况，村分几个组。我边说，他边点头，我指着每户老百姓房上的新瓦说："瓦分三类，有贵的、中等的、一般的。我们让他们集中与商家谈价，全村300多户就节约了五六十万元。"书记边听边点头，说："不错，不错。"

老百姓搬新家、买新家具时，我们建议他们以 5 个家庭为一组，集体租车到西昌去购买。比如沙发，一户单独购买是 4000 元，如果 5 户同买，每个就是 3600 元。仅沙发一项，5 户人家可以节约 2000 元，再加上其他家具也采取这种方式，村里 300 多户就能节约几十万元。

当我注意到东明书记指着老百姓在田里劳作的场景时，我给书记汇报，这是烟田，我们烟草投入 700 多万元对土地进行整治，通过种烟叶产业增加老百姓的收入，过上好日子。

特补乃乌村适宜种植烟叶，整个村就有 70 多户种植烟叶。粗略地算，一户种 10 亩，年收入就是 4 万多左右。种 20 亩，那就有七八万元收入，老百姓日子就过得很好了。而且，老百姓种烟是保险产业，只要按照计划种植，烟草公司照单全收，老百姓不就是真金白银到手了吗？老百姓盖房、装修房子的钱就有着落了。

书记边问，我边回答。在产业发展中，我们与村民相互协商，合理布局，分类种植，比如：多少户种土豆、多少户种蘑菇、多少户种水果、多少户搞养殖、多少户进行精加工。以市场需求为导向，形成一个全产业链的合理化布局。书记听了非常开心。

打开了话匣子，我继续汇报节约经费的事。老百姓从不适合生活、条件艰苦的高山上搬下来，不但彻底解决了祖祖辈辈过苦日子的问题，而且节约了不少的扶贫经费。

说到这儿，我随手指了指山上十多户人家，如果老百姓从山上搬下来，不但房屋建设成本低，也节约了几百万元的道路修建费用。从活动中心到山上，大约五六公里左右，海拔 2300 多米，如果修路，1 公里 60 多万，算下来就接近三四百万元，老百姓搬出了好心情，生活也很方便。书记越听越有兴趣。

我还给书记介绍了每家每户修建厕所、洗澡间和地下管网的事。书记也很关心这个问题。我说要让老百姓养成好习惯、形成好风气，就必须给他们打下物质基础。如果房子盖起来了，脏水、污水到处都是，那么"四好新村"就没有达到标准。

东明书记满意地不停点头，他说他跑了这么多年农村，第一次看到了农村有地下排污管道和污水处理厂，感觉是一件很不容易的事。我用手指了指村民活动中心的对面："那就是污水处理厂，每家每户都连接了分管道，解决了他们的粪便污水处理问题。"我又给他汇报了太阳能路灯的情况，到了晚上，那真是一条金黄色的彩练，很美，也很亮。

村里还修建了小水库、小桥和老百姓家的联户路，三桩事村民都很满意。过去，老百姓常年都吃从山上流下来的河水。现在修了水库，把干净水引进了家里。我告诉书记："你看，那个水库，就在你的身后。"

书记又说，到老百姓家里去看看吧。我们陪他走了四户人家，他越看越有兴致。在吉伦里土家中，书记看到崭新的房子，平整的院坝，问道："小伙子，你靠什么收入？"他说："我靠种烟。""今年种了多少呀？"小伙子答道："种了 10 亩左右，第一年就赚了 4 万多块钱，我明年希望种 30 亩，那就可以收入十多万啦！"

书记看看他的客厅，看看他的房间：明亮的客厅，崭新的被褥。书记摸着他的床单连说了几遍："小伙子呀！小伙子呀！你们这叫一步登天呀，真是过上了幸福生活。"

之后，我们来到吉火尔体家。书记看得很仔细，进厕所、到厨房，当他看到住房、猪圈、卫生间以及生活设施，都做到全部分开时，很满意地点点头。东明书记转过头来，对随行的省委宣传部、组织部的同志讲："这个特补乃乌村，就是全省'四好新村'的典范，请你们好好宣传宣传！"

时间过得真快，一晃一个多小时过去了。东明书记与群众话别，我对东明书记说："书记，精准扶贫是一场战役，住上好房子、过上好日子，这'两个好'相对容易一些。但后面两个好，'养成好习惯，形成好风气'这路还很漫长。我们烟草人会继续努力的，请书记放心！"

春风杨柳万千条

民之所盼，政之所向。①

——习近平

"春风不及春望早，春色已报春程好。"

3月的凉山，风和日丽，春天要来了。吐蕊的嫩芽在枝头竞发，微微的山风吹拂在人们的脸面，好一个春的开头。

自从曲木史哈常委挂点甲甲沟村后，这个村迎来了"春风杨柳万千条"般的春天气象。曲木史哈常委是从凉山走出去的领导同志，也是从普格县走上领导岗位的。如今，他是省委常委，全省脱贫攻坚的指挥者。甲甲沟村的变迁史，离不开他的心血。

遥想2018年，也是早春的季节，当时天气还十分寒冷。山风从我们脸上滑过，还有一点刺骨的寒气。史哈常委与

244

---

① 2018年6月28日，习近平总书记讲话。

四川省委常委曲木史哈（右二）和四川省政协副主席
林书成（右一）调研甲甲沟村

　　我们一起站在甲甲沟村的高处,全村每个角落都尽收眼底。
老百姓家里的炊烟从房顶冒出,尽管早晨的太阳斜照了整
个村庄,却还是那么冷清,那么沉闷,没有一点春的生气。

　　我们蹚水越过一条小溪,沿着坑洼不平的村路,走进
了建卡户的家里。没有门,没有窗,没有自来水,只有破
落的土墙。村路的两旁全是垃圾,乱石、脏物,甚至还有
牛粪大便,真是脏乱差。

　　村口七八个年长的彝族老乡,双手插在袖口里,弯着伸
不直的腰,有的半蹲在石头上,左顾右盼。史哈常委用彝语给
他们打招呼,但他们脸上的表情是呆呆的,瞪大的眼睛似乎
在说:你们是什么人? 来这里干什么? 东看一眼、西瞅一下,
只是淡淡笑了笑。我们走近他们身边,询问他们的年龄、家
里的生活,他们的回答支支吾吾,声音很小,听得不太清楚。

　　我们走了,带着尘土离开的。回头望一望,老百姓的

那种表情，似乎对我们的到来，没有多大的惊喜。

我们坐在车上，想的是甲甲沟村未来会怎么样？我们希望把它打扮得美一些，完善一些，成为脱贫攻坚又一个幸福美丽新村。是啊，但设想容易，真正要蝶变，那是很难的。脑海里自然想起特补乃乌村变化的点点滴滴，苦吧、累吧、难吧，都过去了。那么甲甲沟？也要下一番苦功夫。这就是史哈常委第一次进村。

按照史哈常委的指示，我们铆着一股劲，全面摸排村的基本情况，着手启动整体规划。到底这个村怎么去规划，重点在哪里？特色又如何？建卡户、非建卡户、特困户，一家一户又怎么去帮扶。大家想法不同，意见各一，思路多种，观点差异，真是需要时间去磨，需要用功夫去沟通。

比如：一户多大面积，挨家挨户上门求证，家家情况都不一样。但是有一个基本的想法，就是甲甲沟村一定要符合彝族特色，现代、实用、美观、整齐。我们先从安全住房去破题，邀请了宜宾职业技术学院的设计者们进村设计。老师们很是辛苦，克服各种困难，前后多次住进村里，勘地形，查实情，把每户现有的状况一一摸清楚，了解需求，一户一策，大体设计两种户型，75平方米、150平方米，让他们来选择。前前后后快半年时间，矛盾要化解，想法要沟通，过分的要求需要解释，真是做到了细致、耐心，让每户群众都满意。

蓝图已经绘就，干才是关键。到底选什么时间节点动工、挖下第一铲土？这需要一个开工仪式，主要是营造一种大干快上的氛围。我们抓住了彝族年前夕的契机，在2018年11月19日，举行了开工仪式，彝族群众喜笑颜开，奔走相告，内心涌动着建设新家园的火热激情。

一晃又是一年多，2019年3月4日，曲木史哈常委再次来到甲甲沟村。他牵挂着，操心着，一年啦，甲甲沟村到底变化怎么样了？他心里也在打鼓呀！

那天，史哈常委一进村，就被热火朝天的场面所震撼！满眼都是老百姓建设新房新家的画面。乡党委此哈书记在规划鸟瞰图上，给史哈常委介绍甲甲沟新村建设的理念、目标、阶段，史哈常委频频点头认可。当介绍到这个村分"山之形、水之韵、火之魂"三个版块建设时，史哈常委说他感到一种文化的力量在升腾！

曲木史哈常委看到村里的样貌初成，又走访几家农户，嘘寒问暖，每个农民都带着喜悦的笑容。看到正在施工的工地，他内心一定在想，偏远的甲甲沟村，将很快告别千百年的贫穷落后！党没有忘记他们，各级政府帮助他们，烟草人支持他们，好日子就在前头！

建一个村都这么难，全面打好凉山扶贫战役更是难上加难！从2018年5月开始，从调研、考察、设计，所有项目陆续推进，扶贫办的同志不知跑了多少遍，去甲甲沟多少次，挨家挨户上门不知多少回，了解实情，分类施策，把前期工作做得扎扎实实，开展工作有板有眼。县、乡、村的扶贫驻村第一书记，形成了会战合力，步步向前推进，才有今天的局面。

时间来到2020年12月15日，当曲木史哈常委再次来到甲甲沟时，村里已经发生了翻天覆地的变化，甲甲沟村已经脱贫啦！村里所有项目都已经完工，每个群众都在分享脱贫的喜悦。

眼角有泪情义真

> 善良是人生的正能量，是能够带来和平与幸福
> 的力量，是能够让世界越来越美好的力量。
>
> ——佚名

2019 年的 11 月，尽管是隆冬时节，但那天蓝天白云，艳阳高照。天空下的甲甲沟村到处洋溢着喜悦的气氛。曲木史哈常委与凉山州的林书成书记，带着浓浓的情意，来到甲甲沟村进行慰问，同时开展扶贫调研。

那天史哈常委的心情，绝对不是一年前的沉重，当乘坐的车辆从盘山公路慢慢下来，就远远望见，山沟沟里有一个十分耀眼、房屋坐落有致的崭新山村矗立在他的眼前，"山水如画，幸福家园"八个巨幅大字的牌子，映入他的眼帘。此时此刻此景，他也许会在心里疑问，这是一年前的甲甲沟村？

史哈常委第一站来到他一年前站的半山腰处，那时是小路，尘土飞扬，现在脚下是宽阔的水泥路。他俯瞰着全村的风貌，鳞次栉比的安全住房，一片片平整的烟田，绵延全村的硬化路，美观大方的幼儿园，村民活动中心的广场。他很有兴致地说，这个村太美了，真是"山水如画来，彝居美大地"！

　　是啊，这所有的一切，都见证着甲甲沟村的蜕变与发展。经过一年多的各方努力，各项工程进入收官，初始确立的"五化"目标已经一一兑现。这背后是烟草人与县、乡、村一群人合力攻坚的成果。当然，这背后也有无奈的心酸，更有那么多人的无私奉献，忍耐坚守，顽强拼搏。没有这群人这样忘我的战斗，哪有今天甲甲沟村一朝的巨变。我想，史哈常委比谁都清楚，是因为每一个阶段、每一个关口、每一个难题，都是在他的指挥协调下实现"突围"的。

　　当他来到新建的幼教点，史哈常委亲切地与老师交谈，详细询问教学与生活情况，关心学生午餐、午休，还视察了幼儿园的厕所、厨房等。他看得是那么仔细，从一楼的小班到二楼大班，教室整洁，窗户玻璃通透，课桌凳子崭新、小朋友书声琅琅。眼前的这一切，都感染着他，小朋友们自发热情地齐声喊道："爷爷好！"

　　我看到史哈常委有些感动，这一声"爷爷"叫得他高兴、亲切。高兴的是他看到孩子告别过去破败的教室，亲切的是彝族小朋友现在有了一流的幼教点，他内心一定会感慨：扶贫帮困，教育才是根本。

　　当他来到小朋友午休的床前，手抚摸着配套齐全的木床，捏着床上崭新的被褥、床单、枕头，他的动作是缓缓的，边捏边看。我似乎感到史哈常委有点感慨与激动，眼眶有些湿润。也许是他极力控制自己高兴的情绪，泪水才没有从眼眶流出来，真是硬汉也有柔情的一面。那是因为他年轻时候在普格当过乡长。那个时候，小朋友是没有这样好的学习条件。他的动情，是因为他也深爱这片热土；他的感慨，是因为脱贫攻坚给小朋友带来了雨露与阳光；他的赞许，是因为有这么一群人在党的领导下为彝族小朋友，干了一件"功在当代，利在千秋"的大好事。

他转过身来，又望了望几十张崭新的木床，整整齐齐，干干净净，并对我说："老麻，你们干得不错！"我说："都是在常委领导下干的，领导还有什么指示？"他说："你们都干得很好了。"我们边下楼边说话，他向老师们挥手致意，满意地离开了。

史哈常委还是放不下老百姓，又连续走访了几户人家。他看到每家都是崭新的房子，硬化的院坝，联户路到家门口，室内装饰一新，客厅里家具家电配套齐全，厨房干净，家家有太阳能洗澡间，自来水到锅头边。他脸上始终是带着笑容，还用彝族话与老百姓亲切交谈。我虽然听不懂彝语，但从老百姓满脸笑容中，知道交谈的都是幸福的话题。得到史哈常委的满意，我内心自然也乐滋滋的，感到我们烟草人拼命一年搬掉穷山，很有成就感。

我们一行人走在平整宽敞的路上，小溪从村中流过，路的两旁树木已经成形，太阳能路灯围绕村路转了一圈，真是一道风景线。史哈常委带着真情离开了村里，当他回过头向送行群众挥手告别的那一刻，他一定是高兴的。因为彝族群众过上幸福生活，就是他孜孜追求的初心与使命。

凉山老人的情怀

横眉冷对千夫指，俯首甘为孺子牛。

——鲁迅

  2015 年冬天，我记得那是一个早上，四川省原副省长后来成为省政府资政的张作哈老领导年纪已过 64 岁。他是从凉山走出来的彝族老领导，不管离开多少年，他依然深深眷恋着他曾经战斗过的这片热土。一大早，他带领我们六七个人第一次走进了特补乃乌村，那个情景到现在一直在我脑海里回放着。早晨太阳斜照着破落的村庄，路陡弯急，坑坑洼洼，有几个地方越野车爬上去都很费力。

  张副省长带着我们走了十几户人家，彝族老人裹着破旧羊皮大衣，靠在土墙边晒太阳，脸色是那么地黝黑，眼神是那么地呆滞，整个人看上去是那么地没有精神，脸上一点笑容都没有，只是惊异地左顾右盼。

就算张副省长用彝语同他们对话，好像也听不太懂，低着头，弯着腰，你看我，我看你，偶尔笑一下，算是对上话了。苦日子让他们感到毫无生活的乐趣与希望，小孩儿的脸上是脏的黑的，鼻涕流到嘴边，还用舌头舔一舔。那双小手又黑又脏，有的还长了脓包，渗出了黑红的血。身上的衣服很脏，脸上的表情显得呆滞阴沉，眼神中急切地盼望着什么。这难道就是他们的童年吗？我的内心是一股股的酸痛与无奈。

又看了几家贫困户，快过年了，房架上也没有挂着一块腊肉；矮矮的土院墙，已经破壁斜倒；房子又脏又暗，用过的碗丢得满灶台都是，炒菜的锅洗都没洗过，那床就在角落里，脏得一塌糊涂，被褥好像从来没有洗过的一样。特别是老百姓的头发，真的从生下来到十几岁、几十岁、七八十岁，也好似从来没有洗过一次，身上的味道自然是一股股地熏人。

我的泪水在眼眶里打着转转，脑海里想得很多、很多。想的是他们从奴隶社会一步跨千年，几十年了，怎么还这么落后？他们的苦日子何时才能到头？想的是习总书记真的很伟大，更能体会到打赢脱贫攻坚战的意义所在；想的是我们随着张副省长，今后怎么与地方一道，把这个村建设好；想的是我们又怎么在最快的时间内，让他们脱胎换骨，旧貌换新颜……

张副省长脸色也是凝重的，想必他想得更多，肩上的责任更重。他带着我们一户一户走，一家一家看，建卡户就一个字"穷"，非建卡户是两个字"也穷"，走了十多个贫困户，户户都揪心。张副省长说得最多的话就是："老乡们，你们好，穷日子快要到头了"；"政府没有忘记你们，今天来看你们生活过得这么差，我们也着急呀"；"有党中央，省委、省政府，县委、县政府，还有烟草公司，你们这个村一年以后，就会是一个崭新的新村，就会告别现在的样子"……

老乡们听了张副省长的话，心情一下子都松了下来，大家凝重的脸上，也多少流露出了一些慰藉。

我们是揪着心离开老乡家的，张副省长从这个组到那个组，总是想多看几家，再看看村里的环境、道路、公共设施，了解更全面些。张副省长边走边说："这么多年了，农民还是这么苦，村里的条件还这么差，我们要尽快改变这落后的面貌。"他也嘱托我，让烟草公司挑起大梁来，拿出个规划。我说："省长，请你放心，我们烟草人绝不辜负你的希望。"

张副省长与我们一行站在村的高处，左右环视，站在路旁上下打探，站在村口回望了一次又一次。我想省长肩上的责任不轻，心中在盘算这个村怎么建，老百姓怎么尽快解除贫困，过上好日子。紧锁的眉头告诉我们，欠老百姓的账太多，太多了。他们生活太不容易了。望着他慢慢上车的背影，估摸着他的心思，我想他在车上一定会勾画出未来这个村子的美好蓝图。

岁月不居，时光如流。两个月后，我与县上的领导一道，来到张副省长的办公室进行了第一次汇报，向他提交了特补乃乌村建设方案和大小 25 个项目。他仔细看，反复琢磨，也讲了自己的想法，建议我们在规划上再进一步修改，达到尽善尽美。在项目推进过程中，他经常电话询问，就连房子外观打造，都过问了好几遍。

那年快入冬了，他又带着我们来到特补乃乌村，开展"暖

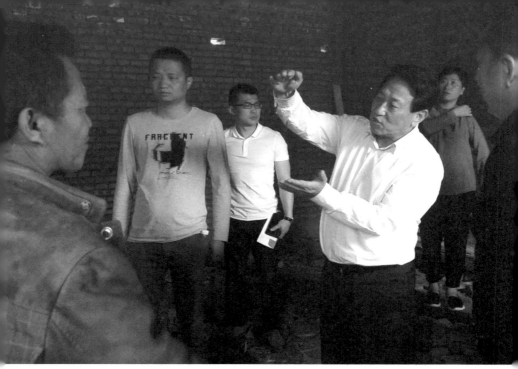

四川省政府资政张作哈（中）调研特补乃乌村

冬行动"的慰问活动。他看到，十几里的山沟，青山绿水衬托着每一座房子，他喜悦地说，真像一幅山水画，显然不是他一年前看到的凄凉景象。他站在村的高处，发出了感叹："你们烟草公司和县上、乡上齐心协力，这么短的时间，硬是把穷山头搬了。我这老凉山人，感到骄傲，谢谢你们的辛苦。"

这次回去后，他就退休离开了工作岗位。但他的心，还牵挂着凉山这片热土，挂念着特补乃乌村老百姓的生活，还经常给我打电话询问情况。我也给他一五一十地进行汇报：特补乃乌村已被省上评为"四好新村"，中央电视台、各大报纸都报道了特补乃乌村的变迁过程。我也说，特补乃乌村如今的美好，有张副省长的心血和功劳，老百姓一定不会忘记你。

徐副局长来到大凉山

> 没有一种使命，比满足人民对美好生活的向往
> 更伟大。
>
> ——佚名

2020年的8月，甲甲沟村骄阳似火。时值我们烟草局正在甲甲沟村举行第二期"红色引擎"，国家烟草专卖局徐璆副局长冒着酷暑，又专程来到甲甲沟村，带来了北京的深情关怀。

去年也是差不多这个时候，徐副局长初次来到特补乃乌村和甲甲沟村看望大家，开展调研，重点了解两个村的产业发展。那是2019年9月19日，徐副局长来到凉山，深入普格县调研甲甲沟村、特补乃乌村脱贫攻坚及烟叶工作。这两年脱贫攻坚工作进入紧要关头，国家烟草专卖局领导进行了联系点的分工，凉山成为他的联系点。徐副局长是烟草专家,凉山作为全国重要的战略性烟叶基地,他一直记挂在心。那一次他来到凉山,先去了冕宁县。冕宁是现代烟草农业的示范区,烟叶烘烤收购、高标准烟田建设、促农增收这些工作都排在凉山的前列。他在冕宁县回坪烟站调研时,拿起一束束分拣好的烟叶,仔细用手去感受烟叶的厚薄、成分,观察烟叶的颜色。

离开冕宁,他第一次来到普格县特补乃乌村和甲甲沟村,这两个村经过烟草人几年的帮扶,已经大大变了样子。徐副局长看着展板上的新旧对比图,看到了两个村过去贫困落后的面貌,那是破旧的房屋、泥泞的土路、四处流淌的污水。老乡们家里黑漆漆,没有一件像样的家具。

他在特补乃乌村观看《遥望幸福》纪实片时,看到片子里群众穷苦的生活,因病、因残的样子,心里很揪心,眼睛不觉得湿润起来。他从北京过来,没有想到边远的凉山,老百姓还是如此贫困。再看看现在,新房、新家、新生活,村里到处都是一派欣欣向荣的景象,徐副局长脸上洋溢着喜悦的笑容,放心了,踏实了。他对大家说,烟草公司是国有企业,要肩负起"保证财政收入、促进经济发展、振兴民族工业、助力脱贫攻坚、保障社会就业"的责任。特别是烟叶产业,那是帮助困难群众脱贫的重中之重,特补乃乌村和甲甲沟村,很多老乡们就靠着种烟实现了脱贫,这一点可能在稍发达地区不明显,但在民族地区、深度贫困地区,凡是能种上烟叶的老乡,基本都实现了当年脱贫。

今年,徐副局长再次来到甲甲沟村,就是对彝族群众的最大关怀,也是对烟草人扶贫帮困的最大鼓励。他全程参与了四川烟草商业系统第二期"红色引擎"扶贫行动暨"彝家新风"普法宣讲活动，详细了解党群活动中心、幼教点、村民新居和群众生活情况。他跟大家说，扶贫工作是要有一个"主心骨"的，这个"主心骨"就是党的建设。他走访调研了很多地方，发现凡是当地支部作用发挥不突出的，村里发展得就不太好，容易致贫；凡是基层组织建设扎实的，支部坚强有力的，往往当地的经济建设就能上去，老乡的收入就有保障。所以，他对四川烟草创新开展"红色引擎"扶贫行动给予高度评价，以此让党的政治优势在脱贫攻坚中绽放光彩。

随后，徐副局长来到沙马次聪家，了解生产生活情况，并为其赠送"彝家新风"爱心包。看到他们家崭新的房子，徐副局长很是高兴。一进门里面，屋里亮堂堂的，沙发、电视、茶几、桌椅板凳一应俱全，样样家具现在都拿得出手了。徐副局长关心地问到："家里主要靠什么收入啊？"沙马次聪讲道："主要是打工，收入没问题。"在凉山贫困群众中，只要是能出去打工的，一般脱贫是不成问题的。

"那今年呢？"徐副局长继续问道。

"今年受到一些影响，主要是疫情防控，之前可以到深圳去打工，现在不方便出去了，只能在家附近打工。"

"那你在那边学会讲广东话了？"

"还不行，学得不好，普通话可以说。"

徐副局长与沙马次聪在沙发上坐着，你一句我一句的聊天。通过交谈，徐副局长了解到沙马次聪家有4人，其中有2人在务工。虽说是建档立卡贫困户，但这两年因为县里、乡里帮助，带动他出去打工，收入已经好了很多了。只是今年疫情的原因，受到了一些影响。

　　"好好干，老乡！再苦再难都已经过来了，现在已经看到好日子在招手了！你们脱贫了，还要加把劲，继续努力。祝你们幸福安康！"徐副局长最后与老乡道别，并送上祝福，希望他一家人日子越过越红火。

　　短短半天时间，徐副局长在村里调研的内容却很多，很扎实。回想起这两年两次来到普格，来到凉山，徐副局长对贫困群众、对凉山总是依依不舍，总是多一份牵挂。徐副局长既欣慰又感慨：再想想脑海中两个村过去的样子吧！仅仅几年的光景，村里的变化真大啊！

　　徐副局长一路上越看越高兴，他希望我们的老乡能够过上幸福的日子，他也希望烟草行业能够在脱贫攻坚乃至未来的乡村振兴中，做出更有担当的贡献。我想，徐副局长的笑容，既是为我们的扶贫干部点赞，也是为凉山脱贫攻坚的成果点赞，更是为老乡们真正过上好日子点赞！

国家烟草专卖局副局长徐瓘（左一）调研甲甲沟村

美丽乡村，一路风景

不经巨大的困难，不会有伟大的事业。

——伏尔泰

凉山是那么的遥远，从北京到这里远远超过 2000 公里。2019 年 11 月 18 日，国家烟草专卖局主题教育第四巡回指导组组长段红斌一行，专程来到扶贫一线进行调研，并指导"不忘初心，牢记使命"主题教育，重点来到我们烟草行业的帮扶点——特补乃乌村和甲甲沟村，了解扶贫情况。

他对凉山是陌生的，因为他是第一次来。下了飞机，他看到路边各种颜色的三角梅盛开，别有一番好心情。路过邛海，更是让他感慨，西昌真美，这"月亮的女儿"，真是名不虚传。

继续向西，翻过高山，进入彝区。

当他来到美丽的特补乃乌村，他一下子喜出望外，自言自语地说："这个村子太美了。"我想让他了解特补乃乌村的过去，目睹贫困村之缩影。因此，我们一同观看了纪录片《遥望幸福》，片子只有十多分钟，但它真实完整的呈现了特补乃乌村的过去。每一个镜头都直指人心，房屋昏暗，小孩只有在院坝写作业，两个大人拖带着 4 个孩子，男主人得了肺气肿正在呕吐，一家 6 口生活得十分艰难；大冷天，小男孩光着脚，站在大山上呼喊"我要上学，我要走出大山"……一个个镜头冲击着段组长的心扉。纪录片的每句旁白，都是那么凝重、悲切，让大家都为老百姓过去的生活而无限感慨。

画面、镜头、语言、场景、人物，让段组长落下了伤感的泪水。这泪水，是因为他感到过去彝族老百姓生活得太苦了；这泪水，是因为他感受到了一年前，这里的人们在贫困线上挣扎的悲情。纪录片结束后，段组长久久未移动身子，脑海中还在浮现刚才的情景。

他思索了一下，一抬头，映入他眼帘的是一幅幅脱贫攻坚的动人画面。有领导视察一线的关怀鼓励，有各级干部冲在一线的真实镜头，有攻克一项又一项工程的生动场景，有决战决胜摘掉穷帽的真实写照……段组长边看边点头，夸奖道："我们烟草人是好样的，投入了几千万，一年多时间就把穷山村变成美丽的新村。"

11 月的中旬，天气很冷，加上沥沥细雨，风寒刺骨，但村里却到处洋溢着喜气洋洋的气氛，家家户户正忙着清理垃圾打扫卫生，为即将来临的彝族新年做准备。我们正好碰见几家人，满脸笑容，他们正从汽车上搬下刚买的新电视机。我们就问他们："这下有了新家了，高兴吗？"

他们连声说："高兴、高兴！"

段组长一行到村活动中心的幼儿园，看到学生正在老师的辅导下练习唱歌。小朋友红红的脸蛋儿，透露出了幸福的童年生活，眼睛睁得大大的，很是机灵可爱。段组长说，这个幼儿园不比城里的差，教室整洁，床也是新的，被褥也是新的，小朋友都穿得干干净净，满满都是幸福感。

特补乃乌村给段组长留下了难忘的印象：山是绿的，水是清的，路是平的。站在村的高处，一派欣欣向荣的盛景。段组长说："全国的贫困村我见过很多，真没想到过去的凉山，贫困如此严重。但我更不敢想，一年后的特补乃乌村，建设得真是风景如画，美不胜收。这个村真美、真美！"

离开特补乃乌村，我们又来到了甲甲沟村。我们一进村，几个熟悉的彝族群众老远跟我们打招呼："麻总，您又来看我们啦。"我给他们一一介绍："这是从北京来的段组长，他来看看大家。"

段组长一行走进了村口沙马次聪家，房子两层楼，院坝有 200 多平方米，整个设计十分合理，屋檐下挂满一排排金黄的玉米，红红的辣椒一串又一串挂在墙上。沙马次聪招呼段组长坐在宽敞明亮的客厅，拉起家常说："我们能过上好生活，烟草公司操碎了心，麻总都来过好多次了。"大家在欢声笑语中交谈，段组长动情地说："你们住的是乡村'别墅'呀，要在北京，可值个几千万元呢。你们要感谢共产党，感谢政府，没有党中央脱贫攻坚的号召，不可能有今天的好日子。"

段组长站在半山腰上，环顾着整个新村，他说："这个村更有亮点，整体布局更有特色，房屋的颜色真美，有

彝族的文化特征。"我们沿着宽宽的村路走下山，小溪从眼前流过，路两旁的树木整齐茂盛，活动广场上有不少人载歌载舞。

　　看到老百姓有滋有味的生活，给段组长留下的不仅仅是感动，还有"不忘初心，牢记使命"主题教育实践活动的种子，正在凉山这片热土上发芽、开花、结果，在老百姓的心中扎根、生长。

情怀满满为彝乡

　　人民是不变的价值取向，为人民是始终的价值
追求，人民性是永恒的价值底色。

——佚名

　　李恩华局长是2015年1月到四川省烟草专卖局就任
的，整个"十三五"期间，他作为四川烟草的"一把手"，
不仅把烟草主营业务推向了持续发展新高度，更是情怀满
满地把脱贫攻坚工作提升到了新的水平。

　　扶贫的这几年时间，我是扶贫工作的分管者、执行者，
而李局长是背后的总策划，每一项扶贫的成效取得，都离
不开李局长的支持。每次我从村里带着问题、带着需求回来，
向李局长进行专题汇报之后，他都是照单全收，总会特别
地叮嘱、吩咐，对扶贫工作一路开"绿灯"。

　　从定点扶贫工作开始，恩华局长就高瞻远瞩地提出了

"581扶贫惠民工程",为"十三五"期间四川烟草局的扶贫工作定下了总规划、总基调。他亲自担任助推幸福美丽新村建设领导小组的组长,把扶贫工作作为"一号工程"。每次党组会上,我都能听到他对扶贫工作新的思考,每次行政办公会上,他都会专门针对扶贫工作作出具体的要求和安排。

心里装着一份责任,他感恩于国家对烟草行业给予发展红利,也对深处贫困之中的群众倍加关心。他曾经说:"从烟草行业来讲,我们是在改革开放之初组建的,建立了烟草专卖制度,享受了专卖制度的优越性,也成了先富起来的行业。央企具有政治属性,要首先把国家利益摆在首位,更何况我们感受了中国特色社会主义制度自信的力量,分享了社会经济发展的重要成果。要从领导力度上加强推进,从资源配置上加以优化,把烟草行业的扶贫责任落实到位。"

李局长主要身处办公室运筹帷幄,但也同样挂帅出征,走在扶贫的第一线。5年多来,他作为全省行业的"一把手",不管再忙、事情再多,每年、每季度都会抽出时间到全省各地的贫困村特别是省局定点帮扶的特补乃乌村、甲甲沟村,看看村里的变化,看看老乡的生活,现场帮助解决工作上的难点和老乡的困难。

记得2017年的5月,当时特补乃乌村虽然已经脱贫,但行业助推的扶贫项目还在如火如荼地推进,并力争在当年8月前全部完工。时间很紧,但特补乃乌村的道路工程实施比较慢。16日那天,下着淅淅沥沥的小雨,他又来到村里,一方面看看扶贫工作推进落实的情况,另一方面进

四川省烟草专卖局（公司）李恩华局长（左三）在甲甲沟村调研

行现场办公，召集大家在乡政府召开现场会，专门部署剩余的工作。李局长的到来，协调力度当然更大，按照8月完工的时限，当场就把后面工作的"计划表"定了下来。特别是对于交通问题，他千叮咛万嘱咐，要求施工队立即加强队伍力量，组织工人连夜加班抢工，因为时间已经很紧迫，常规的节奏是完成不了的。正是在他的支持之下，特补乃乌村的村道如期完工，一条大道蜿蜒在村里，沟通起千家万户，解决了出行难的问题。

　　除了特补乃乌村，他对甲甲沟村的关心也是一往情深。2019年的7月23日，李局长来到甲甲沟村，看望当地的贫困群众，查看行业帮扶项目的建设进度。他一路走一路看，对住房建设的进度表示满意。当时，甲甲沟村的住房建设已经基本结束，风貌打造的方案定下来后，就将把外墙粉

刷一新，错落有致的房屋将呈现出一派统一的风貌。看过了项目，他又与一些贫困群众热情寒暄，问长问短。都说小康不小康，关键看老乡，群众眼见着高楼起，眼见着村更美、包包更鼓，心里很是舒心。

对于我们烟草局派驻到一线的扶贫干部，他也十分关心，曾给大家讲过 2009 年"感动中国"人物沈浩的故事。安徽省小岗村原党支部第一书记沈浩，在村里一干就是 5 年，后得疾病，45 岁去世。习总书记亲自慰问其家人，他的事迹被拍成两部电影，其中一部就叫《第一书记》。李局长勉励大伙儿，要深怀爱民之心，将扶贫作为彰显价值的人生舞台。而对于机关的同志，虽然大家没有直接参与扶贫工作，但他提出了"全员扶贫"的理念，希望广大干部职工都要走进基层，走进扶贫村，体验生活，感悟人生，学会感恩，珍惜来之不易的工作学习环境，自觉地克难奋进，撸起袖子加油干，以仁爱之心扶持弱势群体。

"十三五"收官之际，李局长也即将告别他热爱的事业。2020 年 12 月 8 日，那是他离任前最后一次到普格。那天，他以四川省政府参事的身份陪同省参事室党组书记、主任蔡竞等一行，在甲甲沟村开展"决战贫困、大爱川烟"主题调研，李局长和参事们为小学生优秀作文获得者、村里产业致富能手颁奖。省政府参事们在调研后感叹：烟草行业高水平推进、高标准建设、全覆盖帮扶，令人大开眼界、深受教育、深受感动；在项目建设中不仅投入了巨资，更体现了为民情怀和智慧担当。

李局长在致辞中热情洋溢地讲道："五年来，四川烟草在全省范围投入扶贫资金 3.92 亿元，帮扶了 291 个贫困村，助推了 1.54 万户贫困户、6.01 万贫困人口脱贫。作为定点帮扶普格县的牵头单位，我们的战场从全省聚焦普格，从特补乃乌村转向甲甲沟村。5 年来，我们烟草局与普格县委、县政府一道，统揽产业发展、民生基础、绿色生态、文化教育'四个扶贫'，践行弱有所扶、劳有所得、住有所居、幼有所育的'人本理念'，风雨兼程，同心同德，持续用劲，久久为功。今后，还将继续巩固成效防返贫、发展产业促增收、移风易俗树新风，助推两村开拓乡村振兴的新局面。"

是啊！5 年了！这 5 年多，特补乃乌村也好，甲甲沟村也好，他看着他们成长、蜕变，看着它们一步步向着幸福发展。临退之际，他总想着还要去看一看，看看扶贫收官之后，群众的日子有多好。

寒冬已至，春将不远！5 年来的扶贫路，李局长一路领命出征，带领我们烟草人扶贫攻坚。我们庆幸，有这样一位情怀满满为人民的"老班长"！

最辛苦的排头兵

丈夫在世当有为，为民播下太平春。

——诸葛亮

2019 年 12 月 11 日，匆匆驱车来到普格县，已经是晚上 9 点。踏着夜色，我们一行赶到普格县委大院，与县委书记刘若尘座谈。

每次我到普格，无论刘书记有多忙，他都要抽出时间来和我见个面，交流工作。他一个县委书记，大大小小的事情都要管，能陪着我那是很不容易。

刘书记的脸是黑古铜色，就像是一名彝族干部，给人感觉是一个拼命三郎。形象刚毅，作风过硬，雷厉风行，敢打硬仗，特别是他那一双眼睛，谁在扶贫的过程中拉稀摆带，他眼睛一瞪，只有将压力转化为动力和责任。在扶贫中，他真是六亲不认，只要哪个单位、哪个环节、哪个

268

普格县委书记刘若尘（左一）在现场指导工作

人未履行职责，批评那是常态，处罚那是手段。这几年，在扶贫中我很佩服这位县委书记，与他结下了难舍的感情，到现在一幕幕还在脑海不断回放。

深夜座谈，在严肃的工作之余，我们之间也多了一份战友般的温情。我们回顾了近年来扶贫工作走过的历程，点点滴滴，大家都如数家珍，印记清晰可见。我们相互细数了扶贫过程中的种种困难，如何克难奋进，如何共同努力。当谈到有时因工作意见想法不一致时，我们都开怀一笑，既有冰释前嫌的洒脱，也有亲密无间的工作友谊、共同前进的战友情。现在回想起来，这些情义是真挚的、纯粹的，是无私无畏的。

我们畅谈了普格的未来发展，经过几年时间的定点帮扶，普格的脱贫攻坚取得了非常大的成效，但怎么把精准扶贫的工作收好官，与乡村振兴对接好，是下一步要考虑的问题……

在一起的，还有普格的县委副书记日海补杰惹。他是彝族人，对这个村他再熟悉不过了，祖祖辈辈都生活在这块土地上。在这次甲甲沟村的整体脱贫进程中，真是离不开他，上下协调，统一思想，解决矛盾，处理具体事情，件件都做得非常到位。

土生土长的干部也有优势，人员熟悉，情况明了，威信高、说话别人听得懂，执行不打折扣。他也很朴实，朴实到话都很少，说得最多的是："麻总，你放心，我一定落实。""对不起，因一些突发情况，未完成本周的任务。"我每次去，他都在一线，都在甲甲沟村。我们相互沟通，认真研究，现场解决问题。他确实是一个扶贫战线上的老黄牛、实干家，低调而朴实。看到他身上的作风，也就看到我们每一个在扶贫攻坚战中，走在前面的各级领导的身影。

还值得一提的是县委常委、宣传部部长郭吕刚。郭部长是特补乃乌村与甲甲沟村两个村实现脱贫任务的具体负责人。他想得更"细"，细得每一户情况他都清楚；他工作更"实"，实得每一个环节、每一个节点、每一件事、每一个人、每一个项目他都很清楚，都放在心里，工作上有的放矢；他做事更"严"，每一项任务有责任人，每一个方面都有制度，每一项工作常常有督查，发现问题，立即整改。在扶贫过程中要对照目标、任务、要求和进度，都是十分认真、严格和逗硬。他给我的印象：为人忠厚，完成任务出色，是一线扶贫的指挥员、实干家；他讲起"四好新村"，谈起村里的文化建设，真是头头是道，且有内涵。两个村的老百姓都夸他，今天我们能过上好日子，住上好房子，郭部长是立了功的。

除了县上领导，我更不能忘记的是特补乡的日黑此哈书记。说一千道一万，所有的目标、任务、项目、人员，一切都要靠他来具体落实。刚开始时，我到村里对他印象不太深。个子不高，皮肤黝黑，眼睛很大，语言特少，当他站在人群里，绝对不知道他是乡上的书记，就是一个农民的感觉。但相处时间久了，才发现他身上有着基层书记那一种朴实无华的美好品德，他在具体工作中肯动脑筋，充分调动大家的积极性，善于到老百姓中去了解情况。可以讲，扶贫中大大小小的事儿，都要从他手上过。他与风雨作伴，与酷暑作战，与风雪争斗，与困难挑战。

我也深知，每一个项目的推进真的不易。他也受过委屈，挨过批评，但他给我说："让老百姓过上好日子，我吃这些苦都算不了什么。老百姓的埋怨，说明我的工作做得还不好。因为我是这个乡的书记，老百姓的主心骨。你们省上与我们非亲非故，都与我们战斗在一起，就是天塌下来，把我压垮，我也无怨无悔。"

几年下来，我和此哈书记接触得最多，说的话最多，给他分配的任务最多，我也批评他最多。批评了他，我不忍心，就要用几倍的感情去关爱、安抚他，因为两个村的工作，离不开他。

他尽管不是十全十美的书记，但我认为他是基层的好书记。让我特别感动的是，去年11月份，他不慎将腿摔断了，但他仍坚持战斗在第一线。

他在医院住了三天，听说我来到村里的时候，他挂上拐杖在必经的村口等着。我说："书记呀，腿都摔断了，

你就好好休息吧！这里还有乡长在，大家都在，你可以放心，安心养病。"我给他开玩笑说，"这是老天爷让你休息了，给你放假。"他却对我朴实地说道："麻总啊，彝族年马上要到了，甲甲沟村的脱贫工作还有很多方面做得不到位，有些工作还滞后，我真是坐不住呀，也躺不下、睡不着。尽管这几天在医院，但脑海里还是想着村里的每一件事，常常晚上做梦都在与老百姓一起干。麻总你放心，也谢谢你，我会调整工作方式的。"人们常说"一日动骨百天养"，但他却从未休息过一天，他每天都去现场办公，有什么问题，就在现场研究解决。

此哈书记这几年进步很大，刚开始言语不多，关于上级要求的扶贫工作、重大意义他也讲不了两句。现在什么小康梦、复兴梦、少数民族一个都不少、脱贫攻坚战关键是要实干等理念，不但嘴上说出来，而且在行动上体现。中央电视台采访他，记者们采访他，他是滔滔不绝，有事例，有感情，也有个人的认识。刚开始的时候，工作没有什么章法，现在通过几年扶贫的经验积累，工作能力和水平都有了很大的提升。

普格夜话，共诉离情。又是一年到头的时间，大家对各自又多了一份珍重和祝福！

思绪回到现实。离开时，已经快夜里 12 点。我想，我们与普格结下了深厚的扶贫情意，几年来大家心往一处想，劲往一处使，为了共同的扶贫事业，朝着一个目标步步迈进，填补了多年来普格发展的欠账，极为不易。工作之外，大家感情真挚，话语间感人至深。我们感恩时代，感恩人民，感恩奋斗的扶贫事业。

一张蓝图绘到底

余心之所善兮，虽九死其犹未悔。

——屈原

什么叫一张蓝图绘到底，什么是一任接着一任干，我们把目光聚集到 6 位扶贫办主任身上，就能找到答案。

2016 年以来，省烟草公司扶贫办历经的正副主任有 6 位，每位主任的身上都有自己的个性与特点，他们持续接力，棒在人在，人离开了，但扶贫接力棒传在下一任手上，继续把扶贫帮困向前加速推进。凉山这片热土，因为他们的努力而精彩。

崔力君是省烟草公司扶贫战线第一位常务副主任，摊子刚刚铺开，万事开头难。他遇到的第一个关口，就是要把人选好、配强，要挑几个既懂得工程建筑，又愿意参与脱贫攻坚的同志，才能撑起这个"前线指挥部"。他把视野放到全省行业筛选搭配，经过一周时间，初步把人选好了，5名同志汇集一起，拉开了脱贫攻坚的序幕。第二个关口，又怎样系统开展工作？崔主任是一个有思想、肯动脑子的人，出主意，提建议，拟定了全省脱贫攻坚的初步规划和建议方案。

为了尽快摸清情况，他与扶贫办同志在基层跑了几十天，到凉山、上甘孜、去阿坝，在一线掌握第一手资料，指导各市、州、县与地方政府对接，领受定点扶贫任务。其中的重点，是我们的特补乃乌村，在那里就待了一周，挨家挨户，走村串户。掌握了实情后，他与乡上、村上的干部一道，共同议定了帮扶特补乃乌村的整体规划与13个子项目。

在扶贫办期间，他的主要精力，都放在了凉山，蹲点在特补乃乌村，这个村就是扶贫办的办公地点。2016年年初，春节刚过，他再次去凉山，到村里着手项目的落实，挨家挨户进行思想沟通，鼓励老百姓留下来，一起用自己的双手建设新家园。他与扶贫办的同志，积极配合乡、村干部，加快推进速度，保证项目质量。其中，他死死盯住老百姓的安全住房不放手，收集各种情况，形成住房建设的时间节点、措施与办法。从总体设计到一家一户，从面上把控到具体细节，在施工现场与乡干部一起督查督战，哪一家有什么具体问题，在现场立马解决，绝不能耽误一天工期。通过上下同心，合力相助，5个月过去了，家家户户的房子慢慢建起来了，他心里想，老百姓彻底告别没有房、住烂房的日子就快到了。

后来，因工作需要，他离开了扶贫办。虽有不舍，但新的工作需要他去履职。如今特补乃乌村整村脱贫，这里面有崔主任的一份贡献。

人如其名，陈主任是出了名的"严"主任。烟草公司投资处处长的陈岩，从崔主任的手里接过接力棒，又带领大家奔向了扶贫的第一线。长期在村里进行协调指挥，一个项目一个项目严格把控，注重每一个环节，向纵深推进。

在工程建筑方面，他是一个业务技术管理专家，所以他当扶贫办常务副主任，我也很放心。在具体工作中，他总结了一套项目管理、质量把控、过程推进、环节衔接、协调配合等一整套具体办法,确保了每一个项目都有章法。比如，以周例会的形式，提高项目推进的效率，看似简单，贵在坚持。每周扶贫办的同志到现场指导、调研、协调，通报检查上周项目完成进度情况,部署第二周开展的工作。这种方法，就是把每个项目的进度，细化精准到每一天，用时间节点实现精准施策。

说实在的，在具体项目推进中，必须逗硬，来不得半点马虎。既要重视特补乃乌村"责任田"，又要把全省整体的推进情况装在心里。陈主任采取"弹钢琴"的办法，既保证普格县扶贫项目不落后，又对全省行业 20 个市、州局扶贫工作,采取自查、抽查、集中检查的方法,做到全覆盖、无遗漏，整个扶贫工作落到实处。

陈主任给人的感觉，一是严格，二是认真，三是能吃苦，确实是一位十分称职的扶贫办主任。但天有不测风云，人有旦夕祸福，与大家奋战了一年多时间，陈主任不幸身患疾病，动了手术以后，只好离开他舍不得的扶贫战场。

人生是有限的，事业是无限的。我们又选派了第三任

扶贫办常务副主任，他叫屈建康，行业内的烟叶专家，也是科研带头人。屈主任是土生土长的凉山会理人，在凉山烟草局工作多年，是行业的老同志，却是扶贫战线的"新兵"。2018年9月才来到扶贫办，接手了第二任陈主任的接力棒，从凉山走出来，又回凉山去，是因为他成长在凉山，自然对那里的老百姓感情更浓厚一些。

当时选择他任扶贫办主任，因为他熟悉凉山情况，也十分了解地方的风土人情，特别对烟叶生产也很懂，工作很快就对接上了。上任伊始，就领受了普格县甲甲沟村整村脱贫攻坚任务。他与扶贫办的同志，又开辟了新的战场，在要求高、任务重、时间紧的情况下苦战在一线。给我印象最深的，是2019年国庆节到年底两个多月，他都在甲甲沟村，战酷暑、斗严寒，确保每一个项目不拉后腿。

他工作细致认真，不是在走村入户，就是在施工现场督查督办。平时，他最喜欢的事，就是上贫困户家里拉家常，看看他们最近生活又有哪些变化，还有什么困难。在一年多的时间里，磨破了两双运动鞋，那是跋山涉水、奋战一线的具体印证。

同时，屈主任烟叶技术积淀深厚，安排他到扶贫办，最重要的还是希望倚仗他深厚的烟叶种植技术，为老百姓脱贫致富，实现"造血"功能。如今，甲甲沟村300多亩烟叶产业示范园开发成功，成为老百姓收益最好的产业。因工作需要，一年时间后他又走上另一个新的工作岗位。

第四任扶贫办常务副主任又走马上任，他叫胡雁翼。之前，他本身就是扶贫办副主任，熟悉情况，接替工作不需要再做功课，他又是普格县挂职近一年多时间的县委副书记，接替工作上手快，对整个普格县扶贫帮困工作轻车熟路，特别是对甲甲沟村整村脱贫工作心中有数。

胡雁翼在凉山工作多年，对凉山感情深厚，凉山是他第二故乡，前两年到县上任副书记后，主要协助书记、县长抓扶贫工作，重点兼管烟草扶贫项目的对接与协调，一天到晚下沉在基层，从"白脸"真晒成了"黑脸包公"。

现在他接过屈主任的接力棒，从普格回到成都，又从成都到了普格，战斗在甲甲沟村整体脱贫的火热工作之中，赶时间，抢进度，长时间坚守在村里，与大家一道全力攻坚，按照时间节点完成任务。特别是在全村风貌打造过程中，他费了很多心思，建立三个不同大小的样板间，让每家每户按照样板房来打造。现在村里整体颜色一致，远眺是一道风景，近看就是一座座山村小别墅，这都离不开他的超前谋划。

他想群众之所想，急老百姓之所急。房子建好了，村民还要买家具，但资金缺乏，他心里着急，想了不少办法，通过倡议捐款的形式，再帮老乡们一把。他与乡上、村上商议，对每件家具从颜色、质量、价格等方面进行把关，给每家农户补贴5000元，家里的主要电器家具，都一一配齐，终于让老百姓住进了功能齐全的新房，胡主任的心这才放下了。

除开以上四位常务副主任的接续奔跑，还有两位副主任助推加速。其中一位，就是陈学壮。

扶贫办组建之初，他就担任副主任，组织上选他，是因为他曾长期在凉山烟区工作，既熟悉凉山情况，又懂得烟叶生产，推进工作可以独当一面，最大的特点就是工作

十分接地气。

作为崔力君的帮手，陈主任经常在扶贫一线，在工地现场把确定的项目落在实处。他年轻时曾任乡党委书记一职，知道基层工作的难度和苦衷，有着很深的基层工作经验。他喜欢与老百姓聚在一堆，听他们讲讲生活怎么样，还有什么困难，再看看自己力所能及能做哪些。他经常讲："做乡头的活路，要少说空话虚话，要把自己当成老乡的家里人，给政策、做决定都要从自家人的角度，多想一想乡亲们能不能得到实惠。要不然，农村工作根本推不起走。"这些话都是大实话，十分接地气。

2016 年 4 月，扶贫办到特补乃乌村查看 186 户住房选址时，因为时间紧，几天内要对所有住房完成实地勘察，若中午到镇上吃饭，一来一回要耽搁一两个小时。他就自背伙食上山，准备了两大箱方便面，20 斤土豆，大家中午就在老百姓家中吃泡面、烤土豆、喝当地的酸菜汤，既节省了时间，又和贫困户打成了一片。

因为到了内退年龄，干了一年多时间，就离开了工作岗位。扶贫路上有他的身影。

最后一位，是刘建平同志。他在扶贫办任副主任位置上干得最长，一干就是 5 年，到现在还奔波在一线，他是最辛苦的老同志。

到烟草行业之前，刘主任在西昌卫星发射基地工作 20 多年，部队正团级转业干部到基层烟草公司工作，我们把他抽上来任扶贫办副主任参与脱贫攻坚。主要是因为他在凉山服役，风土人情熟悉，作风也硬朗。5 年来，无数个日日夜夜，大部分时间是在扶贫一线和工地上，是一个全天候的扶贫干部。他对扶贫工作有担当有感情，每一个问题，每一个项目，每一个节点，不合格就不会从他手上过关。这几年被太阳紫外线晒得更黑，手更粗糙，往往雨天一身泥，晴天一身灰，蓬头垢面的，现在看上去就是

一位彝族干部，很苦、很累。听别人讲，他都穿破了好几双鞋。

从他身上，我们看到了一种无私奉献的精神。他们一家三口各分三地，妻子在成都，孩子在深圳，自己在凉山；同时，他父母在广安。长时间在扶贫第一线作战，爱人有些意见与怨气，也可以理解，但他说帮助老百姓就像帮助亲人一样。

决战贫困的路上，留下了这6位主任的身影。他们始终走在扶贫的前列，是我们烟草人助推扶贫工作的一个缩影。正是他们一任接着一任干，一张蓝图绘到底，才耕耘出今天烟草人参与脱贫攻坚的壮美画卷！

扶贫战士的风采

> 即使变成了一撮泥土，只要是铺在通往幸福的
> 大道上，让伙伴们大踏步冲过去，也是最大的幸福。
>
> ——佚名

在5年扶贫的历程中，不能忘记的还有这样一群人：他们直接参与扶贫工作，是具体决战决胜脱贫的执行者。大量细琐繁杂的工作，都要依靠他们去完成，他们是平凡、朴实、吃苦、奉献的优秀扶贫战士。

在扶贫中，每一个项目的质量，需要一把"铁锁"来把关。张泉就是这个把关人。"铁锁"是我给他起的"美名"。在项目实施上，他是一个懂技术、懂门道、掌握标准的内行人。

张泉是从达州烟草投资科科长上挂到省局扶贫办的。在基建工程领域打拼了几十年，积累了丰富的理论知识和实践经验。大到整体规划，小到一丁一卯，都逃不过他的法眼。他长期从事工程、房屋建造、项目设计和技术工作，在这些方面他是专家和内行。每一个项目在技术层面，我都让他去把关，耐心听取他的建议。比如桥梁怎么修建，河道怎么整治，工程怎么跟进，工程质量上如何把关，谁都别想蒙过他的眼睛。在普格县温泉宾馆第一次论证甲甲沟村项目会上，我特意讲道："张泉是技术专家，他来把关，我们大家放心！"

扶贫工作涉及方方面面，冯乐就是一个"穿针引线"的人。他是从凉山基层站点选调到省局扶贫办工作的。

年轻人有理想、有追求、能吃苦，做了很多具体细致的工作。扶贫办成立之初冯东就来了，我跟他讲，你是我们扶贫办的年轻人，在扶贫的路上就要舍得吃苦，并且要勤奋上进。5年风雨路，他一直在扶贫一线做细致琐碎的具体工作。上下协调、计划安排、信息报送、简报编发等，都靠他来穿针引线、具体落实。他有一定的写作能力，善于学习，掌握政策，熟悉情况，起到了参谋助手的作用，扶贫工作大大小小的各类文稿、讲话、材料，大多出自他之手。甲甲沟村新战场开辟后，为了协调两个村的项目推进，普格县委任命他为特补乡副乡长，年轻人的担子更重了，劲头更足了，两个村的施工现场处处有他的脚印，协调各种关系有他的身影，老百姓家中他是常客，普格县脱贫攻坚的战场有他青春的力量。

脱贫攻坚需要的是一步一个脚印，踏石留印。再大的苦，也不能有怨言，再困难的事，也不能懈怠。张兆麟就是一个不怕吃苦的年轻人。

张兆麟是一位"90后"，年纪最小，也是扶贫办最年轻的人，总是低头干事，老老实实很本分，也很能吃苦，叫干什么就干什么，从不讲任何条件。有一次重感冒，本应在家多休息几天，但他稍好一些后，就跟着刘建平副主任在基层跑了20多天，检查各市、县承担的扶贫项目。他也善于学习，到一线调研，做了大量信息报送的具体工作，是我们扶贫办的新鲜血液。一晃，他在扶贫战线也干了三年了，甲甲沟村热火朝天的战场，有他的吃苦奉献，全省行业的扶贫村，都有他的扶贫足迹。

扶贫工作千头万绪，哪一个环节都不能耽误，需要的是一种认真的精神。在王文相的身上，就看到了这种作风。

王文相是扶贫办成立之初就到位的老同志，从烟叶公司副调研员岗位选调到扶贫办的。他长期在烟叶战线工作，曾当过烟叶公司办公室主任，协调能力强，文字功底不错，人也很实在，干工作认真较真。记得有次开展在建项目督导，王文相走入贫困户在建农房现场，这是一家两层砖混楼房，正在做地梁浇筑，王文相看到其地脚梁使用的是18#钢筋，立即叮嘱农户更改为22#钢筋。这一幕被县里派来的技术人员看在眼里，当场伸出大拇指，并由衷地说了一句："干工作都像你这么认真，质量无忧。"在从事扶贫工作的短短一年，他以其专业的知识和认真负责的态度，在项目建设上严格把关，确保工程质量百年大计。我们还有位年轻人，虽只工作了一年时间，但也不能忘记，他叫张晋伟，是前几年招聘的大学生，在遂宁烟草局工作。小伙子素质好、反应快、工作实在，也能吃苦。特别是工作效率高，在某些方面一个人顶两个人用。他不但表现好，大家也很喜欢他。由于素质全面，在省局机关选调考试中取得了好成绩，进入了机关另一个部门工作。

我们扶贫办的成员来了、走了，又来了、又走了，但这是一个战斗集体，合力强、重实干、有章法，个个都是干实事的。他们在扶贫的战斗中，每一个人都保持了一种苦干的精神、实干的作风、为民的情怀。

驻村干部在一线

　　不跃"农门"，情系群众谋发展；未念都市，
扎根山村献青春。

——佚名

　　有一个电视剧叫《我们的队伍向太阳》，说的是有一
支战争年代的队伍，勇敢、无畏、忠诚、奉献，为解放战
争的胜利百折不挠、牺牲奉献。今天，我们打好扶贫攻坚战，
也需要一支这样的队伍，能吃苦、作风硬、素质好。这支
队伍，就是我们的驻村干部。我们烟草局下派的驻村干部
有300多名，其中第一书记有115名，他们个个都是战斗员，
实干家。

　　在决战贫困中，我们选派出去的驻村干部，在一线短
则两三年、长则三五年，大部分时间都在现场，在村里。
有的干部驻村条件特别恶劣，经常都是灰头土脸的，手上、脸上，甚至鼻子里都是灰尘，洗个脸，往往毛巾就变得很脏了。他们在一线最辛苦，吃苦最多，不少的同志去的时候脸白白净净，一两个月过去后，皮肤都晒成了酱黑色。晴天一身汗，雨天一身泥，夏季战洪水，冬天斗风雪，涌现出了不少富有感召力的优秀扶贫干部。

甘孜理塘县烟草公司的周红，她是一个女同志，在川藏高原上已经奋战了近30年。决战贫困的战役打响后，她主动申请到甘孜州麦洼乡卡炯村任第一书记，这里离理塘200多公里，离康定500多公里。真是天远地远，条件艰苦，是出了名的落后牧区村，她肩上的担子是沉甸甸的。为了扶贫，她牺牲很大，克服了家庭的困难，是真正"抛家弃子"来到了一线。她丈夫、子女、父母分处四地，聚少离多，一年多时间没有见到女儿。那年的8月初，她接到了爱人的电话，说女儿考上大学了，父女俩准备开车到理塘来看她。她高兴了几天，请了假准备从村上去理塘相聚。车行驶到半路，村里打来电话说，"周书记，两个小组为了争牧场，打起架来了，还伤了几个人，你赶紧回来吧！"挂了电话后，她急忙调头往村里返回。当父女俩到达理塘县烟草公司后，没有看到周红，马上打电话过去。结果一问，才知道周红在现场协调处理打架事件，忙慌了，忘了及时告诉他们。事情处理完后，第二天下午就急匆匆往回赶，到达理塘都已经凌晨两点了。尽管女儿有点意见，但看到妈妈一心扑在扶贫上，也就没有什么话可说了。

广安邻水县烟草局职工甘潇，他是一个患了癌症的同志，痊愈后休息了一段时间，主动报名去邻水县荆坪乡黄坪村担任第一书记。组织上考虑到他大病初愈，再三劝说，但他还是进村了，一干就是两年。修路协调资金，推进产业找农科院，群众遇到了困难，想方设法帮助解决。明知自己身有疾患，仍然坚持战斗在第一线。2018年寒冬，我专门到他扶贫的那个村调研，老百姓夸他是"为群众帮困"的好书记。他和老百姓一起修水渠、盖新房、搞生产、栽果树、建设村民活动中心，和老百姓打成一片。他还利用晚上的时间，到老百姓家了解情况，嘘寒问暖。有一户老大娘，突然得了疾病，已是晚上11点了，他得知后，及时找来车子，把老大娘送到了县医院抢救。像这样的事情，他做的不少，老乡们把他称为"荣誉村民"。调研中，老百姓还告诉我，村里有两公里土路，坑洼不平，很窄，一到雨天就无法通行，出行很不方便。因此，他就三番五次去争取政策和资金，最后通过各种途径筹措到50万元，他马上组织社员群众采石子、运砂石、买水泥，一个月内就完成了道路修建。修好的水泥路，不但宽敞平整，重车也能过去，赢得了老百姓的首肯。

甘孜州烟草局的田茂刚，是色达县其哈玛村的第一书记。这个村海拔4300多米，条件艰苦、空气稀薄、生活不便。这里不但偏远，而且高海拔缺氧，来到这里就是一种奉献，但在藏族地区当一名驻村第一书记，就会遇到各种困难和矛盾。刚开始，和藏族人在一起，由于语言沟通有困难，在处理两家人因牧场闹矛盾时，藏族群众还对他动了手。但他一点没觉得委屈，反而认为自己工作还不细，群众还未认可。从那件事开始，在内心攒了一股劲，就是要用行动让藏族群众接纳他。他就积极学习藏语，了解少数民族的风俗习惯，藏族群众每家每户住得分散，他一户一户登门拜访,两年下来成了藏族群众的知心人。因为那里海拔高,高山缺氧,经常睡不着觉,身体也消瘦了20多斤,皮肤因紫外线强也受到伤害。他心中只有一个信念,就是帮助藏族百姓办实事,让他们走出贫困,体现烟草人那一份使命和担当。

其实,像周红、甘潇、田茂刚这样的扶贫干部,还有很多很多。他们的事迹和精神,鼓励着大家奋战在扶贫一线,甘于奉献,真抓实干,吃苦耐劳。甘孜州理塘县濯桑乡汉戈村的第一书记文雪松,帮助群众发展产业和旅游业,直播带货当主播,37岁的他扶贫一年白了头,被称为"白头书记",被《人民日报》、新华社等中央媒体报道,还受邀参加"2020微博之夜"盛典,获"微博年度影响力事件"扶贫榜样称号;在特补乡挂职党委副书记的陈宗平,孩子高考前后,作为父亲从未去学校看过他一眼,一心扑在甲甲沟村最后的脱贫冲刺上;越西县拉吉乡依达村第一书记的左建安,是烟草行业驻村干部中年纪最大的,在一线一干就是5年,真是老骥伏枥,志在千里;盐源县白乌镇三棵树村的第一书记冯浪,既当书记,又当烟技员,带领群众发展烟叶、花椒产业,2020年三棵树村各产业累计收入近千万元,村民人均纯收入达到11000元…………

5年来,烟草行业也多次受到省上的表彰,5年里连续多次获得全省脱贫攻坚"五个一"帮扶先进集体、定点扶贫先进省直部门,全省烟草行业受到集体表彰305次,受到个人表彰215人次。在扶贫这片热土上,留下了烟草人向贫困宣战的战斗足迹。他们勇往直前、殚精竭虑,在这个没有硝烟的战场上,烟草扶贫人点亮了贫困群众幸福的希望。

"娃娃书记"肖晗是好样的

宣父犹能畏后生,丈夫未可轻年少。

——李白

　　榜样凝聚力量,典范感召同行。我们烟草人战斗在扶贫的第一线,在工作中涌现出很多典型,其中一位就是"90后"的"娃娃书记"。

　　"娃娃书记"是群众给他起的美称。他叫肖晗,是昭觉县洒拉地坡乡姐把哪打村第一书记。听扶贫办的同志们提起过多次,一直到2018年初烟草扶贫工作会上才认识他,他是被表彰的对象。1992年出生的小伙子,长着一张娃娃脸,所以被当地百姓称为"娃娃书记",精瘦精瘦的,个子不高,看起来弱不禁风的样子,但他挑起了村里扶贫的重担。

　　姐把哪打村是彝族聚居村,在彝语里是"水草丰沃、充满光明和希望的地方"，距离昭觉县城29公里，平均海拔在2800米以上，全村492户中，有96户是贫困户。因为海拔高、资源贫瘠，生存条件恶劣，被国家评定为深度贫困村。

从彝族村民的"怀疑目光"到值得信赖的"阿依书记"，肖晗经历了很多，改变了很多。初到扶贫村时，他23岁，是昭觉县烟草局的一名新进员工，也是凉山州年龄最小的第一书记。因为年轻，浑身上下还有几分稚嫩，不被彝族老乡接纳，对他始终是一种怀疑的态度。

这个倔强的娃娃书记，认为既然来了，就要干一番事业。他自信、自强，主动向当地群众和老支书学习请教。他决定先做好一件事——加强与群众的联系。他在书包里装上散装白酒、糖果、香烟，通过"火塘夜话""坝坝交流"等方式深入沟通。慢慢地就跟大家熟悉了，他们也愿意接纳肖晗为这个集体的一员，把真实的情况和困难告诉他，常常互相交流到深夜。

经过入户走访实地了解到，高寒贫瘠，条件恶劣，基础设施薄弱，无安全住房，无收入来源，受教育水平低是造成该村贫困的主要原因。找准了穷根后，他立即组织村委会认真研究，制订帮扶方案。经过多方争取，他筹集了扶贫资金1472万元，为村民修建安全住房、道路、安全饮水管道，还新建了支部活动室、太阳能路灯等基础设施，贫困村面貌发生了翻天覆地的变化。为了增强后劲，他用210万元扶贫资金，带动村民引进种植马铃薯新品种"青薯9号"，养殖半细毛羊、西门塔尔牛、乌金猪，种植玫瑰花，这些响当当、叫得出名的养殖产业和玫瑰产业园，

成了村里集体经济的摇钱树。

渐渐地，娃娃书记干出成绩了，也创出了名堂。新华社、四川电视台以及境外媒体等，对他的事迹进行多次报道，他这个小书记有幸亲自给到村里调研工作的中央领导汇报工作，如胡春华、刘延东、李希、曹建明、万钢等，特别是中央电视台《新闻联播》节目，更是对他进行了五分钟的专题报道。

肖晗在新闻节目里感慨地讲到，习总书记2018年春节前到昭觉县走村串户，到彝族群众家里嘘寒问暖，关怀备至，在凉山这片热土上，到处传递着总书记的亲切关怀。他面对镜头，向全国观众讲道："请习总书记放心，我们坚决把扶贫这场硬仗干到底，干出成绩。再次请总书记放心，老百姓不脱贫，我就不下山。"

多么慷慨！多么自信！这就是我们烟草行业走出的第一书记。从不被认可的"小阿依"到老乡信任的"小书记"，他用自己的双肩扛起组织的重托，用耐磨的双脚走进老乡的心间，用知识和热情点燃村民致富的希望，用坚强的意志践行对党的忠诚和信仰。

芳林新叶催陈叶，流水前波让后波。

宣父犹能畏后生，丈夫未可轻年少。

年轻真好！有为真棒！在脱贫攻坚的时代舞台，像肖晗这样的年轻人有朝气、有作为，不负青春、不负时代、不负人民，干出了佳绩，为烟草人争了光、添了彩。

省委书记进彝家

我将无我，不负人民。①

——习近平

2020 年 8 月 19 日，是甲甲沟村的大喜日子哩！省委彭清华书记来啦！

在脱贫攻坚战已进入攻城拔寨的最后冲刺阶段，普格县是凉山州 7 个未摘帽贫困县之一，脱贫攻坚进展怎么样？

其实，彭书记对凉山这片热土用情至深。在 2019 年 8 月 16 日，《求是》杂志发表了彭书记蹲点凉山的调研报告《凉山脱贫攻坚调查》。彭书记指出，凉山彝区是全国脱贫攻坚主战场之一，是影响四川乃至全国夺取脱贫攻坚战全面胜利的控制性因素。

---

① 2019 年 3 月，习近平总书记在意大利进行国事访问时的讲话。

在文章中，他深刻阐释了凉山彝区面貌正在发生深刻变化，3天时间里，他用脚步丈量布拖县和金阳县6个乡、7个村、29户贫困户，全面摸排了住房、教育、交通道路等各方面的情况。同时，他指出，尽管吃穿已不成问题，家家都存有粮食，但在教育、医疗、住房以及安全饮水、生活用电等方面还有短板，并以此提出了一些有针对性的问题和解决的办法，比如要更加聚焦、更加精准，要压实领导责任，增强群众内生动力等。整个调研报告是那么朴实无华，对凉山扶贫的观察直击问题本质，精准开方抓药。

而如今，彭书记将他的足迹和考察，也延伸到了普格县和甲甲沟村，甲甲沟村成了"幸运儿"，迎来了省委书记的"检阅"。

村里老百姓听说最近要来领导考察调研，但没想到真是省委书记来了。甲甲沟村祖祖辈辈，哪有这么大的领导来过，如果不是这两年烟草人帮扶我们，村里发生了巨大变化，哪能遇上这么好的机会呀。

那天，村里张灯结彩，老百姓早早地换上了喜庆的民族服装。大家收拾屋子，打扫院子，希望彭书记来家里坐坐，感受他们脱贫的变化，看到干干净净的房屋，好习惯、好风气的改变，看到他们的新房新居新生活。

一切准备就绪，大伙儿望眼欲穿，甲甲沟村的文化广场、活动中心，村口处处人头攒动，摩肩接踵，都出来看今天热闹的场面……

"来啦！来啦！"一行车队缓缓驶入甲甲沟村，大伙儿看到一个人向大家挥手致意，那就是彭清华书记。

彭书记一行驱车到村后，看到全村的景色，书记满脸笑容,甲甲沟村真是现代农村的样子,群众住上崭新的房子,娃娃们在村里就能上幼儿园、家家院坝硬化、户户道路相连,村里一旁的小河轻轻流淌、道路全线贯通、全村绿树成荫,到处是成熟的玉米田和烟田。他脸上露出的微笑,就是对全村脱贫攻坚取得成果的最大肯定。

进村后,彭书记了解了新村集中安置点建设、便民服务水平提升、脱贫后"四个不摘"政策落实等情况。随后,

四川省委书记彭清华(左三)调研甲甲沟村

他来到甲甲沟村3、4、5组，参观了新修建的党群服务中心，看到了宽阔的硬化道路，整齐排列的新房，房前种着庭院作物，老乡们的日子越来越好。

他随即走访了两户群众——村民沙马日各、安子么日各家。

彭书记在沙马日各家中，看到了崭新的安全住房，还有烟草人赠送的电视机、沙发、茶几、饭桌、衣柜等一系列生活家具家电，屋内顶灯把客厅照得透亮，脚下是铺设一新的瓷砖地板，整个房子应有尽有，功能齐全。

60岁的沙马日各十分高兴地告诉彭书记："彭书记，我是今年4月乔迁新居。我和老伴不仅搬进了宽敞明亮的新居，还领到了养老保险金、生活补贴、耕地补贴和公益性岗位补助，是党的好政策让彝族群众过上了幸福生活。"

彭书记听后十分欣慰，他说："我们党就是为人民谋幸福的，好日子要靠奋斗得来。大家要倍加珍惜来之不易的脱贫成果，在党委政府和各方面帮助下大力发展生产，加强邻里互帮互助，共同建设美丽家园，把日子过得越来越红火。要保持决战决胜态势，坚决攻克深度贫困堡垒，积极推进脱贫攻坚与乡村振兴有效衔接，培育壮大特色优势产业，持续带动彝区群众脱贫致富。"

是啊，要致富，还得靠发展产业，还得靠我们群众自己的双手。彭书记的到来，给了大家更多的加油和鼓劲，有彭书记关心和支持，我想我们老乡们发展致富、过上红火日子的愿望，不会太远啦。

第五章 》

图腾的火把，
映照了幸福的大凉山

　　幸福来之不易，千年贫困一朝梦圆。在决战决胜的扶贫路上，我们细细回眸，总有一种使命在呼唤，总有一种力量在鼓舞，总有一种方法在牵引，总有一种感动在澎湃。我们与老百姓心心相印，情情相牵，众手浇灌的索玛花，漫山遍野盛开。

追梦，忍受不能忍受的痛，挑战、
跋涉无人敢行的路。

　　敢以此生，求索那颗星，管它征途遥远，道
路多险峻。为正义而战，何须踌躇不定，哪怕烧
灼在地狱烈火中，也自阔步前行。我若能，为这
光辉使命穷尽一生追求，多年后，待到长眠时分，
我心亦能安宁。而人间，定会不同往昔，纵然我，
终将疲倦无力，仍要用伤痕累累的双手，去摘遥
不可及的星！

——塞万提斯

扶贫作风

人既然是精神，那么，他就必须而且也应该自
视为配得上最高尚的东西，切勿低估或小视他本身
精神的伟大和力量。

——黑格尔

什么是扶贫作风？

5年扶贫的艰辛经历回答了这个问题，我们烟草人用
行动进行了生动诠释。这种作风成为攻坚克难、敢打硬仗
的动力源泉。

发扬优良的作风，必须肩负起沉甸甸的政治责任。
习总书记指出"小康不小康，关键看老乡"。在中国共产
党成立100周年之际，老百姓过上了幸福生活，实现了
"小康梦"，那才是真正的中国梦。为老百姓谋幸福，是
我们党宗旨的充分体现，要把我们党提出的"小康梦"在

少数民族地区实现，那不是一句空话。我们常想，农村最落后，农村工作最难干。打赢脱贫攻坚战，凉山地区才是难中之难，艰中之艰，再难再苦也要冲上去，不获全胜决不收兵，这就是以政治责任与崇高使命，向贫困宣战的力量。

干好扶贫，需要心中充满无疆大爱的为民之风。说实在点，扶贫就是做善事，是为老百姓做幸福的善事。为老百姓做事，做得再多都不过分；与老百姓共筑小康梦，到村里跑得再勤，他们都不会反感；想老百姓所想，给他们雪中送炭，拿真金白银帮他们建房、修路、发展产业，这是老百姓最满意、最高兴的事。善良，是做好扶贫事业的精神底色。人们常说，种瓜得瓜、种豆得豆，前人栽树，后人乘凉，这都是善举。如果没有这种善良精神，又怎么会发自内心去偏远落后的凉山贫困村攻坚克难呢？很多同

志长年累月战斗在一线和工地，一干就是好几年，这是一种善举的考量，更是一颗善心的试金石。

干好扶贫，需要主动履行社会责任的担当之风。烟草行业作为国有企业，理应承担脱贫攻坚这一重任，并化作一种动力和思想上的高度自觉。工作状态上全身心投入，经费上给予充足保障，人员上派出精兵强将，对上级分配的任务，高质量高水平完成。时时处处把责任扛在肩上，把使命放在心里，把一份情怀和责任，融入每一个项目中去，每一个老百姓头上。

干好扶贫，需要团结协作的合力之风。打赢脱贫攻坚战，不是一个人、一个企业、一个部门、一个单位的事，涉及方方面面、上上下下、左左右右。要推进项目工程，有主体责任，有助推责任，还有老百姓、施工队的配合，这就显得十分重要。没有相互合作，就没有胜利；没有有力配合，就不会形成一条心的力量；没有理解支持，就没有统一步调；没有面对困难冲上去、遇到矛盾破难题、碰到难关冲在前的精神，就没有排山倒海一股作气、打赢胜仗的勇气。所以扶贫精神，是团结协作的精神，是同心、同力、同向的精神契合。

当然，最为核心的是需要苦干实干的吃苦作风。在决战扶贫的战场上，有很多的娄山关、腊子口和雪山草地。要搬掉堡垒，越过险滩，跨过急流，靠的是"四苦"作风。

决战决胜，各级领导"苦抓"。我们各级"一把手"都是脱贫攻坚第一责任人。他们站高谋远，挂图作战，指挥若定，协调每一个项目落地落实，取得了一个又一个的胜利。他们领命出征，带领大家战斗在扶贫第一线，靠前

指挥，冲锋在前，在决战决胜贫困的阵地上，敢打硬仗，拔掉穷根、摘掉穷帽。

摆脱贫困，上下一致"苦干"。上下同欲者胜，领导率先垂范，基层干部一呼百应。每一个项目就是一个小山头，唯有苦干，方显英雄本色。战斗在一线的同志，大力发扬愚公移山精神，到最难的地方挑重担，去最险的关口斩顽敌，一级带着一级干，干部像干部的样子。特别是驻村第一书记和驻村干部，吃苦耐劳，主动担当，饱经风霜，无私奉献。他们才是最直接的推动者，最一线的实干家。

攻克难关，大家一起"苦熬"。决战决胜贫困，不是想一想就能完成，也不是看一看就能落实，靠的是熬更守夜，靠的是"5+2""白加黑"，靠的是节假日不休假。比如，扶贫办的同志"五一""国庆"都没有休息，从2019年10月份到年底，两三个月在现场进行督战，加班加点，不分白天黑夜，周末和节假日都在现场抢时间、赶进度。苦熬，需要的是"婆婆的嘴"，遇到难办的项目，多沟通多协调，出现了问题，要反复讨论研究，拿出具体措施。需要"兔子的腿"，要像兔子一样勤劳，长期战斗在一线，守护在工地现场，靠实干搬掉穷山。需要"老鹰的眼"，及时发现问题，一针见血地指出来，在具体工作上坚持问题导向，防患于未然。需要"包公的脸"，要讲原则、重规范、严管理，把好项目质量关，确保百年大计。

关键时刻，同心同力"苦战"。习总书记讲："幸福是奋斗出来的。"在脱贫攻坚的每一次战斗中，我们烟草人，在关键时刻，一起冲锋在前，夏战三伏、冬抗严寒，再苦再累，都不下火线。我们抓住每一个关键节点，破题开局，一步快、步步快，项目的进度得到保障。特补乃乌村就是抓住了春节外出打工返乡的时间节点、甲甲沟村是赶在彝族年的前夕举行了开工仪式，一下子把群众的积极性调动了起来。特补乃乌村受灾后，河道受损严重，抓住雨季来临前的一段关键时期，我们大战一百天，确保了工程项目的圆满完成。

习总书记说：不驰于空想，不骛于虚声。[①] 所以扶贫作风就是点亮初心、坚守信仰、砥砺奋进、战胜一切困难的精神原力。它如凉山的火炬一样，在这片热土上越烧越旺，感染着、温暖着、传递着，激励无数扶贫人使命在肩、责任如山、担当如铁。

---

① 习近平在 2018 年新年贺词中引用了李大钊的一句名言。

"1+8>9"

天时不如地利，地利不如人和。

——孟子

　　凉山普格县是脱贫攻坚主战场重点县之一，也是 2020 年最后啃下的一块硬骨头。贫困的现状用"广、大、高、深"四个字来归纳，即贫困人群所居地域广；贫困人口基数大；贫困人群所处环境海拔高；整体处于深度贫困状态。省上为了打赢这场战役，选派了 9 个厅局单位共同奔赴普格县，参与他们脱贫，足以说明省上是多么重视普格县的攻坚决战。

　　这 9 个单位来自不同领域，有省烟草专卖局（公司）、省卫生健康委、国电大渡河流域水电开发有限公司、省能源投资集团公司、四川师范大学、西南医科大学附属医院、宜宾职业技术学院、四川西南航空职业学院、西部战区空军医院，我们烟草局是省上安排的牵头单位。这9个单位中，有3家国企、3家学校、3家医疗卫生单位，各有各的特点和优势。

那么我们烟草局怎么来牵这个头？大家又怎么抱成一个团，齐心协力助推普格县打赢脱贫攻坚战？又如何产生1+8大于9的效应呢？

9个单位尽管领域不同，从事的行业也不一样，但在整体推进普格县脱贫工作中，各单位注重借势而为。比如院校，重点在培养乡村人才上下功夫。宜宾职业技术学院把自己扶贫的几个村按需求和文化程度，分门别类、分批分层组织到学校，进行为期10天的素质培训，通过这个方法，慢慢提高他们脱贫致富的能力和素养。

卫健委组织医疗系统，帮助建设提升普格县医院的医疗水平和等级，并且购买医疗设备、派驻医生去扶贫，为全县几十万人进行了全面体检。过去普格县人民卫生院条件差，设备落后，卫生系统投入了两千多万元，把医院升级为三甲医院。

还有其他省级部门注重产业扶贫，各单位普遍开展了"五送"活动，送物品、送文化、送书本、送技术、送温暖。9个单位充分发挥自身优势进行力量互补，形成万众一心打好普格脱贫战的生动局面。

我们9个单位聚集一个目标，就是齐心协力帮助普格县永久摘掉穷帽子，在协同作战中来真的、做实的。9个厅局单位情况互通，经验交流，说到做到，形成了有生的力量。在具体项目推进中，9个单位的帮扶村情况都不同，如何做到步调一致，协同有力呢？

　　我们研究了协同作战的方法，大体采取了 4 个步骤：阶段有检查、中途有会诊、平时有互通、年底有说法。一般到了每年 12 月份，9 个单位与普格县领导相聚在一起，以召开座谈会的形式，由牵头单位向县上通报一年来 9 个单位面上扶贫情况。每一个单位也做工作交流，查找存在的问题，提出下一年帮扶计划和具体项目。同时，县里在会上提出合理化建议以及下一年度具体项目需求。这样，既做到 9 个厅局的横向交流，又与普格在面上进行对接，大家各自掌握了推进的情况，做到了心中有数。

　　9 个厅局在帮扶普格县脱贫攻坚过程中，每一个单位都有特色亮点和经验，如何把这些信息放大？我们建立了一个信息平台，相互交流学习，取长补短。专门建立了脱贫攻坚工作简报，根据情况及时编发 9 个单位扶贫的好做法、好经验，并报送省上相关部门，让上级了解掌握 9 个单位的帮扶成果。通过简报，抄报到 9 个单位以及管辖 9 个单位的上级，使他们了解本单位与下属在脱贫攻坚中做得怎么样，及时给予指导，达到相互学习、吸纳借鉴、共同提高的目的。

　　我们还采取了相互交叉督导检查的方式，提高扶贫的质量与水平。这种方法，既是一个检验过程，也是发现问题及时"亮剑"的手段。面上情况通过各种渠道已基本掌握，只停留在"说"的层面上，到底做得如何？有什么亮点特点可以借鉴？就必须到现场、到老百姓那里听取，到一线去发现。通过这个方式，既学习又督促，并根据形势与任务，共同会诊、整改落实，形成比学赶帮的良好局面。

扶贫"十法"

万事离不开方法。

——斯威夫特

决战决胜脱贫攻坚，打赢这场改变贫困地区社会发展进程的重大战役，需要充满斗志的精气神和凝聚在一起的向心力，这些都是决战决胜的力量源泉和重要因素。但科学的方法也十分关键。方法是实现作战胜利的有效手段。事倍功半与事半功倍，往往是方法上的差异。方法不对，就好比渡江无船。在这几年中，我们通过不断的摸索与实践，总结出了扶贫"十法"。

这些方法，虽然普通，但都很管用，是这几年在扶贫攻坚中一点一点积累出来的经验，凝聚着扶贫战线每一位同志的智慧和心血。

第一种方法，统筹运用。借鉴战略学、运筹学和统计学，统筹运用的方法，也是用系统的思维，将整盘棋、所有的人力物力纳入，进行统筹考虑、统筹推进。扶贫是系统工程，碎片化的方法是见子打子，往往治表不治里，瞻前不能顾后。在具体项目中，我们从理念、设计、制度、资金、项目、节点、责任人等，每一个环节通盘考虑，并且一体化渐进式向前推进。就像中西医的区别，西医是头痛治头、脚痛医脚，我们传统中医却是由远到近，由表及里，注重前后的联系。这体现在扶贫的全过程，比如当年在特补乃乌村灾后重建之时，甲甲沟新村建设刚刚启动，两边都重要、两边都紧急，怎么办？就必须在责任划分、人员分工、资金保证等上做出协调性的安排，做到科学用力，两边抓、两边都不耽误。这是对项目的统筹。再如我们统揽甲甲沟村新村规划，从理念入手，确立目标，对项目的推进顺序、轻重缓急等进行全盘设计，都体现了统筹的思维和方法。

第二种方法，因地制宜。我们坚持一切从实际出发，尊重贫困村现状，尊重民族特色，尊重群众想法，这是基本的帮扶原则。比如在甲甲沟村住房建设上，老百姓最关心自己的安全住房。因为他们祖祖辈辈都住在这里，虽然破旧不堪，但习惯在这里生活。老百姓新房建设，既要实用，又要现代，还要有民族特色。我们充分运用城市思维＋农村思维相结合的思维方法，到现场去实地调研。比如每家每户的住房是朝南朝北还是朝东朝西，是原址重建还是易地搬迁，都要结合当地的自然环境、客观现实、老百姓的意见进行设计。今天甲甲沟村老百姓的住房如此美丽，就是现代与民族特色的相得益彰。再如，在产业发展上，考虑气候环境、市场需求、细化产业分布；在基础设施上，根据量体裁衣、实用性高的原则，依山之势、托水之形，在现有基础上来打造甲甲沟新村。

第三种方法，挂牌督战。在2020年1月25日，国务院专门制定下发了《关于开展挂牌督战工作的指导意见》，那就是对2019年底未摘帽的52个贫困县进行挂牌，重点围绕"两不愁三保障""责任落实、政策落实、工作落实"和"精准识别、精准帮扶、精准退出"等要求进行督战。我们在脱贫攻坚的路上，也采取了层层挂牌督战的方法。第一层级，领导挂牌督战。各单位领导每个月到自己的帮扶点、帮扶村、帮扶户挂牌督战，及时发现问题、解决问题，依靠领导的带动力，保证扶贫工作在面上协调推进。第二层级，扶贫办每半年分别组织四个督导组，开展联合检查督战，对全省行业20个市州烟草局，两三百个帮扶村全覆盖督战检查，不定期、不打招呼进行抽查，做到明察暗访，着力发现问题、查补漏洞。第三层级，日常挂牌督战。扶贫办的同志按照"周例会"的方式，每周到村上督办一次，检查前一个周期的完成情况，布置下一周期的任务目标和要求，把问题解决在当下，以周为期无缝衔接，好的要表扬，差的要批评帮助，形成约束力。第四层级，回头看督办。按照标准、要求、项目任务分解、时间节点等方面，在一定时期和阶段进行回头看，巩固成果，加以改进，形成持续力。这样一来，我们就形成了点（扶贫点）、线（所有实施项目）、面（全省所有帮扶村）的全方位覆盖。

第四种方法，倒排工期。确定项目实施标准后，哪个项目在前，哪个项目在后，又如何不拖延工期按时完成目标任务，我们采取倒排工期的办法。按日计算时间，一个

项目一个项目向前稳步推进，并且把目标责任制具体化。项目推进既讲速度，更要讲质量，重点是在效率上。我们做到以目标去牵引，以责任去推动，以要求去完成，保障了项目推进的可控性。实践中我们体会到，事事必须当日清，完成日期要斗硬。

第五种方法，问题导向。在推进脱贫攻坚的具体工作中，我们遇到很多问题。在发现问题、认识问题的基础上，坚持查找问题、以问题为靶心，以解决问题来促进项目进展的高质量，以落实问题检验扶贫的战果。比如，在推进具体项目中，会遇到很多"瓶颈"，之所以难推动，是各方面真遇到难题了。遇到了怎么办，就要"抽丝剥茧"，问题导向不能光看表面，要采取剥洋葱的方法一层层剥开，直到大家看到本质，找到问题的病根儿，再对症下药，确保药到病除。

第六种方法，协调配合。决战贫困不是单打独斗，必须齐心协力，需要各个部门配合，需要协调具体项目实施的相关方。在这方面，我们大体采取的是以平台达到认识统一，以现场办公及时解决问题，以座谈交流研究具体对策，充分调动各方的积极性，形成攻坚的力量。比如前面提到的"1+8>9"的故事，就是协调配合的充分体现，省上9个单位拧成一股绳，八仙过海各显神通，都打自己领域的专业牌，配合起来就会迸发出指数级的力量。

第七种方法，正向激励。打好扶贫攻坚战，调动一切积极因素最关键。这种方法对于在一线工作的同志更加的奏效。比如，当年建设甲甲沟村住房的时候，统规自建，房子都是老乡自己修。虽然是有补贴，也进行了培训，但客观地讲，也有极个别的群众会偷懒，总想着"你们帮我修好了，我直接住进去多好"这种"靠着墙根晒太阳，等着别人送小康"的想法，显然与自力更生、勤劳致富的理念相违背。怎么办？那就要和这样的群众"斗智斗勇"。为了调动老百姓主动性积极性，我们提出，安全住房行动迅速的前10户，奖励多少多少，11到20户，又奖励多少多少……这办法很管用。本来就是给自家修房子，修得快还有奖励，这多好啊！于是一股"争先创优"的风气就传开了，那些极个别的群众一看就"眼红"，也不甘落后，忙着开始动起来，打消了"等"的念头。为了帮助特补乃乌村的移风易俗，希望大家都养成洗澡、洗手、洗脸、洗衣等好习惯，我们就规定：老百姓谁家把洗澡间建起来、用起来，保持干干净净的卫生，我们就为哪家把太阳能热水器安装好。这在当时也起到了很好的效果。老百姓看到邻居已经安装好了，积极性就上来了。因此，我们就是靠着这种实在具体的激励方法，全村308户，争先恐后修好了洗澡间，为习惯养成创造了条件。

第八种方法，典型带动。榜样的力量是无穷的。我们烟草人进村担任扶贫第一书记有116名，驻村人员有310名，参与扶贫工作的人员，那就更多了。要充分发挥这支队伍在脱贫攻坚中的作用和力量，我们根据形势与任务，适时召开小型座谈会，让先进单位与个人在会上进行交流，单位交流做法经验，个人交流优秀事迹，起到传帮带的作用。充分运用行业、社会、内部新闻媒体与刊物，进行宣传报道，产生良好的舆论环境。每年召开扶贫总结大会，评选一批先进单位与个人，形成了你追我赶的局面。下发扶贫干部

管理规范,明确指出成绩突出的,优先提拔使用,表现好的,授予荣誉称号,形成干事有尊严、受重用的正能量。

第九种方法,综合施策。通过相互配合,相互支持,项目的推进就会比较顺畅。比如,项目推进的初步方案出台后,让大家充分发表意见,体现集体智慧的力量。明确各自推进责任、时间节点和完成时限,产生倒逼动力。以督导检查为手段传导工作压力,形成工作的闭环。

第十种方法,科学引导。就是按规律办事,突出民族特色,按程序、规划科学推进。项目规划是重点、相互推进配合是关键,注重程序是重要环节。大家都做到了讲科学,讲程序,讲实际。比如,在面上,坚持"总体谋划、分项突破、因地制宜、注重效果"16字方针;在项目启动上,坚持预算跟着资金走,资金跟着项目走的基本思路;在管控上,坚持多方联动、一线督导、激励调动……这一整套的科学方法,使我们在每一个项目的推进中,思路清晰、重点突出、效果明显。

"四边工作"理念

方法，只有科学的方法，是实现四两拨千斤的"滑轮"。

——佚名

　　蓝图如绘画，不可能每次都胸有成竹，有时也不能等到尘埃落定之后才去动手，那样也来不及。基于此，在具体项目中，我们坚持了"边推进、边完善、边总结、边提高"的"四边工作法"。

　　这一"四边工作"理念，总的体现了一种动态过程中实事求是、因地制宜的科学思维，它按照"实践——认识——再实践"的过程，不断地进行调整、沉淀和完善。

　　比如，特补乃乌村修建地下排污管道。这在凉山彝区是第一次破土，如果要把所有的问题都想明白了再动工，就很难完成。因此，在大致框架形成后，就把管道先铺下去了，家家户户用起来，在过程中边推进、边完善、边总结、

边提高。结果发现，少数老百姓的好习惯还未养成，将生活垃圾扔进下水道，造成了管道堵塞。发现问题后，我们及时优化，整改完善，总结经验。

比如，在甲甲沟村住房推进中，我们在思想认识上，锁定了四句话：因地制宜，科学合理，要接地气，满足需求。所以，我们对全村所有新建户，进行卫星拍照，把每家每户的原址拍摄下来。在此基础上，邀请宜宾职业技术学院的专家进村入户，根据面积大小和房屋现状，分析归纳、把握需求、征求意见，形成一户一策的设计方案。比如：住房在哪里、厨房设计怎么合理，卫生间、牲畜房怎么安排。这都要根据每户地形地貌，进行系统布局设计。

再如，甲甲沟村风貌打造。扶贫办与乡政府，先后跑了很多地方学习经验，再请凉山当地的广告公司进行总体艺术设计，并且反复征求各方意见，形成了一个系统规划，涵盖了理念、目标、方法、措施、保障等。我们选了三户进行试点，让村民进行比较，有一个直观感，在比较中，围绕大体统一的风格再进行微调。比如，有些项目在环节上，还做不到仔细周全，只有在实际推进中去调整，反反复复提取"公因数"，给出一个更加成熟的方案。每座房子的风貌怎么打造？颜色怎么搭配？为此，我们穿插了"城乡统筹"的理念，就是运用城市思维＋农村思维，把整村的布局做到科学、现代、大气、合理，既有时代的韵味，又注重了彝族的风格特点，满足了老百姓要求。现在看来，这种思维方法是科学的，如果单用城市思维，一定不符合农村的实际，如果单用农村思维，整个布局就不现代大气，没有对接乡村振兴战略。这一"四边工作"理念，就是坚持了一切从实际出发。

幸福"三部曲"

幸福如曲水流觞，绵延不尽，弦歌不辍。

——佚名

2015年党中央发出精准扶贫奔小康的号召后，全国上下，特别是彝族贫困地区，好似久旱遇春雨的喜悦与期盼。大小凉山沸腾了，这片热土重新焕发出从来没有过的勃勃生机。

我们烟草局也有幸参与凉山州脱贫攻坚战。从那个时候开始，"三部曲"的想法就浮现在我的脑海中，希望把整个决战脱贫全过程，用镜头记录下来。这样既为历史留下一段扶贫的轨迹，又把干出的成绩、取得的战果，通过宣传片记录下来，展现在这个伟大的时代面前，体现我们烟草人的作为和价值，反映老百姓过上幸福生活的喜悦，也为那些战斗在一线的将士们，保存和留下他们奔小康的奋斗身影。

第一部片子，叫《遥望幸福》，记录了当时特补乃乌村那种落后的面貌，贫困的状态，真实地还原那段难以忘怀的历史，客观的报道擂响扶贫战鼓开始时的真实场面。拍摄这个片子的过程中，如实地再现了老百姓渴望幸福、遥望幸福的那一种期盼，那一种梦想。

片子的主线是一个十五六岁的小男孩。他站在大山上呼喊：我要上大学，我要走出大山，我要改变命运。那么，幸福又在哪里？能不能实现遥望、希望和期盼的梦想？回答就是在中国共产党领导下，幸福就在前头，幸福就在脚下，幸福就在我们的双手之中，这种幸福就是在2020年中国共产党成立百年之际，一定会实现的小康梦、幸福梦。看了这个片子，人们会为他们贫穷的过去流下眼泪，也为他们盼来幸福而激动和喜悦。

第二部片子叫《追梦幸福》。在脱贫攻坚的战斗中，每一个人都在追梦，都在追求过上好日子的梦。有的追求住上好房子的梦；有的追求村里办个幼儿园，让小娃娃从小就可以圆上学的梦；有些追求有一份好产业的梦，每年有收入；有的追求能够考上大学，走出大山的梦；有的追求村里有一个卫生所，能看上病看得起病的梦。每一个人的梦不同，但共同的梦就是过上小康生活，都是在追梦之中，努力实现各自的梦想。

第二部片子，讲述一个20多岁的女孩走出大山又回来的故事。她上了大学再返回村里的时候，她已不认识这个村子，也找不到自己的家门。她惊呆了，真没有想到村里变化这么大，有了新房子，有了产业，家里有了卫生间，还可以洗热水澡，有平坦的村路，有甘甜的饮用水，有干净的厨房，村里还有明亮的路灯。家家户户有电视，村里有地下排污管道等等，美不胜收，真是"蝶变"、真是震撼。那一年的春节，是她长这么大过的最幸福的年。

她真没有想到，短短的一年多时间，家乡发生如此美好的变化，这就叫梦想成真。第二部片子展现了烟草人和地方政府一道，在追梦过程中那种付出，那种艰辛，那种心酸，那种实干，那种亲情。这火热的场景，有省上领导进村视察的现场画面，也有省烟草公司领导经常来村里检查指导的感人片段，也会看到扶贫办的同志长年累月在工地、在现场，在老百姓家里与他们一道盖房子。

追梦过程中，我们的扶贫干部也和他们一道共筑梦想，让他们都能实现自己幸福之梦、发家之梦、快乐之梦。这个过程的再现，是实实在在的：冬天了，我们烟草人给他们送去了被褥和衣服；六一儿童节前夕，给小学生送去了书包；过年了或冬季，带着慰问金和棉衣棉被，给贫困老百姓送上温暖；受灾了，我们到现场去雪中送炭。老百姓看到一个个项目不断实现，老百姓半个世纪的追梦，一年多就走完了。

第三部片子是《圆梦幸福》。"小康不小康，关键看老乡。"凉山老百姓实现了小康，那才是全面的小康。中国共产党提出的小康梦全面实现了，向全世界的承诺就实现了。我们帮扶的村脱贫了，老百姓过上了好日子，老百姓圆了幸福梦，我们也圆了帮助老百姓实现梦想的初心。

故事主线是以甲甲沟村现在的村书记为人物主角，展现的是带领大家走出贫困的艰苦过程。片子用一个个镜头

和真实的场景，展示了今天甲甲沟村脱胎换骨的历史性巨变。什么是历史？历史可以承载未来。我们把视线拉回到几代书记带领村民脱贫的辛酸过去，追溯了半个世纪以来，老百姓与贫困作斗争的奋斗历程。尽管如此，生活仍然很苦，幸福仍然十分遥远，充满着对好日子的渴望和期盼。

庆幸的是，甲甲沟村新一代的老乡们遇上了好时代。在烟草人的关怀下，村支书带领广大群众，不到两年就圆了几代人的梦想，旧貌换新颜。他们在凉山这块热土上，感受到了社会主义制度的优越性。片子用动人的镜头、感人的话语，回答了党的十八大以来，在习近平总书记带领下，老百姓奔小康的真实写照，也展现了我们烟草人在决战决胜贫困的每一场战斗中，取得的丰硕成果。

三部片子既一脉相承，又独立成章。第一部聚焦因苦而感动，是凄美；第二部着眼因建设而幸福，是壮美；而第三部，侧重因梦想实现而自豪，是幸福之美。三部片子以特补乃乌村、甲甲沟村为主体，点缀全省面上的扶贫帮困工作，由小到大，由近及远，展现由遥望幸福、追梦幸福到圆梦幸福的美丽蜕变，讲述一群群人为了小康梦、幸福梦、中国梦的生动实践。

再苦不能苦孩子

什么叫认真负责？多问一句，多说一次，多跑一趟。

——佚名

望着一片田野，思绪已飘到很远。

那是 2017 年 6 月 28 日，按照省委、省政府的部署，我们对普格县开展为期 4 天的脱贫攻坚专项督导工作。这项工作主要就是帮助普格县找问题，发现短板。4 天的时间，我们就分成 4 个小组，奔赴各个乡镇和村庄去督导检查。

在第三天的走访中，我们来到了建设村。整个村子建设都还不错，房子、道路、活动中心、沿线的路灯等，综合配套比较完善。正准备吃午饭之前，我们路过村里的幼儿园，我说等下吃饭吧，我们再去幼儿园看看孩子们。这个幼儿园环境不错的，教室宽敞明亮，房子也修得美观大

方，整个地盘不大，但基本的功能还是齐全。我透过窗户，往教室里面望去，临近中午，没有琅琅书声，孩子们都趴在课桌上休息，脸上却是无精打采的样子。

我扭过头寻问到村里随行的同志，这些娃儿这么早就午休了，这还不到 12 点呢？村里的同志告诉我，上午一般课程结束了，小朋友就这样休息。我又追问，那他们吃过午饭没呢？村里的同志支支吾吾，说没有吃。我就觉得很奇怪，为什么娃娃没有午饭吃呢？村里的同志解释道，主要是食堂正在整修，暂时不能供应午餐。加之山里的习惯，上午吃得晚，下午放学回去吃得早，午饭就落下了。

我听了之后也能理解，装修是临时性的，山里的人吃两餐的说法，我也曾听到过。但我心里还是很难受啊，这些娃这么小，都在长身体，不吃午饭不是个办法呀！再苦不能苦孩子，这些都不能当作理由。

看着小孩子没有精神的样子，肯定是饿着了。此时此刻，想想城里的孩子，衣食无忧，有明亮的学堂、宽阔的环境、良好的师资，当然，还有香喷喷的午饭。同在一片蓝天下，山里的娃至少午饭得保证吧！

当时，我也有点激动，随口大声说道，如果实在有困难解决不了，眼下几个月小朋友的午餐费，我自己来掏钱。当时场面有点"冷"，随同的乡干部马上讲，一定会想法解决小朋友午餐的问题。

于是，我们把这个作为一个问题记录下来，当天返回县里后，就和县上进行了沟通反馈，希望尽早解决。反映后，县里高度重视，县委刘书记、补书记虽然很忙，诸事缠身，但他们立即召集相关部门着手研究解决方案。他们提出，幼儿园食堂装修期间，由当地乡、村两级统筹，先每日中午购买牛奶、面包、鸡蛋等作为过渡性午餐，并同步着手由村里食堂做饭送餐，保证米饭、蔬菜和肉类的正餐供应。

当天晚上，乡里和村里就动了起来，迅速按照方案落实。第二天中午，孩子们就吃上了牛奶、面包和鸡蛋，至少不会饿着肚子了。当时我的心里却还在打着鼓，真的假的？乡里的同志看到我的疑虑，就把娃娃吃饭的照片发给我看，我才相信了。

督导工作要斗硬，才能解决问题。就这件事情，我很清楚县里也很忙，他们的事情也多啊，基层的事情那么杂，面面俱到是不可能的，一定会有疏漏之处，这也很正常。但督导工作的根本目的，在于发现问题并解决问题。刘书记和补书记很务实很有担当，立说立改，小孩子午餐的解决，就体现了为民的情怀，关心下一代的情怀。

督导工作虽然结束了，但回去之后我一直把这件事记挂在心。有一次再去凉山督查，当我到特补乃乌村进行调研时，我跟扶贫办的同志讲，我们再去建设村的幼儿园看看，看看孩子们现在学习生活得怎么样。在特补乃乌村调研一结束，我们又来到建设村，果然食堂整体装修完毕了，现在孩子们都在食堂用餐。那天中午，我看着孩子们吃得很香，有炒的蔬菜、肉丝，有热乎的米饭，还有热汤，我心里真是开心极了！从吃不上午饭，到过渡性的面包牛奶，再到现在的正餐，我的心里总算是踏实了！

腊肉之情

捧着一颗心来，不带半根草去。

——陶行知

与老乡结下的深深感情，可以从一块腊肉说起。

2019 年 12 月 12 日，那天我与扶贫办的同志前往普格县，召开省上 9 个单位与普格县的联席工作会议。一年到头，需要总结和部署的工作很多，会议开了一个上午。一结束，我趁着还有点时间，风尘仆仆地赶往甲甲沟村，想的是再到村里看看情况。

那年过年特别早，翻过 2020 年，1 月 25 日就是春节。甲甲沟村老乡们刚过完彝族新年，还都沉浸在节日的气氛中。到达甲甲沟村，我再一次去感受村里的变化，分享老乡们的幸福。走过几户农家后，我们来到村民日黑子虎的家中，看看他的生活状况。上一次，我们还在他们家开了扶贫工作的现场会，子虎既荣幸又高兴，开心了好一阵子。

日黑子虎看到我来，高声道："麻总又来看我们了！"来得多了，跟群众也很熟了，群众自然认识我，有时还与我开玩笑。来到他们家客厅，基本的生活家具与电器都有了，看着子虎家里宽敞明亮的客厅，有电视机、有洗衣机，客厅铺上了瓷砖，外面的院坝全部硬化，打扫得干干净净，房檐下还挂着一串串火红的辣椒和金灿灿的玉米。我放心地点了点头，心想我们的老乡们真正过上了幸福生活！这就是农村的"2.0版本"。再走到他们家厨房，房梁上挂满腊肉，有猪肉、牛肉等，我想老乡们现在的日子好着呢。

我说："子虎呀，你今年的腊肉不少啊！"他说："就是啊，现在日子好了，过年过节多做一些。"不经意间，子虎拿着剪也从房梁上剪下两块腊肉，并对我说："麻总，拿块肉带回去尝尝吧，这个是我们本地的土腊肉，我亲自做的。我们这里的猪肉，都是生态猪，哈哈！比你们那边的更好吃。上次在家里开完会，也没招待你们，怪不好意思哩！"我听着他的话，心里很温暖，讲道："谢谢老乡，不拿了，不拿了，你们留着，等下一次或过年的时候我们再来吃哈！咱们也再喝上几杯呀！我来看望大家，怎么能拿老乡的东西呢。"再三地婉拒，反复地推谢，老乡这才收回了腊肉。

现在，贫困群众基本温饱都解决了，吃个肉不算奢侈，再喝点小酒也是滋润。看着老乡们的日子越过越好，我想着这几年的扶贫真没有白干，我们跑了那么多次，工作是扎实的，成效是明显的，老乡让我带点腊肉尝尝，是真情实感，饱含了一份山里人的淳朴。

凉山热土
——彝乡变迁纪实
LIANGSHAN RETU

　　离开子虎家，扶贫办的同志几次提醒我，时间已经差不多了。虽然还想多看几家，但时间不允许了，我加快步伐向村里走去，走一走平整的路。当看到幼儿园时，我的脚步又不由自主地放慢下来。我举目远眺，村里景色映满眼，对甲甲沟村也好，特补乃乌村也好，都倾注了我5年来的情感。我也隐隐约约感觉到，这可能将是我退休前最后一次来村里，我便更加依依不舍。但我想，以后我还会再来看看的。

"四上"凉山

你穿着破敝的衣服，在最贫最贱最失所的人群
中行走，骄傲永远不能走近这个地方。

——泰戈尔

说情感，讲工作，没有纸上谈兵的论道，只有起而行
之的实践。

细数 5 年来的扶贫工作，从空间上看，我到凉山的次
数比到其他任何地方都多。其一，凉山是全国"三区三州"
深度贫困地区之一，是四川脱贫攻坚的"主战场"。其二，
是烟草局在普格县的定点帮扶对象，这是我们的"责任田"。
其三，凉山还是全国战略性优质烟叶生产基地，以前就来
得多，本身就有特别的感情。

再从时间上看，我大致算了算，我每年要来这里十
几次，最多一年去了二十余次，这 5 年我到凉山至少有

五六十次之多，超过了开展扶贫工作之前到凉山的所有次数之和，想想还是不容易的。

其中，让我印象尤为深刻的是 2019 年年底，11 月 13 日，11 月 18 日，12 月 3 日，12 月 12 日，我连续"四上"凉山。凉山这个主战场，始终是我心头最牵挂的地方。

从 11 月 13 日开始，到 12 月 12 日，这一个月的时间，我几乎都一头扎在扶贫工作里。年底的事情其实很多，各条线的工作都进入收尾总结的阶段，都是一摊子的事情等着。但扶贫工作是头等大事，必须抓住重点，其他工作只能统筹兼顾、见缝插针地协调并进。这四次到凉山，第一次是甲甲沟村后期工作收尾了，我们要到村上召开工作例会，部署最后的收官行动；第二次，那是陪同国家烟草专卖局主题教育指导组的段组长到村调研。甲甲沟村和特补乃乌村有了一定名气，很多同志来到四川，都想去实地看一看；第三次，是陪同省上曲木史哈常委来甲甲沟村调研。这个村也是他的"责任田"，他时常关心甲甲沟村的变化与发展；第四次，是我们烟草局与省上 9 个帮扶单位，和普格县一起召开年底前的联席会议，总结一年工作，部署新一年的任务。

无论是部署工作、召开会议，还是陪同上级领导调研，每一次到凉山来，我都有一个心愿：去帮扶的两个村看一看。每去一次喜悦一次，每去一次感慨一次。看到村里一天又一天变化，心里就多一点亲切感和满足感，内心告诉自己：快了，快了，老乡的小康梦就要实现了。

看到老百姓高兴的笑脸，人还是那群人，但精神面貌一下子发生了彻底的改变。有时我也想，自己本身分管工作就多，一天也很忙很累，要想推脱少跑基层，借口肯定是有的。但我内心深处，真的把扶贫工作作为一项人生最有意义的事业来做。到凉山来得多，是因为始终牵挂着帮扶村整个项目的推进。收官之年，越到最后，剩下的都是硬骨头和最难办的事，只有经常去现场督战，与他们一道，一个关口一个关口跨过，才能取得最后决战决胜。

我还清晰地记得，国庆 70 周年庆典的时候，天安门上空三次打响"人民万岁"的礼花；在这几年习总书记的新年贺词，"关心扶贫"的指示始终不会缺席，至今仍历历在目。一个月四上凉山，每次都是带着责任来，带着问题回去，又带着办法再来。

我很喜欢这样几句话：但愿苍生俱饱暖，不辞辛苦出山林。位卑未敢忘忧国，谁知热血在山林。

时至今日，扶贫工作不也是这样吗？干扶贫的，都是这样一群人，他们驾着车、走着路、翻过一座又一座的大山，越过一条一条的大河，以"筚路蓝缕，以启山林"的精神，一次又一次地进入山里。他们也许是驻村干部、是烟草行业的年轻员工，是工人，是农民，是慈善机构，是陌生人，他们都是普通人，却是没有忘记贫困群众的人。他们的心是火热的！

我想，在凉山这片热土上，正是这样的扶贫人，用奋斗把每一个地方的梦想照亮。

彝家寨里传喜讯

> 你若要为你的意义而欢喜，就必须给这个世界以意义。
>
> ——歌德

4月的成都，春意盎然。一大早，我站在阳台上，推开窗户，绿树叶荫，几只小鸟叽叽喳喳在树枝上跳来跳去，池塘边上盛开着五颜六色的花朵，外边空气也清新自然。春天，真美啊！

突然，手机响了。我打开手机，看着号码虽不熟悉，但显示呼叫来自凉山。我接通电话，原来是普格县大槽乡阿格书记的电话，她欢喜地告诉我："麻总，你还好吧？两年前那条十多里破烂的乡村道路已经修好了。这下老百姓出行、生活都很方便了！"她在电话里一再地说，"谢谢你的关心，欢迎你下次来凉山，一定要到村里走一走看一看呀。"

我说："好的好的，祝贺你们，这下子你们出行就方便了。"挂了电话，我站在阳台，久久未动，按捺不住内心的一阵激动：我已退休几个月了，他们现在还惦记着我，真是有心人。

话要从 2019 年 3 月说起。那年按照省上安排，选派我带队对普格县开展第二轮脱贫攻坚督导工作，随机抽取到了大槽乡进行检查。在督导过程中，我们发现大槽乡解惹村的乡村道路毁损十分严重，越野车在上面行驶都很困难。我当场就询问乡党委阿格书记，她讲了一些客观原因，我说不管什么原因，路这么差就是短板。这个彝族女书记干练直爽，也不推脱，当场就表态立即整改。

回到县里，我专门与县上刘书记交换了意见，县上十分重视，立马责成交通部门进行调研，拿出具体方案和资金预算，不管三七二十一，先动起来再说。贫困县欠账太多，自然短板就多，补起来真是不容易的事，要有资金、政策，还要招标、施工，前期准备工作一定时间很长。督导组也向阿格书记反馈了整改意见，她听闻交通部门已经介入，这条路有希望了。

离开后，我心里老是装着这件事，每到普格去也要过问一下。听他们讲还在进展中，效果如何就不太清楚了。我也知道全县这种情况太多，整改起来有一个过程。我记得 2019 年国庆节前夕，阿格书记到成都办事，还给我打了个电话，再次提起这条路的问题，我才了解到前期有进展，但不是很顺利。把路尽快修好，是这个村整体脱贫的迫切愿望。

第五章

图腾的火把，映照了幸福的大凉山

327

　　有次，我去特补乃乌村调研时，给县里的补书记再次提到解惹村道路施工的问题。补书记表示，他返回县里后将再次督办。一晃快一年了，县上确实把这条乡村路作为重点，交通部门专门组织资金，协调各方加快推进速度，阿格书记也组织群众和施工方，终于把当时那条烂路，修成了如今平整宽敞的水泥硬化路，老百姓特别高兴，多少年的愿望，今天终于实现了。

　　其实，我们各级干部都是很朴实、实干的，他们身上有很多可爱可敬之处。只要我们心里装着他们，给群众办点实事，而且说了能落地见效果，哪怕一点点，也是好的。这就是人们常说的"不以善小而不为"，常怀民生在心间。

　　这份感动，让我伫立在阳台上，久久没有离开。我仿佛看见彝族群众的笑脸，也仿佛看见摩托车、汽车和农用车，在路上奔驰而过的画面。我想老百姓的幸福生活一定会早日来到。

土酒有情

友谊不用破坏，友谊无须礼物，友谊只不过是我们不会忘记。

——王蒙

什么酒不喝自醉，芬芳自来？

那是群众的情，老乡的酒。

那是 2020 年 3 月的一天上午，我接到了普格县特补乡党委书记日黑此哈的电话。我心想，我都退休了，书记找我有什么事呀？接通电话，此哈书记热情地讲道："麻总，好久没见您了，都好吧？我到成都了，想来拜访您。"说罢，我们约好了时间地点。

因为扶贫，我与此哈书记结下了难忘的友情，我们认识相交，在一起工作已经 5 年多时间了。刚认识的时候他还是乡长，因为扶贫工作干得不错，很快就当上了乡党委书记。

见面之后，我们共叙友情，共忆扶贫过程中的点点滴滴，自然回想起在特补乡那一年的腊月二十八，第一份扶贫协议签订的夜晚；回想起甲甲沟村令人振奋的开工仪式场面；谈起"两个村"都被评为"四好新村"的典范的那一份喜悦；回想起老百姓搬进新家，过上幸福生活的动人故事……这些画面历历在目，仿佛就在昨天。脱贫攻坚的点滴历程，总是这样牵动我们的心，回味决战决胜贫困的艰辛奋斗过程，大伙齐心协力共同奋斗的人与事，总是那样感慨万分，难以忘怀。

谈话间，此哈书记说明来意，主要是汇报一下我退休前交办的几件事和这几个月甲甲沟村整体打造的情况。快结束的时候，他起身从包里拿出一件东西：那是包装简朴的几瓶荞麦酒。此哈书记感慨地讲道："麻总，您看，我们已经相识5年多了。这5年来，您为了我们乡以及特补乃乌村、甲甲沟村，做了那么多的工作。如今，村里发生了天翻地覆的变化，我代表全乡人民感谢您，乡亲们也都认识您、尊重您、熟悉您，甚至就连您的名字，很多老乡都能叫出来。为了表达一点谢意，我特意带来了家乡的土酒，让您品尝一下，请您不要嫌弃，一定收下。"

几经推却，我最终还是收下了。土酒不土啊，虽然比不上茅台、五粮液，但情感胜过其千万倍。这份感情真是难得，如此的纯粹和真挚。此哈书记来成都，能记得我，这是一份情；5年的扶贫工作，他能代表老百姓肯定我，这是一份情；专程送来家乡的土酒，这更是一份情。

情义无价，弥足珍贵。我对他讲："我有机会，一定再去两个村看一看。这酒我先存着，你下次再来成都，我们一起喝！"

土酒有情！人生无醉！

本书作者（左一）与凉山州普格县特补乡党委书记日黑此哈合影

登上"悬崖"村

从山上到山下，几年光景，换了人间。

——佚名

四川省凉山州昭觉县阿土列尔村，这个陌生的名字，陌生的村庄你可能不熟悉，但你肯定熟悉它另外的一个名字——"悬崖村"。

2017 年 3 月 8 日，习总书记在参加四川代表团审议时，对大凉山"悬崖村"村民出行难非常关心，总书记很揪心。于是，这个名不见经传的小村庄一下子火了，受到整个社会的关注。

总书记有指示，我们就要去落实。同年的 9 月 12 日，我和扶贫办以及凉山州烟草局的同志一起去"悬崖村"调研，看看能为他们出行难做点什么。

12 日一早，沿着弯弯曲曲的盘山公路，我们驱车前往

"悬崖村"。沿途的路，十分难行，没有走过这条险路的人，都会感到很害怕。路的左边，万丈深渊，滔滔江水，路的右边是悬崖峭壁。看到这个情景，坐在车里的人们，感到阵阵凉意，绷紧了神经。终于车子到了"悬崖村"的山下，大家才松了一口气。

热情的书记、乡长跑着向我们迎来，指着背后一片大山说："村子就在这山上，旁边是去年底才修好的钢梯。"我一眼望过去，看到一节节的钢梯向上绵延，像一条巨龙直插云霄。2016年年底，当地政府拨款，用6000根钢管、120吨钢材、近3万次人力，完成了从山底通往村庄的2556级钢梯的铺设。在这之前，孩子读书和村民走向外面世界，需要攀爬落差800米的悬崖、越过13级218步藤梯。

一路上，我们听着乡长的介绍，准备登梯。爬钢梯需要勇气、技巧和耐力。我们一步一步向上走去，刚开始还不觉得累，到了半山腰上，风越来越大，气温也逐步降低，本来炎热的天气渐渐迎来了一丝凉意。手把住扶杆，向下望一眼，真是不敢看啊，一瞬间才发现这钢梯这么陡，而且这么窄，以至于我们的脚都不能完全踩在上面。越向上，困难越大，我开始喘气，觉得呼吸都有点困难，但也不好说歇一下，因为是一根道，只能继续向上攀登。真要爬到山顶，不但需要勇气、耐力，还需要爬山的技巧……

与山里人不一样，当地的群众上下钢梯，只需要十多分钟，我们足足用了一个多小时还未到顶。我们边爬边交流悬崖村基础设施建设情况及后期脱贫攻坚推进方案。之后，他们提出了眼下一个急需解决的困难，就是上下山运输物资很不方便，希望修一条索道，我当场就答应，让他们确定项目，拿出方案，加快实施，确保能解决村民物资运输问题。

下山的路上，我们遇到几个背东西上山的村民，流着汗水，喘着粗气，他们扛在肩上的东西足足有百八十斤重，他们所有用品只能靠自己背上去。真不敢想象以前走藤梯那又是怎么样的情景。我真是心疼不已，看来这索道还要抓紧、再抓紧……

之后的时间，通过我们烟草人的合力攻坚，一条索道从山下直通山顶，大件物品或生活用品可以通过索道运到山上，村民们终于可以卸下祖祖辈辈的重负和艰辛了。

再回到2020年5月12日，这是"悬崖村"搬迁前的"最后一夜"。第二天，村里的84户贫困家庭，就将搬迁到县城附近集中安置点。夜幕逐渐降临，大山在低矮的云层中变得影影绰绰，静谧中有着蠢蠢欲动的热闹。

行走在这个百年村庄里，那些被岁月斫砍的痕迹随处可见。如今村民终于走下大山，这不是"最后的晚餐"，而是新的起点，走向"悬崖村"崭新的幸福时光！

红色引擎

一唱雄鸡天下白，唤来春天照人间。

——佚名

火车跑得快，全靠车头带。凉山是一片红色的土地，甲甲沟村也是如此。

一直以来，农村支部战斗堡垒作用发挥不充分，党支部弱化、虚化成为一个亟待解决的大问题。贫困地区因为各方面条件不太好，加上干部队伍整体素质还有待提升，农村党的建设问题就显得更加突出。

我们不但倾尽全力帮助甲甲沟村夯实基础设施，还要扶强支部建设这个短板，共建坚强堡垒。这个问题，在2019年年初，我与普格县委组织部的秦科部长专门谈起过，交换了意见，一致认为扶贫更要扶组织、扶阵地。秦部长是个很务实的同志，年轻有为，三十多岁就当上了普格的县委常委、组织部长。虽然甲甲沟村不是他联系帮扶的村，但他对甲甲沟村的工作，特别是我们烟草局在普格定点帮扶的工作都是鼎力支持的，对烟草局派去的干部也都非常关心。

2020年的春末夏初，我们烟草局专门出台了《"红色引擎"扶贫行动工作方案》，以党建为引领，以建强村级党组织为重点，以激发群众感恩奋进、勤劳致富、崇尚新风的内生动力为目标，组织开展堡垒共建、结对认亲、爱心帮扶、彝家新风、致富赋能"五项活动"。举行了三期"红色引擎"甲甲沟村扶贫行动。机关与甲甲沟村支部共建堡垒，29个支部与村里48户贫困户结成对子。在7月22日，机关党委组织第一批11个支部，到村里开展帮扶工作。

那一天，大家吃过早饭，8点半准时出发。穿越大山的蜿蜒陡路，穿过刺向天空的森林，经过50分钟的车程，大巴车第一站停在了三道湾。距离甲甲沟村2公里的一处高地，远眺甲甲沟村，整村风貌尽收眼底。大伙儿纷纷发出感叹，办公室支部的沙锦兵说："这村完全变了样，以前照片上那个破破烂烂的样子完全不见了。"听到这，扶贫办的胡雁翼主任解释道："都变了，村里的住房、道路、幼儿园、路灯、绿化等一系列基础设施，都全部得到了改善，现在是一个崭新的村子。"烟叶处支部的向红宇定睛一看，伸手指道："那里就是我们的烟叶，绿油油的一片。"大家齐刷刷望去。村子背靠着郁郁青山，河流穿村而过，300亩绿色烟田成为村里的底色，和土黄色的新房交相辉映。

大巴车继续前行，不到10分钟车程，各支部来到村里的党群服务活动中心，举行支部共建揭牌仪式。烟草局的领导和县委蒙开政常委共同揭牌，代表着支部共建正式开始，如何建强基层堡垒，从输血到造血，留下一支带不走的"工作队"，是这次活动的重头戏。

结对入户是此次入村的另一项重点。11个支部分赴14户贫困户家里，与群众亲切交流，了解贫困户生产生活状况，帮忙出主意想办法，解决具体困难，互留了电话号码，送上了"五洗"[①]爱心包，对小朋友还征集了"微心愿"。

"咔嚓"一声，临别前各支部与结对户的合影，将此次活动永远留住。党建处支部的同志说："阿正有土家，念念不忘党的扶贫政策好，在给大家介绍家里情况时真是喜上眉梢。"安全处支部的同志说："为了这一张张的笑脸，为了这份党对人民的庄严承诺，从此，我们烟草人心系甲甲沟。"

此后的8月和9月，我们烟草局如约继续开展后面两期的"红色引擎"主题活动，每次活动聚焦一项主题，第一期"堡垒共建"，第二期"彝家新风"，第三期"情暖彝乡"，每次活动有所侧重，通过菜单式、组合式的方式，打造出了"党建＋扶贫"的红色套餐。三期结束之后，我们烟草局又专门组织乡、村干部和贫困群众代表，到西昌卷烟厂、凉山州烟草公司物流中心等单位参观学习，让他们开拓眼界，了解烟草行业的发展史，相互学习，增进感情，把结对子活动开展得有声有色，让党的理论和知识武装他们的头脑，让党的意识成为他们的定盘星。

---

① "五洗"：即洗脸、洗手、洗脚、洗澡、洗衣。

　　结对帮扶，是对我们初心真不真、感情深不深、帮扶实不实的生动回答和有力实践。"红色引擎"是对前期扶贫帮困工作的深化和延伸，从精神层面推动我们定点扶贫工作提升到一个新水平。从解决普遍性问题到解决一家一户特殊具体问题，从关注物质脱贫到关注精神、思想和文化脱贫。"红色引擎"扶贫行动种下帮扶树，培植党群土，开出结对花，将烟草人的真情深深烙印在凉山这片热土上。"红色引擎"开足马力，为老百姓脱贫致富增强动力。同时运用党建促扶贫的方式，让老乡们的日子过得更好，跟着党奔小康。

　　离开结对户家里的时候，村民底惹拉所一直拉着群团处支部同志的手，嘴里不停地用彝语说着："感谢你们，烟草人不但帮我们建新房，还与我们结对子，传授党的历史，宣传习近平思想，教导我们增强法治观念，还给我们传授脱贫致富的政策和经验，这真的是我们几辈人都从来未想到的事，今天才算活明白了。"

　　老人俄底吉体万分激动，用手势比画着，控制不住自己感激的心情……

情系扶贫

为天地立心，为生民立命，为往圣继绝学，为
万世开太平。

——张载

人事有代谢，往来成古今。步入耳顺之年，我迎来人
生中又一个重要的节点。

2020 年的 2 月 18 日，那一天，我的退休任命下来，
我将离开工作多年的岗位。说句心里话，对于参与决战脱
贫攻坚这一场伟大事业，我认为是人生最有意义的一件事。

我觉得帮助老百姓脱贫，过上好日子，是一种使命感。
5 年来扶贫的事，走过的路，件件都在我脑海浮现。感谢党
组，让我来分管，让我来兼任扶贫办主任。从那个时候起，
我就和扶贫的事业紧紧联系在一起了，就和凉山粘在一起
了，就和普格县贴在一起了，就和彝族群众的心融在一起了。

"小康梦"是全体老百姓的期盼和愿望。按照习总书记脱贫攻坚指示和要求，结合省上的安排部署，在脱贫攻坚战中，我真是坚守责任去尽心，满怀激情来担当，尽心尽力抓好上级交办的任务，这是责任与情感的共同使然。回顾分管的众多部门，坦诚地讲，这几年脑海里想的最多的是扶贫的事，心思花得最多的是如何让老百姓过上好日子，用力最多的是助推各个项目顺利实施和高质量完成，下基层到扶贫点最多的是凉山这片热土。

每次看到老百姓脸上的笑容，每一个项目正在推进、在落实，在显现效果，我自然心中就很满意，不但心里踏实了，也为他们的高兴而高兴，为他们的幸福而幸福。

作为扶贫办主任，既是扶贫分管领导，也是扶贫主管部门的当家人，我始终如履薄冰、念兹在兹，唯恐有负党的嘱托，有负老百姓的期盼。5年里，我对全省烟草行业的扶贫村，特别是特补乃乌村和甲甲沟村，可以说倾注了全部心血。我看着他们从落后走向现代，从贫困走向小康，就像自己的孩子一样，从一个阴暗隐秘的角落里，怯生生地不敢露面，不敢拥抱时代日新月异的变化，到阳光自信、茁壮成长在共和国的同一片蓝天下，大大方方地与时俱进，昂首阔步走向小康社会。我一点一点地去感受这些变化，我内心是快慰的、欣喜的、炙热的，一个个"山水如画来，彝居美大地"的幸福新村，矗立在凉山这片热土上，显得那样耀眼夺目……

事非经过不知难。不管节假日，还是周末或星期天，我常常下了飞机就直奔村里去，到脱贫的一线，走家串户，嘘寒问暖，了解情况，座谈讨论，征求意见，听听彝族老百姓的想法。2019年12月，我一个月就去了4次，去看扶贫的进度，现场解决具体问题。

2018年夏天，因百年不遇的山洪暴发，特补乃乌村老百姓受灾了。我第一时间赶去，为老百姓带去慰问品以及急用的物资。当与他们握手的时候，他们脸上都挂着泪花。几年来，我和他们真结下了一种情感，是一种亲人般的感情。有时我也把自己当成特补乃乌村的人、甲甲沟村的人了。

我与他们同呼吸、共命运，有时比他们还着急。这种角色、这种心情，虽然扶贫很辛苦，但我认为参与扶贫是一件幸福的事。因为给老百姓办事，就会为老百姓发愁而发愁，以老百姓的满意而满意。

这种幸福感，来源于旧房变成了新房，烂路变成了好路，没有产业变成了有产业，收入甚少，到钱包一天天鼓起来，这种幸福感是因为自己参与其中。

有时，有一种幸福的滋味，不可言状的高兴。看到老百姓穿上了新衣，住上了好房子，看到老百姓生活在改善，生活习惯在变化，村里道路整洁，幼儿园的小朋友在宽敞明亮的教室里读书，心里真是乐开了花。

金杯银杯不如老百姓的口碑。走进百姓心里，他们才把你当亲人。

让我更感动的是，每次来到村里，我都喜欢与群众拉家常，所以老乡们也都认识我，能叫出我的名字，远远的招手呼喊："麻大哥，你又来看我们啦！""麻总，你来啦！"老百姓围在我身边，拉着我的手，拍着我的肩膀，我就感觉这扶贫扶得很值得。

不知是从何时开始，我才恍然意识到，群众对我已是如此熟悉了。村里那么多人，不仅是他们对我，我也能随口叫出很多群众的名字。所以，每次听到这一声声的呼喊，

我总是倍感亲切，心里暖乎乎的。我也喜欢到他们家里去聊一聊，坐一坐，老乡中午吃什么饭呢？我要走进厨房揭开锅盖看一看，有肉、有菜、有热腾腾的米饭，自然幸福满满。

　　每次去村里都要看看他们的房屋、排污下水道、洗澡间、厕所等，我都看得很细致，主要是想发现问题，加以整改。更关注老百姓的习惯养成，常常问他们洗澡洗头没？有时贴近闻一闻，我跟他们开玩笑讲："你们不要骗我，洗没洗，我一闻一看就知道了。"大家都哈哈大笑……

　　我们的老乡很朴实，也懂得感恩，我们烟草人帮助他们做了一些扶贫的事，尽了一份责，用了一份心，老乡们都记在心里，也常常挂在嘴上，逢人就讲如今过上幸福生活，有烟草人的功劳。

　　当然，几年的时间也是辛苦的、艰难的。也不是轻轻松松就把一座又一座山头搬掉，一个又一个堡垒攻破的。我们烟草人为打赢脱贫攻坚战，付出了大量精力，千军万马战斗在一线，说破了嘴，磨破了鞋，牺牲了小家庭的幸福，但最终赢得了贫困群众的信任，带领他们把梦想变为现实。老百姓的幸福感，就是我们烟草人的获得感。

　　时至今日，无论是否离开，我相信"在岗一分钟，尽责六十秒"的状态不会变；就是离开工作岗位退休了，持续关注扶贫，心系他们冷暖的热情不会减。我想着甲甲沟村建成之日，再到村里走一走，看一看，漫步在新村的大道上，深入到群众的生活中，再感受一下村里的金色阳光，一草一木，大口吸一吸山里的新鲜空气，分享一下老乡们的盈盈笑脸，去再一次品味两个村旧貌变新颜的盛世荣光和老百姓过上美好生活的幸福滋味。

　　退而不休，扶贫，我仍在路上。

我们的特补乃乌村

2018 年 7 月初，我来到特补乃乌村，看见了村里建成之后的景象。我站在山头远眺全村，发现村子真的变了，变得那么美丽，美得让我不敢相信。我看到新房耸立、道路宽阔、流水潺潺，看到一站式活动中心，看到地下管网发挥作用，夜间路灯亮起，点缀黑夜……这是美丽的蝶变，也是伟大的凤凰涅槃。

返程后，我凝神静思，写下《我们的特补乃乌村》。

三年前的一个冬日，我们走进特补乃乌村，

从此，这个彝族小村，便被我们深深铭记。

一座座翻越不过的大山，

虽然巍峨壮丽，

村民视线只见头顶一片天。

一条条蜿蜒曲折的小河，

虽然清澈秀美，

却没能哺育甘甜带走贫困。

他们没有被忘记，

因为我们同生在今天的中国，

他们没有被忘记，

因为中央精准扶贫号角嘹亮。

轮作烟田上建起了大棚，

羊肚菌和中草药蓬勃生长；

农合社的电商，

把山货送上城里人的餐桌。

新楼拔地而起，

水泥路直通家门，

路灯点亮心扉，

白衣天使驻扎医疗站。

新建的幼儿园和广场上，

彝家少年的歌谣悦耳清亮。

瓦吉瓦，瓦吉瓦①，

这是对我们最高的褒奖。

山与山白云相连，

坝与坝绿水相依，

人与人情意相牵。

我们守初心、践使命，

回应村民对美好生活的向往。

我们履责任、勇担当，

---

① 瓦吉瓦：彝语，意为"好得很"。

托起村民脱贫致富的希望。

我们共同携手

改写了特补乃乌村历史；

我们正在开启

彝家山寨发展的新篇章。

（2018 年 7 月 10 日发表于《农民日报》）

第五章

图腾的火把，映照了幸福的大凉山

承诺的分量

　　2020年3月6日，中央召开决战决胜脱贫攻坚座谈会，吹响了决战决胜脱贫攻坚的冲锋号，动员全党全国全社会力量，以更大决心、更强力度推进脱贫攻坚，确保取得最后胜利。

　　这次会议，是党在十八大以来脱贫攻坚方面最大规模的会议，所有省区市主要负责同志都参加，中西部22个省向中央签了脱贫攻坚责任书。对今年工作任务，会议从"攻坚克难完成任务、努力克服疫情影响、多措并举巩固成果、保持脱贫攻坚政策稳定、严格考核开展普查、连续推进全面脱贫与乡村振兴有效衔接"6个方面提出工作部署。想起我们的甲甲沟村，脱贫冲刺就在今朝了。

　　聆听习总书记的讲话之后，我内心澎湃，深有感悟，写下了《承诺的分量，决战决胜300天》抒情诗。

承诺的分量，决战决胜 300 天

——聚焦 2020 年 3 月 6 日习近平总书记 决战脱贫攻坚座谈会的冲锋号

●铮铮冲锋号角，

响彻万里云天。

这是一次向着最后的贫困堡垒发起的总攻，

"到 2020 年现行标准下农村贫困人口全部脱贫，

是党中央向全国人民做出的郑重承诺，必须如期实

现。"

这是习总书记向决战贫困发出的新号令，

没有弹性，封死退路。

●言必行，行必果。

这是一场特殊时期以特殊方式，

做出的部署动员，

突如其来的新冠肺炎疫情

阻挡不了既定目标，

党的十八大以来，

脱贫攻坚工作规模最大的会议，

以电视电话会的方式发出决战号令，

从北京传到全国各个角落，

红旗猎猎，大地沸腾，

规模之大、影响之广、气势之弘，

这是一场硬仗，

越到最后，越要紧绷这根弦，

不能停顿、不能大意、不能放松。

●这是对全体党员干部响鼓重锤的鞭策，

也是对全体人民昂扬奋发的鼓舞，

必将更有力的动员全党全国全民力量。

汇聚磅礴之力，

迸发壮志豪情，

以更大决心，

更强力度，

更有力的举措推进脱贫攻坚，

确保取得最后胜利，

坚定完成这项对中华民族、

对人类都具有重大意义的事业，

在这民族复兴的光辉道路上，

中国共产党始终把对人民的承诺放在心，

把为人民谋幸福作为奋斗使命，

擘画出一个个宏伟的战略目标，

部署了一项项重大的工作任务。

●从带领人民艰难跋涉，终于"站起来"，

到栉风沐雨顽强拼搏，实现"富起来"，

而今又砥砺奋进走向新时代"强起来"，

在中国共产党坚强领导下，

全国人民团结一心，

披荆斩棘，

如期兑现承诺，

在民族复兴路上，不断的向前发展，

党的承诺，就是全体人民的共同期盼。

●一诺千金，使命必达！

这份沉甸甸的承诺，

不是简单的一句表态，

一声诺言，更是一种使命，

这不仅仅是一项必须圆满完成的政治任务，

更是每一位中国共产党人，矢志不渝的初心与使

命！

●"其作始也简，其将毕也必巨。"

2020 年 3 月 6 日，习总书记座谈会上的讲话暖人心

扉，

人民领袖呕心沥血，

他说：

"党的十八大以来，我每年都要到贫困地区考察调

研，

都要到贫困村和贫困户了解情况，

他们的生活存在困难，我感到很沉重和揪心，

看到群众脸上洋溢着真诚淳朴的笑容，

他们生活每好一点，我都感到高兴。"

人民又怎能忘？

您掷地有声，言语铿锵：

"全面建设小康社会，是我们对全国人民的庄严承诺，

必须实现，

必须全面实现，

没有任何讨价还价的余地。"

您以"人民的勤务兵"自我定位，

您以"我将无我，不负人民"的历史担当，

风雨无阻的奔波在脱贫攻坚的主战场。

●是的，

脱贫攻坚，是习总书记心里最牵挂的一件最大的事，

花的精力最多，操的心最多，

2015 年以来，

习总书记就打赢脱贫攻坚战召开了 7 个专题会议，

走遍了 14 个集中连片特困地区，

又怎能忘记，

7 年来，您的足迹遍布神州大地，

您的身影留在贫困地区的路上，

您在贫困户家里拉家常的话语久久在群众心中回荡！

●习总书记，人民的领袖，

为的是，

千方百计让老百姓都能过上好日子，

为的是，

确保全面建设小康社会如期实现，

为的是，

贫困群众一个都不能少，

各民族一个都不能掉队。

●一诺既出，万山无阻！

"今年脱贫攻坚战任务全面实现后，

我国将提前 10 年实现联合国 2030 年可持续发展

进程的减负目标，

这项前所未有的伟业，

必将为全球反贫困事业树立典范，

必将对人类发展作出彪炳史册的中国贡献。"

3 月 6 日，习总书记向全党

全国人民发出了打赢脱贫攻坚战的最新号令。

●决定性成就，世界性意义，

扳起手指细算，

还剩不到 300 天，

这是一场硬仗，

越到最后越要绷紧这根弦，

全国 52 个未摘帽的贫困县和 1113 个贫困村，

是发起冲锋的聚焦点，

四川省尚有 7 个贫困县未摘帽，

300 个村都在凉山彝区，

都是贫中之贫，困中之困，坚中之坚，

都是最难啃的"硬骨头"。

聚焦深度贫困堡垒，

一个战役，一个战役打，

一个山头，一个山头攻。

凉山彝区不全面拿下，就谈不上全面胜利；

凉山彝区不全面脱贫，就实现不了全面小康。

●冲锋号再次吹响，

新时代的领路人，指引着方向，

围绕"两不愁三保障"，

要挂牌较真，碰硬"督战"，

督出质量，督出成效，

全国人民，凝心聚力，

一手打好疫情防控阻击战，

一手打好脱贫攻坚战，

不获全胜，决不收兵，

●春光正好，战意正浓，

尽管贫困人口已从 9899 万人减到 551 万人，

贫困发生率 10.2% 降至 0.6%，

但不管困难有多大，任务多艰巨，压力有多重，

我们目标不变，航线不偏，重心不散，

更不能放慢脚步，

以倒计时的节奏，

把每天都当作作战单元，

要永葆诚笃之心，

敬畏人民，敬畏诺言，

把每一个贫困群众放在心上，

在迈进小康的路上，一个都不能少，

要淬炼钢铁之志，

拿出钉钉子的精神，

锲而不舍地攻克一个又一个困难，

56个民族，一个民族都不能掉队，

要常怀为民之情，真心让他们过上小康生活，

实现践诺，

满足期盼，

圆梦幸福！

●热火识真金，大战思良才！

脱贫攻坚任务能否完成？

关键在人，关键在干部队伍，

这是习总书记的殷切希望，

决战尤需加油干，决胜更显英雄胆，

各级干部跟上去，靠得住，能打仗，必打赢！

用干部的"辛苦指数"，

换取贫困老百姓的"幸福指数"！

履职尽责，

不辱使命，

念兹在兹，

不胜不休。

●久困于贫，冀以小康。

千年追寻，今朝梦圆。

中国道路，中国制度。

收官之战，"入之愈深，其进愈难"，
现在到了彻底打赢脱贫攻坚战的时候了，
到了把中华民族千百年来的绝对贫困问题，
历史性地画上句号的时候了。

"举目已觉千山绿，宜趁东风马蹄疾"，
督战队上，
战斗队上，
驻村工作队上，
压力在肩，
使命召唤，
大战苦干 300 天，
以"不破楼兰誓不还"的斗志，
合力攻坚，顽强作战，
坚决夺取脱贫攻坚战全面胜利，
向历史，向人民交出一份合格答卷！
这就是承诺的分量！
这就是践诺的力量！

（2020 年 3 月 12 日）

后　记

　　脱贫攻坚是时代之艰，也是时代荣光。

　　2021 年 2 月 25 日，习总书记在全国脱贫攻坚总结表彰大会上庄严宣布，经过全党全国各族人民共同努力，在迎来中国共产党成立 100 周年的重要时刻，我国脱贫攻坚战取得了全面胜利。

　　8 年间，现行标准下 9899 万农村贫困人口全部脱贫，832 个贫困县全部摘帽，12.8 万个贫困村全部出列。8 年间，累计 300 多万名驻村干部、第一书记，数百万名基层工作者奋战在没有硝烟的战场，1800 多人牺牲在脱贫攻坚的战场上，其中 150 多人的英魂在巴蜀大地永生不灭，区域性整体贫困得到解决，完成了消除绝对贫困的艰巨任务，创造了又一个彪炳史册的人间奇迹！这是中国人民的伟大光荣，是中国共产党的伟大光荣，是中华民族的伟大光荣！

　　如期打赢脱贫攻坚战，是中华民族几千年历史发展上

首次整体消除绝对贫困，是实现中华民族伟大复兴中国梦的关键一步，也是人类反贫困史上具有重大意义的辉煌伟业。这是史无前例的精准到人，这是举世罕见的精准组织，这是实事求是的精准施策。

如此崇高的使命，我十分庆幸能够参与其中。5 年多的时间，我们见证了一个个贫困村斩除穷根，涅槃重生；我们见证了这么多的群众从贫困的沼泽里慢慢走出来，走向新的生活；我们见证了凉山这片热土上发生的一个又一个的人间奇迹。作为全省扶贫的主战场，凉山没有"拖后腿"，这片热土与全国同步小康。

这 5 年来，我们四川烟草公司在四川省 124 个县（区）、277 个乡镇、291 个贫困村，投入扶贫捐赠资金 4 亿，实施扶贫项目 650 余项，助推实现 291 个贫困村、1.54 万贫困户、6.01 万贫困人口脱贫。按 2016 年初四川 380 万贫困人口计，助推脱贫人口占全省贫困人口的 1.58%。而这之中，凉山就有 71 个贫困村 4000 户贫困户 2.4 万人脱贫摘帽，几乎占到全省烟草行业帮助脱贫的贫困村、贫困群众的一半了。

总之，参与扶贫这项伟大的事业，让我们一直以来的夙愿落了地、生了根、开了花。

我要感谢上级领导的指导关怀，感谢地方政府和省慈善总会的鼎力支持，感谢凉山州、普格县、特补乡的扶贫干部，还要感谢烟草行业中一起奋斗的亲密战友。是大家的共同努力与奉献，才成就了今天特补乃乌村、甲甲沟村以及普格县乃至凉山脱贫攻坚的辉煌成果。

同时，要感谢四川文艺出版社张庆宁总编及蔡曦总监、朱兰编辑对本书出版的竭力支持；感谢本书照片的提供者——王平、杨家勇、雷波、冯乐等同志。感谢冯乐同志，几年来对本书的资料收集和整理工作。

百转千回，沧海桑田。扶贫至今，心中真是感慨万千，不禁掩面长思，当年那热血沸腾的画面历历在目，大家铮铮入耳的攻坚誓言，加油鼓劲的奋斗号子，勇于担当的决战雄心。看看我们走过的路，欣慰的是《遥望幸福》《追梦幸福》《圆梦幸福》《一步千年》屡次获奖，欣慰的是特补乃乌村在全国烟草行业"最美烟草帮扶村"中勇夺第一，欣慰的是甲甲沟村被四川省委、省政府命名为乡村振兴示范村，欣慰的是凉山烟草局被党中央表彰为脱贫攻坚先进集体。我仿佛又看见了中央电视台闪过特补乃乌村、甲甲沟村幸福的画面，看见许许多多的扶贫干部在凉山这片热土上的攻坚画面……

凉山是一片热土，它不再是凉的、冷的，是火热的，是赤焰的，是滚烫的。

它是一个山头，攻克无数个这样的山头，就汇聚成了全国全面建成小康社会的胜利史诗。

它是一面旗帜，鲜红的旗帜，浸染着红色先烈的热血，就像刘伯承与小叶丹一样，凝聚了我们党与全国各民族群众的鱼水之情。

它是一幅画卷，五湖四海的同志在这里着墨，书写着扶贫攻坚的横平竖直，你一笔，我一画，绘就了凉山热土"山水如画来，彝居美大地"的最美长卷。

它更是一座丰碑，镌刻着凉山这个千年贫困的时代缩影，从深度贫困到全面小康，伟岸的丰碑永远铭记着我们

党"在全面小康路上不能忘记每一个民族，每一个家庭，每一户群众"的庄严承诺，铭记着一个百年大党带领全国人民战天斗地、消灭贫困，敢叫日月换新天的人间奇迹。

从遥望幸福、追梦幸福到圆梦幸福，我们只是扶贫攻坚这个时代使命里的一段缩影、一朵浪花，但我们无愧于历史之托、时代之责、人民之盼！